〔元〕脱脱 等撰

點校本
二十四史
修訂本

金史

第三册

卷二七至卷四五

中華書局

2020 年 2 月第 1 版　　　　2024 年 6 月第 2 次印刷

ISBN 978-7-101-14218-1

金史卷二十七

志第八

河渠

黃河　漕渠　盧溝河　滹沱河　漳河

黃河。金始克宋，兩河悉畀劉豫。豫亡，河遂盡入金境。數十年間，或決或塞，遷徙無定。金人設官置屬，以主其事。沿河上下凡二十五埽，六在河南，十九在河北，埽設散巡河官一員。雄武、滎澤、原武、陽武、延津五埽則兼汴河事，設黃汴都巡河官一員於河陰以莅之。懷州、孟津、孟州及城北之四埽則兼沁水事，設黃沁都巡河官一員於懷州以臨之。崇福上下、衛南、淇上四埽屬衛南都巡河官，則居新鄉。武城、白馬、書城、教城四埽屬濬滑都巡河官，則處教城。曹甸都巡河官則總東明、西佳、孟華、淩城四埽。曹濟都巡河官則司定陶、濟北、寒山、金山四埽者也。故都巡河官凡六員。後又特設崇福上下埽都巡河官兼石橋使。凡巡河官，皆從都水監廉舉，總統埽兵萬二千人，歲用薪百一十一萬三千餘束，草百八十三萬七百餘束，樁杙之木不與，此備河之恒制也。

大定八年六月，河決李固渡，水潰曹州城，分流于單州之境。九年正月，朝廷遣都水監梁肅往視之。河南統軍使宗室宗敍言：「大河所以決溢者，以河道積淤，不能受水故也。今曹、單雖被其患，而兩州本以水利爲生，所害農田無幾。今欲河復故道，不惟大費工役，又卒難成功。縱能塞之，他日霖潦，亦將潰決，則山東河患又非曹、單比也。又沿河數州之地，驟興大役，人心動摇，恐宋人乘間構爲邊患。」而肅亦言：「新河水六分，舊河水四分，今若塞新河，則二水復合爲一。如遇漲溢，南決則害於南京，北決則山東、河北皆被其害。不若李固南築隄以防決溢爲便。」尚書省以聞，上從之。

十年三月，拜宗敍爲參知政事〔一〕，上諭之曰：「卿昨爲河南統軍時，嘗言黄河隄埽利害，甚合朕意。朕每念百姓凡有差調，吏互爲姦，若不早計而迫期徵斂，則民增十倍之費。然其所徵之物，或委積經年，至腐朽不可復用，使吾民數十萬之財，皆爲棄物，此害非細。卿既參朝政，凡類此者皆當革其弊，擇所利而行之。」

十一年，河決王村，南京孟、衛州界多被其害。

十二年正月，尚書省奏：「檢視官言，水東南行，其勢甚大。可自河陰廣武山循河而東，至原武、陽武、東明等縣，孟、衛等州，增築隄岸，日役夫萬一千，期以六十日畢。」詔遣太府少監張九思、同知南京留守事紇石烈邈小字阿補孫。監護工作。

十三年三月，以尚書省請修孟津、滎澤、崇福埽堤以備水患，上乃命雄武以下八埽並以類從事。

十七年秋七月，大雨，河決白溝。十二月，尚書省奏：「修築河隄，日役夫一萬一千五百，以六十日畢工。」詔以十八年二月一日發六百里內軍夫，并取職官人力之半，餘聽發民夫，以尚書工部郎中張大節、同知南京留守事高蘇董役。

先是，祥符縣陳橋鎮之東至陳留潘崗，黃河堤道四十餘里，以縣官攝其事，南京有司言，乞專設埽官，十九年九月，乃設京埽巡河官一員。

二十年，河決衛州及延津京東埽，瀰漫至于歸德府。檢視官南京副留守石抹輝者言：「河水因今秋霖潦暴漲，遂失故道，勢益南行。」宰臣以聞。乃自衛州埽下接歸德府，南北兩岸增築堤，以捍湍怒，計工一百七十九萬六千餘，日役夫二萬四千餘，期以七十日畢工。遂于歸德府剏設巡河官一員，埽兵二百人，且詔頻役夫之地與免今年稅賦。

二十一年十月，以河移故道，命築堤以備。

二十六年八月，河決衛州堤，壞其城。上命户部侍郎王寂、都水少監王汝嘉馳傳措畫備禦。而寂視被災之民不爲拯救，乃專集衆以網魚取官物爲事，民甚怨嫉。上聞而惡之。既而，河勢泛濫及大名。上於是遣户部尚書劉瑋往行工部事〔二〕，從宜規畫，黜寂爲蔡州防禦使。

冬十月，上謂宰臣曰：「朕聞亡宋河防一步置一人，可添設河防軍數。」它日〔三〕，又曰：「比聞河水泛溢，民罹其害者，貲産皆空。今復遣官於被災路分推排，何耶？」右丞張汝霖曰：「今推排者皆非被災之處。」上曰：「雖然，必其鄰道也。既鄰水而居，豈無驚擾遷避者乎，計其貲産，豈有餘哉，尚何推排爲。」

十一月，又謂宰臣曰：「河未決衛州時嘗有言者，既決之後，有司何故不令朕知。」命詢其故。

二十七年春正月，尚書省言：「鄭州河陰縣聖后廟，前代河水爲患，屢禱有應，嘗加封號廟額。今因禱祈，河遂安流，乞加褒贈。」上從其請，特加號曰昭應順濟聖后，廟曰靈德善利之廟。

二月，以衛州新鄉縣令張簴、丞唐括唐古出、主簿温敦偎喝，以河水入城閉塞救護有功，皆遷賞有差。御史臺言：「自來沿河京、府、州、縣官坐視管内河防缺壞，特不介意。

若令沿河京、府、州、縣長貳官皆於名銜管勾河防事，如任内規措有方能禦大患，或守護不謹以致疎虞，臨時聞奏，以議賞罰。」上從之，仍命每歲將泛之時，令工部官一員沿河檢視。於是以南京府及所屬延津、封丘、祥符、開封、陳留、胙城、杞縣、長垣〔四〕，歸德府及所屬宋城、寧陵、虞城，河南府及孟津，河中府及河東，懷州河内、武陟，同州朝邑，衞州汲、新鄉、獲嘉，徐州彭城、蕭、豐，孟州河陽、温，鄭州河陰、滎澤、原武、汜水，濬州衞，陝州閿鄉、湖城、靈寶，曹州濟陰，滑州白馬，睢州襄邑，滕州沛，單州單父，解州平陸，開州濮陽，濟州嘉祥、金鄉、鄆城，四府、十六州之長貳皆提舉河防事，四十四縣之令佐皆管勾河防事。

初，衞州爲河水所壞，乃命增築蘇門，遷其州治。至二十八年，水息，居民稍還，皆不樂遷。於是遣大理少卿康元弼按視之。元弼還奏：「舊州民復業者甚衆，且南使驛道館舍所在，向以不爲水備，以故被害。若但修其堤之薄缺者，可以無虞，比之遷治，所省數倍，不若從其民情，修治舊城爲便。」乃不遷州，仍勑自今河防官司怠慢失備者，皆重抵以罪。

二十九年五月，河溢于曹州小堤之北。六月，上諭旨有司曰：「比聞五月二十八日河溢〔五〕，而所報文字如此稽滯。水事最急，功不可緩，稍緩時頃，則難固護矣。」十二月，工部言：「營築河堤，用工六百八萬餘，就用埽兵軍夫外，有四百三十餘萬工當用民夫。」遂詔命去役所五百里州、府差顧，於不差夫之地均徵顧錢，驗物力科之。每工錢百五十文外〔六〕，日支官錢五十文，米升半。仍命彰化軍節度使内族裔、都水少監大齡壽提控五百人往來彈壓。

先是，河南路提刑司言：「沿河居民多困乏逃移，蓋以河防差役煩重故也。竊惟禦水患者，不過堤埽，若土功從實計料，薪藁樁杙以時徵斂，亦復何難。今春築堤，都水監初料取土甚近，及其興工乃遠數倍，人夫懼不及程，貴價買土，一隊之間多至千貫。又許州初科薪藁十八萬餘束，既而又配四萬四千，是皆常歲必用之物，農隙均科則易輸納。自今堤埽興工，乞令本監以實計度，量一歲所用物料，驗數折税，或令和買，於冬月分爲三限輸納爲便。」詔尚書省詳議以聞。

明昌元年春正月，尚書省奏：「臣等以爲，自今凡興工役，先量負土遠近，增築高卑，定功立限，牓諭使人先知，無令增加力役。并河防所用物色，委都水監每歲於八月以前，先拘籍舊貯物外實闕之數，及次年春工多寡，移報轉運司計置，於冬三月分限輸納。如水勢不常，夏秋暴漲危急，則用相鄰埽分防備之物，不足，則復於所近州縣和買。然復慮人户道塗泥淖，艱于運納，止依税内科折他物，更爲增價，當官支付，違者並論如律，仍令所屬提刑司正官一員馳驛監視體究，如此則役作有程，而河不失備。」制可之。

四年十一月，尚書省奏：「河平軍節度使王汝嘉等言『大河南岸舊有分流河口，如可疏導，足泄其勢，及長堤以北恐亦有可以歸納排瀹之處，乞委官視之。濟北埽以北宜創起月堤』。臣等以爲宜從所言。其本監官皆以諳練河防故注以是職，當使從汝嘉等同往相視，庶免異議。如大河南北必不能開挑歸納，其月堤宜依所料興修。」上從之。

十二月，勑都水監官提控修築黄河堤，及令大名府差正千户一員、部甲軍二百人彈壓勾當。

五年春正月，尚書省奏：「都水監丞田櫟同本監官講議黄河利害，嘗以狀上言，前代每遇古堤南決，多經南、北清河分流，南清河北下有枯河數道，河水流其中者長至七八分，北清河乃濟水故道，可容三二分而已。今河水趨北，齧長堤而流者十餘處，而堤外率多積水，恐難依元料增修長堤與創築月堤也。可於北岸牆村決河入梁山濼故道，依舊作南、北兩清河分流。然北清河舊堤歲久不完，當立年限增築大堤，而梁山故道多有屯田軍户，亦宜遷徙。今擬先於南岸王村、宜村兩處決隄導水，使長堤可以固護，姑宜仍舊，如不能疏導，即依上開決，分爲四道，竢見水勢，隨宜料理。」尚書省以櫟等所言與明昌二年劉瑋等所案視利害不同，及令陳言人馮德輿與櫟面對，亦有不合者，送工部議。復言「若遽於牆村疏決，緣瀕北清河州縣二十餘處，兩岸連亘千有餘里，其隄防素不修備，恐所屯軍户亦卒難徙。今歲先於南岸延津縣堤決堤洩水，其北岸長堤自白馬以下，定陶以上，並宜加功築護，庶可以遏將來之患。若定陶以東三埽棄堤則不必修，止決舊壓河口，引導積水東南行，流堤北張彪、白塔兩河間，礙水軍户可使遷徙，及梁山濼故道分屯者，亦當預爲安置」。宰臣奏曰：「若遽從櫟等所擬，恐既更張，利害非細。比召河平軍節度使王汝嘉同計議，先差幹濟官兩員行户工部事覆視之，同則就令計實用工物、量州縣遠近以調丁夫，其督趣春工官即充今歲守漲，及與本監官同議經久之利。」詔以知大名府事内族裔、尚書户部郎中李敬義充行户工部事，以參知政事胥持國都提控。又奏差德州防禦使李獻可、尚書户部郎中焦旭，於山東當水所經州縣築護城堤，及北清河兩岸舊有堤處，别率丁夫修築，亦就令講究河防之計。

他日，上以宋閻士良所述黄河利害一帙付參知政事馬琪曰：「此書所言亦有可用者，今以賜卿。」

二月，上諭平章政事守貞曰：「王汝嘉、田櫟專管河防，此國家之重事也。朕比問其曾於南岸行視否？乃稱『未也』。又問水決能行南岸乎？又云『不可知』。且水趨北久矣，自去歲便當經畫，今不稱職如是耶？可諭旨令往盡心固護，無致失備，及講究所以經久之計。稍涉違慢，當併治罪。」

三月，行省并行户工部及都水監官各言河防利害事。都水監元擬於南岸王村、宜村兩處開導河勢，緣比來水勢去宜村堤稍緩，唯王村岸向上數里卧捲，可以開決作一河，且無所犯之城市村落。又擬於北岸牆村疏決，依舊分作兩清河入梁山故道，北清河兩岸素有小堤不完，後當築大隄。尚書省謂：「以黄河之水勢，若於牆村決注，則山東州縣膏腴之地及諸鹽場必被淪溺。設使修築壞堤，而又吞納不盡，功役至重，虚困山東之民，非徒無益，而又害之也。況長堤已加固護，復於南岸疏決水勢，已寢決河入梁山濼之議，水所經城邑已勸率作護城堤矣，先所修清河舊堤已遣罷之。監丞田櫟言定陶以東三埽棄堤不當修，止言『決舊壓河口以導漸水入堤北張彪、白塔兩河之間，凡當水衝屯田户須令遷徙』。臣等所見，止當堤前作木岸以備之，其間居人未當遷徙，至夏秋水勢泛溢，權令避之，水落則當各復業，此亦户工部之所言也。」上曰：「地之相去如此其遠，彼中利害，安得悉知？惟委行省盡心措畫可也。」

四月，以田櫟言河防事，上諭旨參知政事持國曰：「此事不惟責卿，要卿等同心規畫，不勞朕心爾。如櫟所言，築堤用二十萬工，歲役五十日，五年可畢，此役之大，古所未有〔七〕。況其成否未可知，就使可成，恐難行也。遷徙軍户四千則不爲難，然其水特決，尚不知所歸，儻有潰走，若何枝梧。如令南岸兩處疏決〔八〕，使其水趨南，或可分殺其勢。然水之形勢，朕不親見，難爲條畫，雖卿亦然。丞相、左丞皆不熟此，可集百官詳議以行。」百官僉謂：「欒所言棄長堤，無起新堤，放河入梁山故道，使南北兩清河分流，爲省費息民長久之計。臣等以爲黄河水勢非常，變易無定，非人力可以斟酌，可以指使也。況梁山濼淤填已高，而北清河窄狹不能吞伏，兼所經州縣農民廬井非一，使大河北入清河，山東必被其害。欒又言乞許都水監符下州府運司，專其用度，委其任責，一切同於軍期，仍委執政提控。緣今監官已經添設，又於外監署司多以沿河州府長官兼領之，及令佐管勾河防，其或怠慢已有同軍期斷罪的決之法，凡欒所言無可用。」遂寢其議。

八月，以河決陽武故堤，灌封丘而東，尚書省奏，都水監、行部官有失固護。詔命同知都轉運使高旭、武衛軍副都指揮使女奚列奕小字韓家奴同往規措。尚書省奏：「都水監官前來有犯，已經戒諭，使之常切固護。今王汝嘉等殊不加意，既見水勢趨南，不預經畫，承留守司累報，輒爲遷延，以至害民。即是故違制旨，私罪當的決。」詔汝嘉等各削官兩階，杖七十罷職。

上謂宰臣曰：「李愈論河決事，謂宜遣大臣往，以慰人心，其言良是。嚮慮河北決，措畫堤防，猶嘗置行省，況今方横潰爲害，而止差小官，恐失衆望。自國家觀之，雖山東之地重於河南，然民皆赤子，何彼此之間。」乃命參知政事馬琪往，仍許便宜從事。上曰：「李愈不得爲無罪，雖都水監官非提刑司統攝，若與留守司以便宜率民固護，或申聞省部，亦何不可使朕聞之。徒能張皇水勢而無經畫，及其已決，乃與王汝嘉一往視之而還，亦未嘗有所施行。問王村河口開導之月，則對以四月終，其實六月也，月日尚不知，提刑司官當如是乎。」尋命户部員外郎何格賑濟被浸之民。

時行省參知政事胥持國、馬琪言：「已至光禄村周視堤口。以其河水浸漫，堤岸陷潰，至十餘里外乃能取土。而堤面窄狹，僅可數步，人力不可施。雖窮力可以暫成，終當復毁。而中道淤澱，地有高低，流不得泄，且水退，新灘亦難開鑿。其孟華等四埽與孟陽堤道，沿汴河東岸，但可施功者，即悉力修護。將於農隙興役，及凍畢工，則京城不至爲害。」

參知政事馬琪言：「都水外監員數冗多，每事相倚，或復邀功，議論紛紜不一，隳廢官事。擬罷都水監掾，設勾當官二員。又自昔選用都、散巡河官，止由監官辟舉，皆諸司人，或有老疾，避倉庫之繁，行賄請託，以致多不稱職。擬升都巡河作從七品，於應入縣令廉舉人内選注外，散巡河依舊，亦於諸司及丞簿廉舉人内選注，並取年六十以下有精力能幹者。到任一年，委提刑司體察，若不稱職，即日罷之。如守禦有方，致河水安流，任滿，從本監及提刑司保申，量與升除。凡河橋司使副亦擬同此選注。」繼而胥持國亦以爲言，乃從其請。

閏十月，平章政事守貞曰：「馬琪措畫河防事，未見功役之數〔九〕，加之積歲興功，民力將困，今持國復病，請別遣有材幹者往議之。」上曰：「堤防救護若能成功，則財力固不敢惜。第恐財殫力屈，成而復毁，如重困何。」宰臣對曰：「如盡力固護，縱爲害亦輕，若恬然不顧，則爲害滋甚。」上曰：「無乃因是致盜賊乎？」守貞曰：「宋以河決興役，亦嘗致盜賊，然多生於凶歉。今時平歲豐，少有差役，未必至此。且河防之役，理所當然，今之當役者猶爲可耳。至於科徵薪芻，不問有無，督輸迫切則破産業以易之，恐民益困耳。」上曰：「役夫須近地差取，若遠調之，民益艱苦，但使津濟可也。然當俟馬琪至而後議之。」庚辰，琪自行省還，入見，言：「孟陽河堤及汴堤已填築補修，水不能犯汴城。自今河勢趨北，來歲春首擬於中道疏決，以解南北兩岸之危。凡計工八百七十餘萬，可於正月終興工。臣乞前期再往河上監視。」上以所言付尚書省，而治檢覆河堤并守漲官等罪有差。

他日，尚書省奏事，上語及河防事，馬琪奏言：「臣非敢不盡心，然恐智力有所不及。若别差官相度，儻有奇畫，亦未可知。如適與臣策同，方來興功，亦庶幾稍寬朝廷憂顧。」上然之，命翰林待制奥屯忠孝權尚書户部侍郎、太府少監温昉權尚書工部侍郎，行户、工部事，修治河防，且諭之曰：「汝二人皆朕所素識，以故委任，冀副朕意。如有錯失，亦不汝容。」

承安元年七月，勑自今沿河傍側州、府、縣官雖部除者皆勿令員闕。

泰和二年九月，勑御史臺官：「河防利害初不與卿等事，然臺官無所不問，應體究者亦體究之。」

五年二月，以崔守真言，「黄河危急，芻藁物料雖云折税，每年不下五六次，或名爲和買，而未嘗還其直」，勑委右三部司正郭澥、御史中丞孟鑄講究以聞。澥等言「大名府、鄭州等處自承安二年以來，所科芻藁未給價者，計錢二十一萬九千餘貫」。遂命以各處見錢差能幹官同各州縣清强官一一酬之，續令按察司體究。

宣宗貞祐三年十一月壬申〔一〇〕，上遣參知政事侯摯祭河神於宜村。

三年四月，單州刺史顔盞天澤言：「守禦之道，當決大河使北流德、博、觀、滄之境。今其故堤宛然猶在，工役不勞，水就下必無漂没之患。而難者若不以犯滄鹽場損國利爲説，必以浸没河北良田爲解。臣嘗聞河側故老言，水勢散漫，則淺不可以馬涉，深不可以舟濟，此守禦之大計也。若曰浸民田，則河徙之後，淤爲沃壤，正宜耕墾，收倍于常，利孰大焉。若失此計，則河南一路兵食不足，而河北、山東之民皆瓦解矣。」詔命議之。

四年三月，延州刺史温撒可喜言：「近世河離故道，自衞東南而流，由徐、邳入海，以此，河南之地爲狹。臣竊見新鄉縣西河水可決使東北，其南有舊隄，水不能溢，行五十餘里與清河合，則由濬州、大名、觀州、清州、柳口入海，此河之故道也，皆有舊隄，補其缺罅足矣。如此則山東、大名等路，皆在河南，而河北諸郡亦得其半，退足以爲禦備之計，進足以壯恢復之基。」又言：「南岸居民，既已籍其河夫修築河堰，營作戍屋，又使轉輸芻糧，賦役繁殷，倍於他所，夏秋租稅，猶所未論，乞減其稍緩者，以寬民力。」事下尚書省，宰臣謂：「河流東南舊矣。一旦決之，恐故道不容，衍溢而出，分爲數河，不復可收。水分則淺狹易渡，天寒輒凍，禦備愈難，此甚不可。」詔但令量宜減南岸郡縣居民之賦役。

五年夏四月，勅樞密院，沿河要害之地，可壘石岸，仍置撒星樁，陷馬塹以備敵。

漕渠。金都於燕，東去潞水五十里，故爲牐以節高良河、白蓮潭諸水，以通山東、河北之粟。凡諸路瀕河之城，則置倉以貯傍郡之稅，若恩州之臨清、歷亭，景州之將陵、東光，清州之興濟、會川，獻州及深州之武强，是六州諸縣皆置倉之地也〔一〕。其通漕之水，舊黄河行滑州、大名、恩州、景州、滄州、會川之境，漳水東北爲御河，則通蘇門、獲嘉、新鄉、衛州、濬州、黎陽、衛縣、彰德、磁州、洺州之餽，衡水則經深州會于滹沱，以來獻州、清州之餉，皆合于信安海壖，泝流而至通州，由通州入牐，十餘日而後至于京師。其它若霸州之巨馬河，雄州之沙河，山東之北清河，皆其灌輸之路也。然自通州而上，地峻而水不留，其勢易淺，舟膠不行，故常從事陸輓，人頗艱之。世宗之世，言者請開盧溝金口以通漕運，役衆數年，竟無成功，事見盧溝河〔一二〕。其後亦以牐河或通或塞，而但以車輓矣。

其制，春運以冰消行，暑雨畢。秋運以八月行，冰凝畢。其綱將發也，乃合衆，以所載之粟苴而封之，先以付所卸之地，視與所封樣同則受。凡綱船以前期三日修治，日裝一綱，裝畢以三日啓行。計道里分泝流、沿流爲限，至所受之倉，以三日卸，又三日給收付。凡輓漕脚直，水運鹽每石百里四十八文，米五十文一分二釐七毫，粟四十文一分三毫，錢則每貫一文七分二釐八毫。陸運傭直，米每石百里百一十二文一分五毫，粟五十七文六分八釐四毫，錢每貫三文九釐六毫。餘物每百斤行百里，平路則春冬百三十一文五分，夏秋百五十七文八分，山路則春冬百四十九文，夏秋二百一文。凡使司院務納課傭直，春冬九十文三分，夏秋百一十四文。諸民户射賃官船漕運者，其脚直以十分爲率，初年剋二分，二年剋一分八釐，三年剋一分七釐，四年剋一分五釐，五年以上剋一分。

初，世宗大定四年八月，以山東大熟，詔移其粟以實京師。十月，上出近郊，見運河湮塞，召問其故。主者云户部不爲經畫所致。上召户部侍郎曹望之，責曰：「有河不加濬，使百姓陸運勞甚，罪在汝等。朕不欲即加罪，宜悉力使漕渠通也。」五年正月，尚書省奏，可調夫數萬，上曰：「方春不可勞民，令宫籍監户、東宫親王人從及五百里内軍夫，濬治。」

二十一年，以八月京城儲積不廣，詔沿河恩、獻等六州粟百萬餘石運至通州，輦入京師。

明昌三年四月，尚書省奏：「遼東、北京路米粟素饒，宜航海以達山東。昨以按視東京近海之地，自大務清口并咸平銅善館皆可置倉貯粟以通漕運，若山東、河北荒歉，即可運以相濟。」制可。

承安五年，邊河倉州縣，可令折納菽二十萬石，漕以入京，驗品級養馬於俸内帶支，仍漕麥十萬石，各支本色。乃命都水監丞田櫟相視運糧河道。

泰和元年，尚書省以景州漕運司所管六河倉，歲税不下六萬餘石，其科州縣近者不下二百里，官吏取賄延阻，人不勝苦，雖近官監之亦然。遂命監察御史一員往來糾察之。

五年，上至霸州，以故漕河淺澀，勑尚書省發山東、河北、河東、中都、北京軍夫六千，改鑿之。犯屯田户地者，官對給之。民田則多酬其價。

六年，尚書省以凡漕河所經之地，州縣官以爲無與於己，多致淺滯，使綱户以盤淺剥載爲名，姦弊百出。於是遂定制，凡漕河所經之地，州府官銜内皆帶「提控漕河事」，縣官則帶「管勾漕河事」，俾催檢綱運，營護隄岸。爲府三：大興、大名、彰德。州十二：恩、景、滄、清、獻、深、衛、濬、滑、磁、洺、通。縣三十三〔一三〕：大名、元城、館陶、夏津、武城、歷亭、臨清、吴橋、將陵、東光、南皮、清池、靖海、興濟、會川、交河、樂壽、武强、安陽、湯陰、臨漳、成安、滏陽、内黄、黎陽、衛、蘇門、獲嘉、新鄉、汲、潞、武清、香河、漷陰。

十二月，通濟河刱設巡河官一員，與天津河同爲一司，通管漕河牐岸，止名天津河巡河官，隸都水監。

八年六月，通州刺史張行信言，「船自通州入牐，凡十餘日方至京師，而官支五日轉脚之費」，遂增給之。

貞祐三年，既遷于汴，以陳、潁二州瀕水，欲借民船以漕，不便。遂依觀州漕運司設提舉官，募船户而籍之，命户部勾當官往來巡督。

四年，從右丞侯摯言，開沁水以便餽運。上又念京師轉輸之勞，命出尚厩牛及官車，以助其力。

興定四年十月，諭皇太子曰：「中京運糧護送官，當擇其人，萬有一失，樞密官亦有罪矣。其船當用毛花輦所造兩首尾者，仍張幟如渡軍之狀，勿令敵知爲糧也。」

陝西行省把胡魯言：「陝西歲運糧以助關東，民力浸困，若以舟自渭入河，順流而下，可以紓民力。」遂命嚴其偵候，如有警，則皆維於南岸。

時朝廷以邳、徐、宿、泗軍儲，京東縣輓運者歲十餘萬石，民甚苦之。元光元年，遂於歸德府置通濟倉，設都監一員，以受東郡之粟。

定國節度使李復亨言：「河南駐蹕，兵不可闕，糧不厭多。比年，少有匱乏即仰給陝西，陝西地腴歲豐，十萬石之助不難。但以車運之費先去其半，民何以堪。宜造大船二十，由大慶關渡入河，東抵湖城，往還不過數日，篙工不過百人，使舟皆容三百五十斛，則是百人以數日運七千斛矣。自夏抵秋可漕三十餘萬斛〔一四〕，且無稽滯之患。」上從之。

時又於靈壁縣潼郡鎮設倉都監及監支納，以方開長直溝，將由萬安湖舟運入汴至泗，以貯粟也。

盧溝河。大定十年，議決盧溝以通京師漕運，上忻然曰：「如此，則諸路之物可徑達京師，利孰大焉。」命計之，當役千里內民夫，上命免被災之地，以百官從人助役。已而，勑宰臣曰：「山東歲飢，工役興則妨農作，能無怨乎。開河本欲利民，而反取怨，不可。其姑罷之。」十一年十二月，省臣奏復開之，自金口疏導，至京城北入壕，而東至通州之北入潞水，計工可八十日。十二年三月，上令人覆按，還奏「止可五十日」。上召宰臣責曰：「所餘三十日徒妨農費工，卿等何爲慮不及此。」及渠成，以地勢高峻，水性渾濁。峻則奔流漩洄，齧岸善崩，濁則泥淖淤塞，積滓成淺，不能勝舟。其後，上謂宰臣曰：「分盧溝爲漕渠，竟未見功，若果能行，南路諸貨皆至京師，而價賤矣。」平章政事駙馬元忠曰：「請求識河道者，按視其地。」竟不能行而罷。

二十五年五月〔一五〕，盧溝決於上陽村。先是，決顯通寨，詔發中都三百里内民夫塞之，至是復決，朝廷恐枉費工物，遂令且勿治。

二十七年三月，宰臣以「孟家山金口牐下視都城，高一百四十餘尺，止以射糧軍守之，恐不足恃。儻遇暴漲，人或爲姦，其害非細。若固塞之，則所灌稻田俱爲陸地，種植禾麥亦非曠土。不然則更立重牐，仍於岸上置埽官廨署，及埽兵之室，庶幾可以無虞也」。上是其言，遣使塞之。

夏四月丙子，詔封盧溝水神爲安平侯。

二十八年五月，詔盧溝河使旅往來之津要，令建石橋。未行而世宗崩。章宗大定二十九年六月，復以涉者病河流湍急，詔命造舟，既而更命建石橋。明昌三年三月成，勑命名曰廣利。有司謂車駕之所經行，使客商旅之要路，請官建東西廊，令人居之。上曰：「何必然，民間自應爲耳。」左丞守貞言：「但恐爲豪右所占，況罔利之人多止東岸，若官築則東西兩岸俱稱，亦便於觀望也。」遂從之。

六月，盧溝隄決，詔速遏塞之，無令泛溢爲害。右拾遺路鐸上疏言，當從水勢分流以行，不必補修玄同口以下、丁村以上舊堤。上命宰臣議之，遂命工部尚書胥持國及路鐸同檢視其隄道。

滹沱河。大定八年六月，滹沱犯真定，命發河北西路及河間、太原、冀州民夫二萬八千，繕完其隄岸。

十年二月，滹沱河創設巡河官二員。

十七年，滹沱決白馬崗，有司以聞，詔遣使固塞，發真定五百里内民夫，以十八年二月一日興役，命同知真定尹鶻沙虎、同知河北西路轉運使徐偉監護。

漳河。大定二十年春正月，詔有司修護漳河牐，所須工物一切並從官給，毋令擾民。

明昌二年六月，漳河及盧溝隄皆決，詔命速塞之。

四年春正月癸未，有司言修漳河隄埽計三十八萬餘工，詔依盧溝河例，招被水闕食人充夫，官支錢米，不足則調礙水人户，依上支給。

校勘記

〔一〕十年三月拜宗敍爲參知政事　「十年」二字原脱。按，本書卷六世宗紀上，大定十年三月「戊午，以河南統軍使宗敍爲參知政事」。卷七一宗敍傳，「十年，召至京師，拜參知政事」。今據補。

〔二〕上於是遣户部尚書劉瑋往行工部事　「工部事」，原作「户部事」。按，本書卷九五劉瑋傳，「擢户部尚書。時河決于衛，（中略）詔兼工部尚書往塞之」。今據改。

〔三〕它日　此事本書卷八世宗紀下繫於是年十二月丙申，此承上文列於十月下，誤。

〔四〕於是以南京府及所屬延津封丘祥符開封陳留胙城杞縣長垣　按，金無「南京府」之建置。本書卷二五地理志中，南京路開封府屬縣十五，與此相較，僅無胙城。而河北西路衛州胙城下云，「本隸南京，海陵時割隸滑州，泰和七年復隸南京，八年以限河來屬」。蓋金人習慣稱開封府爲南京，此處「府」字疑爲衍文，抑或「南京府」爲「開封府」之誤。

〔五〕比聞五月二十八日河溢　本書卷九章宗紀一繫此事於五月戊午。按，五月庚寅朔，戊午爲二十九日，與此異。

〔六〕每工錢百五十文外　「錢」字原脱，據北監本、殿本、局本補。

〔七〕築堤用二十萬工歲役五十日五年可畢此役之大古所未有　「二十」，諸本同。金史詳校卷三下：「『二十』當作『二千』。案以此計之，每日當用八萬人，較之十二年六十六萬工、十八年六十九萬工、二十年一百七十九萬六千餘工、二十九年六百八萬餘工相去甚遠，真大役也。若止二十萬工，不得云大役古所未有矣。」

〔八〕如令南岸兩處疏決　「令」，原作「今」。金史詳校卷三下：「『今』當作『令』。」今據改。

〔九〕未見功役之數　「數」，疑是「效」字之誤。

〔一〇〕宣宗貞祐三年十一月壬申　「十一月」三字原脱。按，本書卷一四宣宗紀上，貞祐三年十一月「壬申，遣參知政事侯摯祭河神于宜村」。卷一〇八侯摯傳，貞祐三年「十一月，入見。壬申，遣祭河神于宜村」。今據補。又，此條按年月順序當在下條「三年四月」之後。

〔一一〕是六州諸縣皆置倉之地也　按，上文僅敍恩、景、清、獻、深五州，與「六州」之數不合，「獻州」下無縣名，當有脱文。本書卷二五地理志中，河北東路滄州清池，「置河倉」，南皮，「置河倉」，則所脱尚有「滄州之清池、南皮」，下接「及深州之武强」，六州之數具足。惟地理志於獻州屬縣皆不記「置河倉」，究脱何縣，竟無可考。

〔一二〕事見盧溝河　「盧溝河」，原作「漕渠」，局本作「盧溝」。按，下文盧溝河條首記請開金口事，終言「竟不能行而罷」，與此合。今據改。

〔一三〕縣三十三　「三十三」，諸本同。金史詳校卷三下：「當作『三十四』。案下文所列實三十四縣。」

〔一四〕自夏抵秋可漕三十餘萬斛　「十」，原作「千」。按，上文言「百人以數日運七千斛」，則「自夏抵秋」可漕三十餘萬斛。「千」當爲「十」字之誤。今據改。

〔一五〕二十五年五月　按，本書卷八世宗紀下，大定二十六年五月「戊子，盧溝決於上陽村」。未詳是本書有誤，還是盧溝連續兩年決於上陽村。

金史卷二十八

志第九

禮一

郊

金人之入汴也，時宋承平日久，典章禮樂粲然備具。金人既悉收其圖籍，載其車輅、法物、儀仗而北，時方事軍旅，未遑講也。既而，即會寧建宗社，庶事草創。皇統間，熙宗巡幸析津，始乘金輅，導儀衞，陳鼓吹，其觀聽赫然一新，而宗社朝會之禮亦次第舉行矣。繼以海陵狼顧，志欲併吞江南，乃命官修汴故宮，繕宗廟社稷，悉載宋故禮器以還。外而黷武，內而縱欲，其猷既失，奚敢議禮樂哉。

世宗既興，復收嚮所遷宋故禮器以旋，廼命官參校唐、宋故典沿革，開「詳定所」以議禮，設「詳校所」以審樂，統以宰相通學術者，於一事之宜適、一物之節文，既上聞而始彙次，至明昌初書成，凡四百餘卷，名曰金纂修雜録。凡事物名數，支分派引，珠貫棊布，井然有序，炳然如丹。又圖吉、凶二儀：鹵簿十三節以備大葬，小鹵簿九節以備郊廟。而命尚書左右司、春官、兵曹、太常寺各掌一本，其意至深遠也。是時，寓内阜安，民物小康，而維持幾百年者實此乎基。嗚呼，禮之爲國也信矣夫。而況關雎、麟趾之化，其流風遺思被於後世者，爲何如也。

宣宗南播，疆宇日蹙，旭日方升而爝火之然，蔡流弗東而餘燼滅矣。圖籍散逸既莫可尋，而其宰相韓企先等之所論列，禮官張暐與其子行簡所私著自公紀，亦亡其傳。故書之存，僅集禮若干卷，其藏史館者又殘缺弗完，姑掇其郊社宗廟諸神祀、朝覲會同等儀而爲書，若夫凶禮則略焉。蓋自熙宗、海陵、衞紹王之繼弑，雖曰「鹵簿十三節以備大葬」，其行乎否耶，蓋莫得而考也，故宣孝之喪禮存，亦不復紀。噫，告朔餼羊雖孔子所不去，而史之缺文則亦慎之。作禮志。

南北郊。金之郊祀，本於其俗有拜天之禮。其後，太宗即位，乃告祀天地，蓋設位而祭也。天德以後，始有南北郊之制，大定、明昌其禮寖備。

南郊壇，在豐宜門外，當闕之巳地。圓壇三成〔一〕，成十二陛，各按辰位。壝牆三匝，四面各三門。齋宮東北，厨庫在南。壇、壝皆以赤土圬之。

北郊方丘，在通玄門外，當闕之亥地。方壇三成，成爲子午卯酉四正陛。方壝三周，四面亦三門。

朝日壇曰大明，在施仁門外之東南，當闕之卯地，門壝之制皆同方丘。

夕月壇曰夜明，在彰義門外之西北，當闕之酉地〔二〕，掘地汙之，爲壇其中。

常以冬至日合祀昊天上帝、皇地祇於圜丘，夏至日祭皇地祇於方丘，春分朝日於東郊，秋分夕月於西郊。

大定十一年始郊，命宰臣議配享之禮。左丞石琚奏曰：「按禮記『萬物本乎天，人本乎祖，此所以祖配上帝也』〔三〕。蓋配之者，侑神作主也。自外至者無主不止，故推祖考配天，尊之也。兩漢、魏、晉以來，皆配以一祖。至唐高宗，始以高祖、太宗崇配。垂拱初，又加以高宗，遂有三祖同配之禮。至宋，亦嘗以三帝配，後禮院上議，以爲對越天地，神無二主，由是止以太祖配。臣謂冬至親郊宜從古禮。」上曰：「唐、宋以私親，不合古，不足爲法。今止當以太祖配。」又謂宰臣曰：「本國拜天之禮甚重。今汝等言依古制築壇，亦宜。

我國家絀遼、宋主，據天下之正，郊祀之禮豈可不行。」乃以八月詔曰：「國莫大于祀，祀莫大于天，振古所行，舊章咸在。仰惟太祖之基命，詔我本朝之燕謀，奄有萬邦，于今五紀。因時制作，雖增飾于國容，推本奉承，猶未遑于郊見。况天休滋至而年穀屢豐，敢不敷繹曠文，明昭大報。取陽升之至日，將親享于圓壇，嘉與臣工，共圖熙事。以今年十一月十七日有事于南郊，咨爾有司，各揚乃職，相予肆祀，罔或不欽。」乃於前一日，遍見祖宗，告以郊祀之事。其日，備法駕鹵簿，躬詣郊壇行禮〔四〕。

儀注。齋戒：用唐制。大祀，散齋四日，致齋三日。中祀，散齋二日，致齋一日。

天子親祀，皆前期七日，攝太尉誓亞終獻官、親王、陪祀皇族於宮省。皇族十五以上，官雖不至七品者亦助祭受誓。又誓百官於尚書省。攝太尉南向，司徒北向，監祭御史在西〔五〕，監禮博士居東，皆相向。太常卿、光禄卿在司徒後，重行北向。司天監、光禄丞、太廟令丞、大樂令丞、太官令丞、良醞令、廩犧令、郊社丞〔六〕、司尊、太祝、奉禮郎、協律郎、諸執事官皆重行西上北向。禮直官以誓文授攝太尉，乃誓曰：「維某年歲次某甲，某月，某日，某甲，皇帝有事于南郊，各揚其職。其或不恭，國有常刑。」禮直官贊曰：「七品以下官皆退。」餘皆再拜，退。誓於宮省之儀皆同。於是，皇帝散齋于別殿。

前致齋一日，尚舍設御坐於大安殿，當中南向。設東西房於御坐之側，設御幄於室内，施簾於楹下。享前三日，陳設小次。享前一日，設拜褥，及皇帝版位、皇帝飲福位，及黄道氈褥，自玉輅下至升輿所。

及致齋之日，通事舍人引文武五品以上官，陪位如式。諸侍衛之官，各服其器服，並結珮，俱詣閤奉迎。上水二刻，侍中版奏「外辦」。皇帝服衮冕，結珮，乘輿出，警蹕、侍衛如常儀。皇帝即御座，東向坐。通事舍人承傳，殿上下俱拜，訖，西面〔七〕，贊「各祗候」。一刻頃，侍中跪奏：「臣某言，請降就齋。」俛伏，興，還侍位。皇帝降座，入室，羣官皆退。諸執事官皆宿於正寢，治事如故，不弔喪問疾，不判署刑殺文字，不決罰罪人，不與穢惡事。致齋日，惟祀事則行，餘悉禁。已齋而闕者，通攝行事。

陳設：前祀五日，儀鸞、尚舍陳設齋宫。有司設扈從侍衛次於宫東西。又設陪祀親王次宫東稍南，西向北上，宗室子孫位於其後。又設司徒、亞終獻、行事、執事官次於壇南外壝門之西〔八〕，東向北上，重行異位。又設天名房，在壇南外壝門之東，西向。大禮使次於其後，皆西向。又設席大屋於壇外西北，駐車輅以備風雪。

祀前三日，尚舍設大次於東壝外門内道北，南向。又設小次於壇下卯陛之北，南向。

有司設饌幔於東壝中門之北，南向。設兵衛，各服其器服，守衛壝門，每門二人。郊社令帥其屬，掃除壇之上下及壝之內外。乃爲燎位，在南中壝東門之東，壇之巳位。又爲瘞坎，在中壝內戌位。

祀前二日，太樂令帥其屬，設登歌之樂於壇上稍南，北向。玉磬在午陛之西，金鐘在午陛之東，柷一在鐘前稍北，敔一在磬前稍北，東西相向，歌工次之，餘工各位於縣後〔九〕。琴瑟在前，匏竹在後，於壇下第一等上，皆重行異位，北向。又設宮縣樂南壝外門之外，八佾二舞表於樂前。又設采茨樂於應天門前。

祀前一日，奉禮郎升設皇帝版位於壇上辰巳之間，北向。又設皇帝飲福位於其左稍却，北向。又帥禮直官設亞終獻位於卯陛之東北，西向北上。司徒位於卯陛之東，道南，西向。禮部尚書、太常卿、光禄卿、禮部侍郎位各次之，太常丞、光禄丞又次之。又設大禮使位於小次之左少却，西向。又設分獻官、司天監、讀册中書侍郎位於中壝門道北，西向。郊社令、廩犧令、太官令、良醞令位於其後。又設郊社丞、太祝、奉禮郎以下諸執事官位於其後〔一〇〕，皆西向，重行異位。又設從祀文武羣官一品至五品位於中壝門內道南，西向，皆重行立。又設助奠祝史、齋郎位於東壝門外道北，西向。又設陪祀皇族於道南，西向。六品至九品從祀羣官，又於其南，皆西向，重行異位，各依其品。又設監祭御史二員，一員在午陛之西南，一員在子陛之西北，皆東向。又設監禮博士二員，一員在午陛之東南，一員在子陛之東北，皆西向。又設太樂令位於樂簴之間稍東，西向。協律郎位於樂簴之西，東向。又設奉禮郎位於壇南稍東〔一一〕，西向。贊者次之。司尊位於酌尊所，俱北向。又設牲牓於外壝東門之外，西向。饌牓於其北稍西，南向。牲牓之東，牲位。太史、太祝各位於牲後，俱西向。又設禮部尚書、太常卿、光禄卿位於牲牓南稍北，西向。太常丞、光禄丞、太官令位於其後。監祭御史、監禮博士於禮部尚書位之西稍却，北向。廩犧令位在牲位西南，北向。又陳禮饌於饌牓之前案上。

未後三刻，陳饌之時，又設禮部尚書、太常卿、光禄卿位於案前稍東，北上，西向。太常丞、光禄丞、太官令位於其後，西向。又設監祭御史、監禮博士位於案前稍西，北上，東向。又設異寶嘉瑞位於宮縣西北，太府少監位於寶後。諸州歲貢位於宮縣東北，户部郎中位於其後。天子八寶位於宮縣西南，符寶郎八員各於寶後。伐國毀寶位於宮縣東南，少府少監位於其後。又設大樂令位於宮縣之北稍東，協律郎二在大樂令南，東西相向。

司天監，未後二刻，同郊社令升設昊天上帝、皇地祇神座於壇上北方南向，地祇位在東稍却，席皆以藁秸。太祖配位座於東方西向，席以蒲越。五方帝、日、月、神州地祇、天皇大帝、北極神座於壇上第一等，席皆藁秸。内官五十四座、五神、五官、嶽鎮海瀆二十九座於壇上第二等〔一二〕，中官一百五十有八座、崑崙、山林川澤二十一座於壇上第三等，外官一百六座、丘陵墳衍原隰三十座於内壝之内，衆星三百六十座在内壝之外，席皆以莞。神座版各設於座首。又設禮神玉。俟告潔畢，權徹去壇上及第一等神位，祀日丑前五刻重設〔一三〕。

奉禮郎同司尊及執事者設天、地、配位各左十有一籩，右十有一豆，俱爲三行。登三在籩豆間。簠一簋一於登前，簠在左，簋在右。各於神座前藉以席。又設天、地位太尊各二、著尊各二、犧尊各二、山罍各二，壇上東南隅配位著尊二、犧尊二、象尊二，在天、地位酒尊之東，俱北向西上，皆有坫，加勺、羃，爲酌尊所。又天、地位象尊各二、壺尊各二、山罍各四，在壇下午陛之南，北向西上。配位壺尊二、山罍四在酉陛之北，東向北上，皆有坫，設而不酌，亦左以明水，右以玄酒。

又設五方帝、日、月，神州地祇、天皇大帝、北極，第一等皆左八籩、右八豆，登在籩豆間，簠一簋一在登前，爵坫一在神座前。第二等内官五十四座，五神、五官、嶽鎮海瀆二十九座，每座籩二、豆二、簠一、簋一、俎一、爵坫一。第三等中官一百五十八座，崑崙、山林川澤二十一座，及内壝内外官一百六座〔一四〕，丘陵墳衍原隰三十座，内壝外衆星三百六十座，每位籩二、豆二、簠一、簋一、俎一、爵一。又設第一等每位太尊二、著尊二，皆有坫加勺。第二等每陛山尊二，第三等每位蜃尊二，内壝内外每辰概尊二〔一五〕，皆加勺。自第二等已下皆用匏爵，先洗拭訖，置於尊所，其尊所皆在神位之左。凡祭器皆藉以席，籩豆各加巾蓋。又設天、地及配位籩一、豆一、簠一、簋一、俎四及毛血豆各一，并第一等神位每位俎二，於饌幔内。

又設皇帝洗二於卯陛下，道北，南向。盥洗在東，爵洗在西，匜在東，巾在西。篚南肆，實玉爵坫。又設亞終獻洗位在小次之東，南向。盥洗在東，爵洗在西，加勺。篚在西，南肆，加巾。又設第一等分獻官盥洗、爵洗位，及第二等分獻官盥洗位，各於其辰陛道之左，罍在洗左，篚在洗右，俱内向，執罍篚者位於其後。

太府監、少府監祀前一日未後二刻，帥其屬升壇陳玉幣。昊天上帝以蒼璧、蒼幣，皇地祇以黄琮、黄幣，配位以蒼幣，黄帝以黄琮，青帝以青珪，赤帝以赤璋，大明以青珪璧，白帝以白琥，黑帝以玄璜，北極以青珪璧，天皇大帝以玄珪璧，神州地祇以玄色兩珪有邸，皆置於匣。五帝之幣各從其方色。凡幣皆陳於篚。設訖，俟告潔訖權徹去，祀日重設。

祀日丑前五刻，禮部設祝册神座之右，皆藉以案。太常卿明燈燎。户部郎中設諸州歲貢於宫縣東北，金爲前列，玉帛次之，餘爲從列，皆藉以席，立於歲貢之後，北向。太府監、少府監設異寶嘉瑞於宫縣西，北上，瑞居前，中下次之，皆藉以席，立於寶後，北向。少府少監設伐國毀寶於宮縣東南，皆藉以席，立於寶後，北向。符寶郎設八寶於宮縣西南，各分立於寶南，皆北向。司天監、太府監、少府監、郊社令、奉禮郎升設昊天上帝、皇地祇、配位及壇上第一等神座，又設玉幣，各於其位。太祝取瘞玉加於幣，以禮神之玉各置於神座前，乃退。

光禄卿帥其屬入實祭器。昊天上帝、皇地祇、配位每位籩三行，以右爲上，形鹽在前，魚鱐糗餌次之，第二行榛實在前，乾桃乾橑乾棗次之〔一六〕，第三行乾菱在前，乾芡乾栗鹿脯次之。豆三行，以左爲上，芹菹在前，筍菹葵菹次之，第二行韭菹在前，菁菹魚醢兔醢次之，第三行豚拍在前，醓醢酏食鹿臡次之。簠黍，簋稷，登皆大羹。第一等壇上一十位，每位皆實籩三行，以右爲上，形鹽在前，魚鱐次之，第二行乾橑在前，桃棗次之，第三行乾芡在前，榛實鹿脯次之。豆三行以左爲上，芹菹在前，筍菹次之，第二行菁菹在前，韭菹魚醢次之，第三行豚拍在前，醓醢鹿臡次之〔一七〕。簠黍，簋稷，登大羹。第二、第三等每位籩二，鹿脯、乾棗。豆二，鹿臡、菁菹。俎，羊一段。内壝内、内壝外每位籩鹿脯，豆鹿臡，俎羊一段。

良醞令帥其屬入實尊罍，昊天上帝、皇地祇大尊爲上，實以汎齊；著尊次之，實以醴齊；犧尊次之，實以盎齊；象尊次之，實以醍齊；壺尊次之，實以沉齊；山罍爲下，實以三酒。配位著尊爲上，實以汎齊；犧尊次之，實以醴齊；象尊次之，實以盎齊；壺尊次之，實以醍齊；山罍爲下，實以三酒。第一等每位大尊實以汎齊，著尊實以醴齊。第二等山尊實以醍齊。第三等及內壝內，蜃尊實以汎齊〔一八〕。內壝外及衆星〔一九〕，概尊實以三酒。

省牲器：祀前一日午後八刻，去壇二百步禁止行人。未後二刻，郊社令丞帥其屬掃除壇之上下，司尊、奉禮郎帥執事者以祭器入，設於位。司天監設神位，太府監、少府監陳玉幣於篚。未後三刻，禮直官引廩犧令與諸太祝、祝史以牲就位。又禮直官、贊者分引禮部尚書、太常卿、光禄卿、禮部侍郎、太常丞、監祭御史、監禮博士、廩犧令、太官令、太官丞詣內壝東門外省牲位。立定，乃引禮部尚書、侍郎、太常丞及監祭御史、監禮博士升自卯階，視滌濯，執事者皆舉冪告潔，俱畢，降復位。禮直官稍前曰：「告潔畢，請省牲。」禮部尚書、侍郎及太常卿丞稍前，省牲訖，退，復位。次引光禄卿丞巡牲一匝，光禄卿退，光禄丞西向折身曰「備訖」，乃復位。次引廩犧令巡牲一匝，西向躬身曰「充」，又引諸祝史巡牲一匝，首一員西向躬身曰「腯」。畢，俱復位。禮直官稍前曰「請省饌」。乃引禮部尚書以下各就位，立定，省饌，訖，禮直官引禮部尚書侍郎、太常卿丞各還齋所，餘官廩犧令與諸太祝、祝史以次牽牲詣厨，授太官令丞。次引光禄卿丞、監祭、監禮詣厨，省鼎鑊，視滌濯畢，乃還齋所。晡後一刻，太官令帥宰人以鸞刀割牲，祝史各取毛血實以豆，置於饌幔。遂烹牲。祝史乃取瘞血貯於盤。

奠玉幣：祀日丑前五刻，亞終獻、司徒已下，應行事陪從羣官，各服其服就次。司天監復設壇上及第一等神位。太府監、少府監陳玉幣。太常卿、郊社令丞明燭燎。光禄卿丞實籩豆簠簋尊罍，俟監祭、監禮案視訖，徹去巾蓋。大樂令帥工人布於宮縣之内，文舞八佾立於縣前表後，武舞八佾各爲四佾立於宮縣左右，引舞執纛等在前，又引登歌樂工由卯陛而升，各就其位。歌、擊、彈者坐，吹者立。奉禮郎贊者先入就位，餘禮直官、贊者分引分獻官、監祭御史、監禮博士、諸執事及太祝、祝史、齋郎、助奠、執尊罍、羃羃等官，入自中壝東門，當壇南重行西上、北向立定。奉禮郎贊「拜」，分獻官以下皆再拜，訖，奉禮贊曰「各就位」。贊者、禮直官分引監祭御史、監禮博士，按視壇之上下，糾察不如儀者，退復位。禮直官引司徒入就位，西向立。禮直官引博士，博士引亞獻，自東壝偏門入就位，西向立。又禮直官引終獻，次於其位。

祀日未明一刻，通事舍人引侍中詣齋殿，跪奏「請中嚴」，俛伏，興。又少頃，乃跪奏「外辦」。俟尚輦進輿，乃跪奏稱「具官臣某，請皇帝降座升輿」。皇帝至大次，乃跪奏稱

「具官臣某，請皇帝降輿」。皇帝入次，即位於大次外。質明，詣次前跪奏「請中嚴」，少頃，又奏「外辦」。訖，太常卿乃當次前跪稱「具官臣某，請皇帝行事」，俛伏，興。凡跪奏，准此。皇帝出次，乃前導至中壝門，殿中監進大圭，太常卿奏「請執大圭」。入自正門，皇帝入小次位，西向立，太常卿乃與博士分左右立定，乃奏「有司謹具，請行事」。降神，六成，樂止。太常卿別一員，乃升煙瘞血，訖，乃奏「拜」，訖，俟侍中升壇，請詣盥洗位〔三〇〕。至位，奏「請搢大圭、盥手」，訖，奏「請帨手」，皇帝帨手，訖，奏「請執大圭」。乃引至壇上，殿中監進鎮圭，乃奏「請搢大圭、執鎮圭」。皇帝執鎮圭，詣昊天上帝神座前，奏「請跪，奠鎮圭」。皇帝奠，訖，執大圭，俛伏，興。侍中進玉幣，乃奏「請搢大圭、跪奠玉幣」。訖，乃奏「請執大圭」，俛伏，興。少退，又奏「請再拜」。詣皇地祇及配位，奠鎮圭玉幣，並如儀〔三一〕。配位唯奏請奠鎮圭及幣。

奠玉幣畢，皇帝還版位，乃奏「請還小次、釋大圭」。皇帝入小次，乃立於小次之南稍東，以俟。

皇帝將奠配位之幣也，贊者分引第一等分獻官詣盥洗位，搢笏、盥手、帨手、執笏，各由其陛升，唯不由午陛。詣神前，搢笏，跪，太祝以玉幣授之，奠訖，俛伏，興。再拜，訖，各由本陛降，復位。初，分獻將降也，禮直官引諸祝史、齋郎、應助奠者再拜，祝史各奉毛血之豆入，各由其陛升，諸太祝迎取於壇上，奠訖，退立於尊所。

進熟：奠玉幣訖，降還小次。有司先陳牛鼎三、羊鼎三、豕鼎三、魚鼎三，各在鑊右。太官令丞帥進饌者詣厨，以匕升牛羊豕魚，自鑊各實於鼎。牛羊豕皆肩、臂、臑、肫、胳、正脊各一，長脇二、短脇二、代脇二，凡十一體〔三三〕。牛豕皆三十斤，羊十五斤，魚十五頭一十五斤，實訖，冪之。祝史二人以扃對舉一鼎，牛鼎在前，羊豕次之，魚又次之，有司執匕以從，各陳於每位饌幔位。從祀壇上第一等五方帝、大明、夜明、天皇大帝、神州地祇、北極，皆羊豕之體並同。光禄卿帥祝史、齋郎、太官令丞各以匕升牛羊豕魚於俎，肩臂臑在上端，肫胳在下端，脊脇在中，魚即横置，頭在尊位，設去鼎冪。光禄卿丞同太官令丞實籩豆簠簋，籩實以粉餈，豆實以糝食，簠實稻，簋實粱。

俟皇帝還小次，樂止。禮直官引司徒出詣饌幔所，與薦籩豆簠簋俎齋郎，各奉天、地、配位之饌。司徒帥太官令以序入内壝正門，樂作，至壇下，俟。祝史進徹毛血豆，降自卯陛，以次出，訖，司徒與薦籩豆簠簋俎齋郎，奉昊天上帝、皇地祇之饌，升自午陛。太官令丞與薦籩豆簠簋俎齋郎，奉配位及第一等神位之饌，升自卯陛。各位太祝迎於壇陛之道間。於昊天上帝位，司徒搢笏北向跪奉，粉餈籩在糗餌之前，糝食豆在醓醢之前，簠左簋右，皆在登前，牛俎在豆前，羊豕魚俎次之，以右爲上。司徒俛伏，興，奉饌者奉訖，皆出笏就位，一拜。司徒次詣皇地祇奉奠，並如上儀。配位亦同。司徒及奉天、地、配位饌者以次降。太官令帥奉第一等神位之饌，各於其位，並如前儀。俱畢，樂止。司徒、太官令以下皆就位，訖，侍中升自卯陛，立於昊天上帝酌尊所，以俟。

太常卿乃當次前俛伏，跪奏「請皇帝詣盥洗位」，俛伏，興。皇帝出次，殿中監進大圭，乃奏「請執大圭」。至盥洗位，奏「請搢大圭、盥手」。皇帝盥手，訖，奏「請帨手」。皇帝帨手，訖，奏「請執大圭」。乃詣爵洗位。至位，奏「請搢大圭、受爵」，又奏「請洗爵」。皇帝洗爵，訖，奏「請拭爵」。皇帝拭爵，訖，奏「請執大圭」，以爵授奉爵官。皇帝詣昊天上帝酌尊所，執爵，良醞令舉冪，侍中跪酌太尊之汎齊，酌訖，皇帝以爵授侍中。皇帝乃詣昊天上帝神座前，侍中進爵，乃奏「請搢大圭，跪執爵三祭酒」，訖，奏「請奠爵」。奠爵訖，奏「請執大圭」。俛伏，興。又奏「請少退」，立俟。中書侍郎讀册文，訖，乃奏「請再拜」。詣皇地祇位及配位，並如上儀。獻畢，皇帝還版位，乃奏「請還小次，釋大圭」。皇帝入小次，太常卿立於小次東南。

禮直官引博士，博士引亞獻，詣盥洗位，搢笏、盥手、帨手，訖，詣爵洗位，搢笏、洗爵、拭爵，訖，以爵授執事者，執笏升自卯陛，詣昊天上帝酌尊所，西向立。執事者以爵授之，乃搢笏執爵。執尊者舉冪，良醖令跪酌著尊之醴齊，酌訖，復以爵授執事者，執笏詣昊天上帝神座前。初，亞獻至盥洗位，文舞退，武舞進，樂作。亞獻詣昊天上帝神座前，搢笏跪，執事者以爵授之，乃執爵三祭酒，奠爵，執笏，俛伏，興，少退，再拜。次詣皇地祇及配位，並如上儀。獻畢，降復位。

禮直官引博士，博士引終獻，詣盥洗位，盥手，洗爵，升壇奠獻，並如上儀。

初，終獻將升壇，禮直官分引第一等分獻官詣盥洗位，搢笏，盥手，帨手。執笏，各由其陛，唯不由午陛，詣神位酌尊所〔二三〕，執事者以爵授之，乃酌汎齊，訖，以爵授執事者，共詣神座前，搢笏跪，執事者以爵授之，乃執爵三祭酒，奠爵，執笏，俛伏，興，少退，再拜，訖，各引還本位。

初，第一等分獻官將升，贊引引第二等、第三等、內壝內外衆星位分獻各詣盥洗位〔二四〕，搢笏、盥手、帨手、酌酒、奠拜，並同上儀。祝史、齋郎以次助奠，訖，各還本位。諸太祝各進徹籩、豆各一，少移故處，樂作。卒徹，樂止。

初，終獻禮畢，降復位，太常卿乃當次前俛伏，跪奏「請皇帝詣飲福位」。皇帝出次，殿中監進大圭〔二五〕。乃奏「請執爵，三祭酒」，又奏「請啐酒」。皇帝啐酒，訖，以爵授侍中，乃奏「請受胙」。侍中再以爵酒進，乃奏「請受爵飲福」。皇帝飲福，訖，奏「請執大圭」。俛伏，興。又奏「請再拜」，訖，乃導還版位，西向立，俟送神樂止。乃奏「請詣望燎位」，至位，南向立，俟火半柴，乃跪奏「具官臣某言禮畢」。皇帝還大次，出中壝門外，奏「請釋大圭」，皇帝入大次。

初，終獻禮畢，司徒、侍中、太祝各升自卯陛，太祝持胙俎進，減天、地、配位前胙肉加於俎，皆取前脚第二節，又以黍稷飯共置一籩，奉詣司徒侍中後，北向立。俟皇帝至飲福位，太常卿奏「請皇帝搢大圭晬酒」，訖，司徒乃進胙俎，皇帝受胙，訖，奉禮郎贊曰「賜胙」，贊者唱曰「再拜」，在位者皆再拜，送神，樂一成止。

皇帝既入大次，更通天冠、絳紗袍，升輿，至齋宮，乘金輅。通事舍人引門下侍郎當輅前跪奏，稱「具官臣某請車駕進發」。至侍臣上馬所，乃跪奏「具官臣某請車駕少駐，勑侍臣上馬」。侍中稱「制可」，乃退，傳制稱「侍臣上馬」。侍臣上馬畢，乃跪奏，稱「具官臣某請勑車右升」，千牛將軍升訖，跪奏稱「具官臣某請車駕進發」。車駕動，前中後三部鼓吹凡十二隊齊作。應行禮陪從祀官先詣應天門奉迎，再拜。大樂令先詣應天門外，准備奏樂如儀。訖，擇日稱賀。

承安元年，將郊，禮官言：「禮神之玉當用真玉，燔玉當用次玉。昔大定十一年，天、地之玉皆以次玉代之，臣等疑其未盡。禮貴有恒，不能繼者不敢以獻。若燔真玉，常祀用之恐有時或闕，反失禮制。若從近代之典及本朝儀禮，真玉禮神，次玉燔瘞，於禮爲當。近代郊，自第二等升天皇大帝、北極於第一等，前八位舊各有禮玉、燔玉，而此二位尚無之。按周禮典瑞云『以圭璧祀日月星辰』，近代禮九宮貴神、大火星位，猶用周禮之說。其天皇大帝、北極二位，固宜用禮神之玉及燔玉也。」上命俱用真玉。

省臣又奏：「前時郊，天、地、配位各用一犢，五方帝、日、月、神州、天皇大帝、北極十位皆大祀，亦當用犢，當時止以羊代。第二等以下從祀神位則分封羊豕以獻。竊意天、地之祀，籩豆尚多者以備陰陽之物，鼎俎尚少者以人之烹薦無可以稱其德，則貴質而已。故天地日月星辰之位皆用一俎，前時第一等神位偏用二俎，似爲不倫。今第一等神位亦當各用犢一，餘位以羊豕分獻，及朝享太廟則用犢十二。」上從之。

校勘記

〔一〕南郊壇在豐宜門外當闕之巳地圓壇三成　「三成」，疑當作「四成」。按，本卷下文南郊儀注陳設一節，中官以上神位及祭器分設於壇上、第一等、第二等、第三等，則南郊壇當有四成。

又卷三九樂志上郊祀樂歌送神曲辭有「圜壇四成，神安其位」之語。

〔二〕當闕之酉地　「之」字原脱。按，本志上文有「當闕之巳地」、「當闕之亥地」。今據文例補。

〔三〕此所以祖配上帝也　按，禮記郊特牲「配」上無「祖」字。

〔四〕其日備法駕鹵簿躬詣郊壇行禮　「法駕」，疑當作「大駕」。按，本書卷四一儀衛志上行仗，「大定十一年前，祀南郊、朝享太廟及至郊壇，用大駕七千人」。卷四二儀衛志下大駕鹵簿，「大定十一年，將有事於南郊，（中略）增損黄麾仗爲大駕鹵簿，凡用七千人」。承安元年，省臣奏文中亦有「南郊大禮，大駕鹵簿」之語。

〔五〕監祭御史在西　「監祭」，原作「監察」，據北監本、局本改。按，本書卷五五百官志一，御史臺，監察御史掌「監祭禮」，故本志皆稱「監祭御史」，卷二九禮志二方丘儀即作「監祭御史」。下同改，不另出校。

〔六〕郊社丞　按，本卷下文「祀前三日」有「郊社令」，「祀前一日」既有「郊社令」，又有「郊社丞」；本書卷二九禮志二方丘儀作「郊社令」。郊天儀不應比方丘儀官位低，似此處「丞」字上脱一「令」字。

〔七〕皇帝即御座東向坐通事舍人承傳殿上下俱拜訖西面　按，上文明言「尚舍設御坐於大安殿，當中南向」，此又謂皇帝「東向坐」，而臣僚「西面」，前後不一。大唐開元禮卷四皇帝冬至祀圜丘作「東向」，宋會要輯稿禮一四之四五至四六、禮二八之七二，政和五禮新儀卷二五皇帝祀昊天上帝儀一，謂宋元豐三年後改爲「南向」。此處似雜糅唐宋之制以致前後矛盾。

〔八〕又設司徒亞終獻行事執事官次於壇南外壝門之西　本卷下文有「亞終獻、司徒已下，應行事陪從羣官」。本書卷二九禮志二方丘儀齋戒有「有司設三獻以下行事官位」，陳設有「所司設三獻官以下行事、執事官次於外壝東門之外」。按，行事、執事官分指履行祭祀儀式和協助執行事務、雜務的官員。司徒、亞終獻屬前者不是後者。疑此處「亞終獻」下脱「已（或以）下」二字。

〔九〕歌工次之餘工各位於縣後　「次之」，原作「之次」；「位」，原作「立」。按，集禮卷一一皇帝祭皇地祇於方丘陳設，禮文與此多同，云「歌工次之，餘工各位於懸後」。今據改。

〔一〇〕又設郊社丞太祝奉禮郎以下諸執事官位於其後　「位」字原脱。按，秦蕙田通考卷一七圜丘祀天、續文獻通考卷六五郊社考圜丘儀引此文有「位」字。今據補。

〔一一〕又設奉禮郎位於壇南稍東　「位」字原脱。按，秦蕙田通考卷一七圜丘祀天引此文有「位」字。今據補。

〔一二〕於壇上第二等　「上」字原脱。按，上文言「於壇上第一等」，下文亦言「於壇上第三等」。今依文例補。

〔一三〕祀日丑前五刻重設　「丑」字原脱。按，下文言「祀日丑前五刻，禮部設祝册神座之右」。又「奠玉幣」亦云「祀日丑前五刻」。今據補。

〔一四〕及内壝内外官一百六座　「六」字下原衍「十」字。按，上文已記有「外官一百六座」。政和五禮新儀卷二神位上，「第三龕外官神位一百六座」。元史卷七二祭祀志一郊祀上，「内壝内外官一百六位」。明集禮卷一吉禮祀天，「内壝内外官一百六位」。今據删。

〔一五〕第三等每位蜃尊二内壝内外每辰概尊二 此處文當有脱誤。按，下文「良醖令帥其屬入實尊罍，（中略）第三等及内壝内，蜃尊實以汎齊。内壝外及衆星，概尊實以三酒」。可以參考。另按，上文「第二等每陛山尊二」，已按「陛」設尊，第三等神位更多，不可能按位設尊，疑此處「位」字爲「陛」字之誤。

〔一六〕乾桃乾蕿乾棗次之 「蕿」，原作「橑」，據局本改。按：「蕿」音老，狹義爲乾梅，廣義則泛指乾果。「橑」，廣韻音盧皓切、落蕭切，即有老、聊二音，意爲屋椽、柴薪、車蓋弓。據文義，此處作「蕿」是。下同改，不另出校。

〔一七〕醓醢鹿臡次之 「醓」字下原衍「次之」二字。按，秦蕙田通考卷一七圜丘祀天、續文獻通考卷六五郊社考圜丘儀、續通典卷四六郊天引此文無「次之」二字。今據删。

〔一八〕蜃尊實以汎齊 大唐開元禮卷二二、卷二三、卷二九、卷三〇、卷六四，政和五禮新儀卷八〇皇帝祭皇地祇儀一，集禮卷一〇皇帝夏至日祭方丘，秦蕙田通考卷三八方丘祭地，續文獻通考卷六九郊社考北郊儀，均稱「蜃尊實以沈（或作沉）齊」。諸尊所實酒有等級，而且是固定的。疑此處「汎齊」爲「沈齊」之誤。下文同，不另出校。

〔一九〕内壝外及衆星 上文稱「内壝外衆星三百六十座」，「内壝外」與「衆星」間無「及」字，此處

「及」字疑衍。

〔一〇〕請詣盥洗位　「請」字原脱，據北監本、殿本、局本補。

〔一一〕奠鎮圭玉幣並如儀　北監本、殿本、局本「儀」字上有「上」字。

〔一二〕牛羊豕皆肩臂臑肫胳正脊各一長脇二短脇二代脇二凡十一體　「代脇二」，南監本、北監本、殿本、局本並作「代脇一」。按，以上所列牲體，以種類計之則爲九，以數量計之則爲十二，皆與十一之數不合。儀禮少牢饋食禮：「肩、臂、臑、膞、胳，正脊一、脡脊一、横脊一，短脅一、正脅一、代脅一，皆二骨以並。」是以種類計爲十一體，則此處「正脊」下似脱「脡脊横脊」四字。然儀禮特牲饋食禮：「肩、臂、臑、肫、胳，正脊二骨，横脊，長脅二骨，短脅。」鄭玄注：「士之正祭禮九體，貶於大夫，有並骨二，亦得十一之名。」雖爲士禮，亦可證禮經原有但計數量之法不同。且志文「代脇二」，他本作「代脇一」，正合十一之數，則又似只是誤字。

〔一三〕詣神位酌尊所　「詣」，原作「諸」，據局本改。按，秦蕙田通考卷一七圜丘祀天引此文亦作「詣」。

〔一四〕贊引引第二等第三等内壝内外衆星位分獻各詣盥洗位　按，「贊引引」當作「贊者分引」，「分獻」下當有「官」字。

〔一五〕殿中監進大圭　按，此下有脱文。金史詳校卷三下謂「此下當加『皇帝執大圭升壇上，至飲酒位，侍中進爵，皇帝搢大圭』」。案文上下不接，係脱刊一行，擬補」。

金史卷二十九

志第十

禮二

方丘儀　朝日夕月儀　高禖

方丘儀。齋戒：祭前三日質明，有司設三獻以下行事官位於尚書省。初獻南面，監祭御史位於西，東向，監禮博士位於東，西向，俱北上。司徒、亞終獻位於南，北向。次光禄卿、太常卿，次第一等分獻官、司天監，次第二等分獻官、光禄丞、郊社令、大樂令、良醖令、廩犧令、司尊彝，次内壝内外分獻官、太祝官、奉禮郎、協律郎、諸執事官，就位，立定。次禮直官引初獻就位，初獻讀誓曰：「今年五月幾日夏至，祭皇地祇於方丘，所有攝官，各揚其職。其或不敬，國有常刑。」讀畢，禮直官贊「七品以下官先退」，餘官對拜，訖，退。

散齋二日，宿於正寢，治事如故。齋禁並如郊祀。守壝門兵衞與大樂工人，俱清齋一宿。行禮官前期習儀於祠所。

陳設：祭前三日，所司設三獻官以下行事、執事官次於外壝東門之外，道南，北向，西上，隨地之宜。又設饌幕於內壝東門之外，道北，南向。

祭前二日，所司設兵衞，各服其服，守衞壝門，每門二人。大樂令帥其屬，設登歌之樂於壇上，如郊祀。郊社令帥其屬，掃除壇之上下，爲瘞坎在內壝外之壬地。

祭前一日，司天監、郊社令各服其服，帥其屬，升設皇地祇神座於壇上北方，南向，席以藁秸。又設配位神座於東方，西向，席以蒲越。又設神州地祇神座於壇之第一等東南方，席以藁秸。又設五神、五官、嶽鎮海瀆二十九座於第二等階之間〔二〕，各依方位。又設崑崙、山林川澤二十一座於內壝之內，又設丘陵墳衍原隰三十座於內壝外，席皆以莞。

又設神位版各於坐首。子陛之西，水神玄冥、北嶽、北鎮、北海、北瀆於壇之第二等，北山、北林、北川、北澤於內壝內，北丘、北陵、北墳、北衍、北原、北隰於內壝外，皆各爲一列，以東爲上。

卯陛之北，木神勾芒、東嶽、長白山、東鎮、東海、東瀆於壇之第二等，東山、東林、東川、東澤於内壝内，東丘、東陵、東墳、東衍、東原、東隰於内壝外，皆各爲一列，以南爲上。

午陛之東，神州地祇於壇之第一等，火神祝融、南嶽、南鎮、南海、南瀆於壇之第二等，南山、南林、南川、南澤於内壝内，南丘、南陵、南墳、南衍、南原、南隰於内壝外，皆各爲一列，以西爲上。

午陛之西，土神后土、中嶽、中鎮於壇之第二等，中山、中林、中川、中澤於内壝内，中丘、中陵、中墳、中衍、中原、中隰於内壝外，皆各爲一列，以南爲上。

酉陛之南，金神蓐收、西嶽、西鎮、西海、西瀆於壇之第二等，崑崙、西山、西林、西川、西澤於内壝内，西丘、西陵、西墳、西衍、西原、西隰於内壝外，皆各爲一列，以北爲上。

其皇地祇及配位、神州地祇之坐，并禮神之玉，設訖，俟告絜畢權徹，祭日早重設。其第二等以下神坐，設定不收。

奉禮郎、禮直官又設三獻官位於卯陛之東稍北，西向。司徒位於卯陛之東，道南，西向。太常卿、光禄卿位次之〔二〕。第一等分獻官、司天監位於其東，光禄丞、郊社令、太官令、廩犧令位又在其東，每等異位重行，俱西向北上。

又設太祝、奉禮郎及諸執事位於内壝東門外道南，每等異位重行，俱西向北上。設監祭御史二位，一於壇下午陛之西南，一於子陛之西北，俱東向。設監禮博士二位，一於壇下午陛之東南，一於子陛之東北，俱西向。奉禮郎位於壇之東南，西向。協律郎位於樂簴西北，東向。大樂令位於樂簴之間，西向。司尊彝位於酌尊所，俱北向。設望瘞位坎之南，北向。

又設牲牓位於内壝東門之外，西向。太祝、祝史各位於牲後，俱西向。設省饌位於牲西，太常卿、光禄卿、太官令位於牲北，南向，西上。監祭、監禮位在太常卿之西稍却，西上。廩犧令位於牲西南，北向。

又陳禮饌於内壝東門之外，道北，南向。設省饌位於禮饌之南。太常卿、光禄卿、太官令位在東，西向，監祭、監禮位在西，東向，俱北上。設祝版於神位之右。

司尊及奉禮郎帥其屬，設玉幣篚於酌尊所，次及籩豆之位。正、配位各左有十一籩、右有十一豆，俱爲三行。登三，在籩豆間。鉶三，在登前。簠一、簋一，各在鉶前。又設尊罍之位，皇地祇太尊二、著尊二、犧尊二、山罍二，在壇上東南隅。配位著尊二、犧尊二、象尊二、山罍二，在正位酒尊之東，俱北向西上，皆有坫〔三〕，加勺、冪，爲酌尊所。又設皇地祇位象尊二、壺尊二、山罍四，在壇下午陛之西，北向，西上〔四〕。配位犧尊二、壺尊二、山罍四，在酉陛之北，東向北上，皆有坫，加冪，設而不酌。神州地祇位左八籩、右八豆，登一在籩豆間，簠一、簋一在登前，爵坫一，在神座前。

又設第二等諸神位每位籩二、豆二、簠一、簋一、俎一、爵坫一。内壝之内外諸神每位籩一、豆一、簠一、簋一、俎一、爵坫一。陳列皆與上同。又設神州地祇太尊二、著尊二，皆有坫。第二等諸神每方山尊二，内壝内每方蜃尊二，内壝外每方概尊二〔五〕，皆加勺、冪。又設正、配位籩一、豆一、簠一、簋一、俎三及毛血豆一，并神州地祇位俎一，各於饌幕内。

又設二洗於壇下卯陛之東，北向，盥洗在東，爵洗在西，並有罍加勺。篚在洗西，南肆，實以巾。爵洗之篚實以匏爵，加坫。又設第一分獻官盥洗、爵洗位〔六〕，第二等以下分獻官盥洗位，各於其方道之左，罍在洗左，篚在洗右，俱内向。執罍篚者各於其後〔七〕。

祭日丑前五刻，司天監、郊社令帥其屬，升設皇地祇及配位神坐於壇上。設神州地祇坐於第一等。又設玉幣，皇地祇玉以黄琮，神州地祇玉以兩圭有邸，皆置於匣。正、配位幣並以黄色，神州地祇幣以玄色，五神、五官、嶽鎮海瀆之幣各從其方色，皆陳於篚。太祝取瘞玉加於幣，以禮神之玉各置於神座前。

光禄卿帥其屬，入實正、配位籩豆。籩三行以右爲上，豆三行以左爲上，其實並如郊祀。登實以大羹，鉶實以和羹。又設從祭第一等神州地祇之饌。籩三行以右爲上，豆三行以左爲上，其實並如郊祀。登實以大羹，簠實以稷，簋實以黍。第二等，每位左二籩，栗在前，鹿脯次之。右二豆，菁菹在前，鹿臡次之。簠實以稷，簋實以黍。俎，一羊、一豕。

内壝内外每位，左籩一，鹿脯。右豆一，鹿臡。簠稷，簋黍，俎以羊。

良醞令帥其屬，入實酒尊。皇地祇太尊爲上，實以汎齊。著尊次之，實以醴齊。犧尊次之，實以盎齊。象尊次之，實以醍齊。壺尊次之，實以沈齊。山罍爲下，實以三酒。配位，著尊爲上，實以汎齊。犧尊次之，實以醴齊。象尊次之，實以盎齊。壺尊次之，實以醍齊。山罍爲下，實以三酒。皆左實明水，右實玄酒，皆尚醞代。次實從祭第一等神州地祇酒尊，太尊爲上，實以汎齊。著尊次之，實以醴齊。第二等，山尊實以醍齊。内壝内，蜃尊實以汎齊。内壝外，概尊實以三酒。以上尊皆左以明水，右以玄酒，皆尚醞代之。太常卿設燭於神座前。

省牲器：祭前一日午後八刻，去壇二百步禁止行者。未後二刻，郊社令帥其屬，掃除壇之上下。司尊與奉禮郎，帥執事者以祭器入，設於位。郊社令陳玉幣於篚。未後三刻，廪犧令與諸太祝、祝史，以牲就省位。禮直官、贊者分引太常卿，光禄卿丞，監禮、祭，太官令等詣内壝東門外省牲位〔八〕。其視滌濯、告潔、省牲饌，並同郊祀。俱畢，廪犧令、諸太祝、祝史以次牽牲詣厨，授太官令。次引光禄卿以下詣厨，省鼎鑊，視滌溉，乃還齋所。晡後一刻，太官令帥宰人以鸞刀割牲，祝史各取毛血，實以豆，置於饌幔。遂烹牲，又祝史取瘞血貯於盤。

奠玉幣：祭日丑前五刻，獻官以下行事官，各服其服。有司設神位版，陳玉幣，實籩豆簠簋尊罍，俟監祭、監禮按視壇之上下，乃徹去蓋冪。大樂令帥工人，及奉禮郎、贊者先入。禮直官、贊者分引分獻官以下，監祭、監禮、諸太祝、祝史、齋郎與執事者，入自南壝東門，當壇南，重行，北向，西上，立定。奉禮郎贊「拜」，獻官以下皆再拜，訖，以次分引各就壇陛上下位。次引監祭、監禮按視壇之上下，訖，退復位。

禮直官分引三獻官以下行事官俱入就位。行禮官皆自南壝東門入。禮直官進立初獻之左，白曰「有司謹具，請行事」。退復位。協律郎高舉笏，執麾者舉麾，俛伏，興。工鼓柷，樂作坤寧之曲，八成，偃麾，戛敔，樂止。俟太常卿瘞血，訖，奉禮郎贊「拜」，在位者皆再拜。又贊「諸執事者各就位」，禮直官引諸執事各就其位俟。太祝跪取玉幣於篚，立於尊所。諸位太祝亦各取玉幣立於尊所。

禮直官引初獻詣盥洗位，樂作肅寧之曲。至位，北向立，樂止。搢笏，盥手，帨手，執笏，詣壇，樂作肅寧之曲。凡初獻升降，皆作肅寧之曲。升自卯階，至壇，樂止。詣皇地祇神座前，北向立，樂作靜寧之曲。搢笏，跪。太祝加玉於幣，西向跪以授初獻。初獻受玉幣奠訖，執笏，俛伏，興，再拜，訖，樂止。次詣配位神座前，東向立，樂作億寧之曲，奠幣如上儀，樂止。降自卯陛，樂作，復位，樂止。

初獻將奠配位之幣，贊者引第一等分獻官詣盥洗位，搢笏，盥手，帨手，執笏，由卯陛詣神州地祇神座前，搢笏，跪。太祝以玉幣授分獻官，分獻官受玉幣，奠訖，執笏，俛伏，興，再拜，訖，退。

初，第一分獻官將升，贊者引第二分獻官詣盥洗位，盥手〔九〕，帨手，執笏，各由其陛升，唯不由午陛，詣於首位神座前〔一〇〕，奠幣如上儀。餘以次祝史、齋郎助奠訖，各引還位。初獻奠幣將畢，祝史奉毛血豆，各由午陛升，諸太祝迎於壇上，進奠於正、配位神座前，太祝與祝史俱退，立於尊所。

進熟：初獻既升奠玉幣。有司先陳牛鼎二、羊鼎二、豕鼎二於神厨，各在鑊右。太官帥進饌者詣厨，以匕升牛、羊、豕，自鑊實於各鼎。牛、羊、豕各肩、臂、臑、肫、胳、正脊一、横脊一、長脇一、短脇一、代脇一，皆二骨以並〔一一〕，冪之。祝史以扃各對舉鼎，有司執匕以從，陳於饌幔内。從祀之俎實以羊，更陳於饌幔内。

光禄卿實以籩豆簠簋〔一二〕。籩實以粉餈，豆實以糝食，簠實以稷，簋實以黍。實訖，去鼎之扃冪，匕加於鼎。太官令以匕升牛羊豕，載於俎，肩臂臑在上端，肫胳在下端，脊脅在中。俟初獻還位，樂止。禮直官引司徒出詣饌所，同薦籩豆簠簋俎齋郎，各奉皇地祇配位之饌，升自卯陛，諸太祝各迎於壇上。司徒詣皇地祇神座前，搢笏，奉籩豆簠簋，次奉俎，北向跪奠，訖，執笏，俛伏，興，設籩於糗餌之前，豆於醓醢之前，簠簋在登前，俎在籩前〔一三〕。次於卯陛奉配位之饌，東向跪奠於神座前，並如上儀。各降自卯陛，還位。太官令又同齋郎奉神州地祇之饌，升自卯陛，太祝迎於壇陛之道間，奠於神座前，在籩前〔一四〕，訖，樂止。太官令進饌者降自卯陛，還位。

禮直官引初獻官詣盥洗位，樂作。至位，樂止。北向立，搢笏，盥手，帨手，執笏，詣爵洗位。至位，北向立，搢笏，洗爵，拭爵以授執事者。執笏，詣壇，樂作。升自卯陛，至壇上，樂止。詣皇地祇酌尊所，西向立。執事者以爵授初獻。初獻搢笏，執爵。司尊舉冪，良醞令跪酌太尊之汎齊〔一五〕，酌訖，初獻以爵授執事者，執笏，詣皇地祇神座前，北向立，搢笏，跪。執事者以爵授初獻，初獻執爵，三祭酒於茅苴，奠爵，三獻奠爵，皆執事者受以興。執笏，俛伏，興，少退，跪，樂止。舉祝官跪，對舉祝版。讀祝，太祝東向跪，讀祝訖，俛伏，興。舉祝奠版於案，再拜，興。

次詣配位酌尊所，執事者以爵授初獻，初獻搢笏〔一六〕，執爵。司尊舉冪，良醞令跪酌著尊之汎齊，樂作太簇宮保寧之曲。初獻以爵授執事者，執笏，詣配位神座前，東向立，搢笏，跪。執事者以爵授初獻，初獻執爵，三奠酒於茅苴。奠爵，執笏，俛伏，興。少退，跪，樂止。讀祝，訖，樂作，就拜，興，拜，興〔一七〕。降自卯陛，讀祝、舉祝官俱從〔一八〕，樂作，復位，樂止。

次引亞獻詣盥洗位，北向立，搢笏，盥手，帨手。執笏，詣爵洗位，北向立，搢笏，洗爵，拭爵授執事者。執笏，升自卯陛，詣皇地祇酌尊所，西向立。執事者以爵授亞獻。亞獻搢笏執爵，司尊舉冪，良醖令酌著尊之醴齊〔一九〕，酌訖，以爵授執事者，執笏，詣皇地祇神座前，北向立，搢笏，跪。執事以爵授亞獻，亞獻執爵，三祭酒於茅苴，奠爵，執笏，俛伏，興，少退，再拜。次詣配位酌獻如上儀，唯酌犧尊爲異。樂止，降復位。

次引終獻詣盥洗位，盥手，帨手，洗爵，拭爵，以爵授執事者，升壇。正位，酌犧尊之盎齊，配位，酌象尊之醴齊，奠獻並如亞獻之儀。禮畢，降復位。

初，終獻將升，贊者引第一等分獻官詣盥洗位，搢笏，盥手，帨手，洗爵，拭爵，以爵授執事者。執笏，詣神州地祇酌尊所，搢笏，執事者以爵授獻官。獻官執爵，執事者酌太尊之汎齊，酌訖，以爵授執事者，進詣神座前，搢笏〔二〇〕，跪，執事者以爵授獻官，獻官執爵，三祭酒於茅苴，奠爵，俛伏，興，少退，跪，再拜，訖，還位。

初，第一等分獻官將升，贊者分引第二等分獻官詣盥洗位，搢笏，盥手，帨手，執笏詣酌尊所，執事以爵授分獻官，酌以授執事者〔二二〕，進詣首位神座前，奠獻並如上儀。祝史、齋郎以次助奠，訖，各引還位。諸獻俱畢，諸太祝進徹籩豆，籩豆各一，少移故處。樂作豐寧之曲，卒徹，樂止。奉禮官贊曰「賜胙」，衆官再拜，樂作，一成，止。

初，送神樂止，引初獻官詣望瘞位，樂作太蔟宮肅寧之曲。至位，南向立，樂止。初，在位官將拜，諸太祝、祝史各奉篚進詣神座前，玉幣〔二三〕，從祭神州地祇以下，並以俎載牲體，并取黍稷飯爵酒，各由其陛降壇，北詣瘞坎，實於坎中，又以從祭之位禮幣皆從瘞，禮直官曰「可瘞」，東西六行，寘土半坎，禮直官贊「禮畢」，引初獻出，禮官贊者各引祭官及監祭、監禮、太祝以下，俱復壇南，北向立定，奉禮郎贊曰「再拜」，監祭以下皆再拜，訖，奉禮以下及工人以次出。光祿卿以胙奉進，監祭、監禮展視。其祝版燔於齋坊。

朝日、夕月儀。齋戒、陳設、省牲器、奠玉幣、進熟，其節並如大祀之儀。朝日玉用青璧，夕月用白璧，幣皆如玉之色。牲各用羊一、豕一。有司攝三獻、司徒行事。

其親行朝日，金初用本國禮，天會四年正月，始朝日于乾元殿，而後受賀。天眷二年，定朔望朝日儀〔二三〕。皇帝服靴袍，百官常服。有司設爐案、御褥位于所御殿前陛上，設百官褥位于殿門外，皆向日。宣徽使奏導皇帝至位，南向，再拜，上香，又再拜。閤門皆相應贊〔二四〕，殿門外臣僚陪拜如常儀。大定二年，以無典故罷。

十五年，言事者謂今正旦并萬春節，宜令有司定拜日之禮。有司援據漢、唐春分朝日，升煙奠玉如圜丘之儀。又按唐開元禮，南向設大明神位，天子北向，皆無南向拜日之制。今已奉勑以月朔拜日，宜遵古制，殿前東向拜。詔姑從南向。其日，先引臣僚於殿門外立，陪位立殿前班露臺左右，皇帝於露臺香案拜如上儀。

十八年，上拜日於仁政殿，始行東向之禮。皇帝出殿，東向設位，宣徽贊「拜」，皇帝再拜，上香，訖，又再拜。臣僚並陪拜，依班次起居，如常儀。

高禖。明昌六年，章宗未有子，尚書省臣奏行高禖之祀，乃築壇於景風門外東南端，當闕之卯辰地，與圜丘東西相望，壇如北郊之制。歲以春分日祀青帝、伏羲氏、女媧氏，凡三位，壇上南向，西上。姜嫄、簡狄位於壇之第二層，東向，北上。

前一日未三刻，布神位，省牲器，陳御弓矢弓韣於上下神位之右。其齋戒、奠玉幣、進熟，皆如大祀儀。青帝幣玉皆用青，餘皆無玉。每位牲用羊一、豕一。有司攝三獻、司徒行事。禮畢，進胙，倍於他祀之肉。進胙官佩弓矢弓韣以進，上命后妃嬪御皆執弓矢東向而射，迺命以次飲福享胙。

校勘記

〔一〕嶽鎮海瀆二十九座於第二等階之間　「二等」，原作「四等」。按，本卷下文「午陛之東」、「午陛之西」言嶽鎮海瀆的具體位置亦在「第二等」。又，廣雅書局本和叢書集成初編本集禮卷一一皇帝祭皇地祇於方丘陳設、秦蕙田通考卷三九方丘祭地、續文獻通考卷六九郊社考北郊儀記此事均作「二等」。今據改。

〔二〕太常卿光祿卿位次之　「位」字原脱，今據集禮卷一一皇帝祭皇地祇於方丘陳設補。

〔三〕皆有坫　「坫」，原作「玷」，據北監本、殿本、局本改。按，集禮卷一一皇帝祭皇地祇於方丘陳設亦作「坫」。下同改，不另出校。

〔四〕在壇下午陛之西北向西上　「北向西上」四字原脱，今據集禮卷一一皇帝祭皇地祇於方丘陳設補。

〔五〕內壝內每方罍尊二內壝外每方概尊二　「內壝內」下原衍「外」字、「內壝外」之「外」上原衍「內」字，據北監本、殿本、局本删。按，下文「良醞令帥其屬，入實酒尊。（中略）內壝內，罍尊實以汎齊。內壝外，概尊實以三酒」，可證二字衍。

〔六〕又設第一分獻官盥洗爵洗位　按，本書卷二八禮志一郊、秦蕙田通考卷三九方丘祭地、續文獻通考卷六九郊社考北郊儀記此事「一」字下有「等」字。下文多處類此，不復一一出校。

〔七〕執罍篚者各於其後　「罍」，原作「爵」。按，本卷上文有「罍在洗左，篚在洗右」。集禮卷一一皇帝祭皇地祇於方丘陳設記此事亦作「罍」。今據改。

〔八〕贊者分引太常卿光祿卿丞監禮祭太官令等詣內壝東門外省牲位　按，本書卷二八禮志一郊與此節儀文大體相同，謂「贊者分引禮部尚書、太常卿、光祿卿、禮部侍郎、太常丞、監祭御史、監禮博士、廩犧令、太官令、太官丞詣內壝東門外省牲位」。

〔九〕贊者引第二分獻官詣盥洗位盥手　按，上文「贊者引第一等分獻官詣盥洗位」下有「搢笏」二字，此處下文又有「執笏」二字，疑此處「盥手」上脫「搢笏」二字。

〔一〇〕詣於首位神座前　「前」字原脫。按，上文述第一等分獻官作「詣神州地祇神座前」，本書卷二八禮志一郊、集禮卷一一皇帝祭皇地祇於方丘奠玉幣均有「前」字。今據補。

〔一一〕皆二骨以並　「以」，原作「一」，今據本書卷三〇禮志三時享儀、集禮卷一一皇帝祭皇地祇於方丘進熟改。

〔一二〕光祿卿實以籩豆簠簋　「以」字疑衍。按，續文獻通考卷六九郊社考北郊儀記此事無「以」字。

〔一三〕俎在籩前　「在」，原作「右」，據北監本、殿本、局本改。按，集禮卷一一皇帝祭皇地祇於方丘進熟亦作「在」。

〔一四〕在籩前　「在」，原作「左」，今據集禮卷一一皇帝祭皇地祇於方丘進熟改。

〔一五〕良醞令跪酌太尊之汎齊　按，集禮卷一一皇帝祭皇地祇於方丘進熟在「汎齊」下有小字注「酌訖，先詣配位尊所」以及大字「樂作太蔟宮溥寧之曲」一句，與下文「初獻」相接。

〔一六〕初獻搢笏　「初獻」二字原脱，今據集禮卷一一皇帝祭皇地祇於方丘進熟補。

〔一七〕讀祝訖樂作就拜興拜興　「就拜興」，局本作「就拜位」。殿本考證：「按志内所載奠爵諸儀皆曰『再拜興』，此處不應獨異。且配位之儀亦無轉隆於正位之理。今『再拜』即訛作『就拜』，又重用『拜興』字，與上下儀注俱不合，其爲誤刊顯然。」集禮卷一一皇帝祭皇地祇於方丘進熟作「舉祝官跪舉祝，太祝跪讀祝，訖，舉祝版奠於案，興，初獻，再拜，訖，初讀祝文，樂作，拜訖，樂止」。

〔一八〕讀祝舉祝官俱從　「官」字原脱，今據集禮卷一一皇帝祭皇地祇於方丘進熟補。

〔一九〕良醞令酌著尊之醴齊　按，集禮卷一一皇帝祭皇地祇於方丘進熟下有小字注「酌訖，先詣配位酌尊所，北向立」以及大字「樂作咸寧之曲」一句。

〔二〇〕以爵授執事者進詣神座前搢笏　按，上文初獻、亞獻「以爵授執事者」下均有「執笏」二字。疑此處脱。

〔三一〕酌以授執事者　北監本、殿本此上有「分獻」二字。

〔三二〕祝史各奉篚進詣神座前玉幣　「詣」，局本作「取」。然大唐開元禮卷二九皇帝夏至日祭方丘作「上下諸祝各執篚進神坐前，取玉帛」，政和五禮新儀卷八二皇帝祭皇地祇儀三作「吏部侍郎帥太祝執篚進詣神位前，取玉幣、祝册」，疑此處「玉」字上脱「取」字。

〔三三〕定朔望朝日儀　集禮卷四〇朝會下朔望常朝儀記載天眷二年詳定内外制度儀式僅稱「朔旦拜日」，又稱「今朔有拜日之儀，擬同望日並靴袍」，似望日不行此禮。

〔三四〕閤門皆相應贊　「閤門」，南監本、北監本、殿本、局本並作「各門」。秦蕙田通考卷三四日月、續文獻通考卷七一郊社考拜日儀記此事亦作「各門」。

金史卷三十

志第十一

禮三

宗廟　禘祫　朝享　時享儀

金初無宗廟〔一〕。天輔七年九月〔二〕，太祖葬上京宮城之西南，建寧神殿于陵上，以時薦享。自是諸京皆立廟，惟在京師者則曰太廟，天會六年，以宋二帝見太祖廟者，是也。或因遼之故廟，安置御容，亦謂之廟，天眷三年，熙宗幸燕及受尊號，皆親享恭謝，是也。皇統三年，初立太廟，八年，太廟成，則上京之廟也。貞元初，海陵遷燕，乃增廣舊廟，奉遷祖宗神主于新都，三年十一月丁卯，奉安于太廟。正隆中，營建南京宮室，復立宗廟，南渡因之。其廟制，史不載，傳志雜記或可槩見，今附之。

汴京之廟，在宮南馳道之東。殿規，一屋四注，限其北爲神室，其前爲通廊。東西二十六楹，爲間二十有五，每間爲一室。廟端各虛一間爲夾室，中二十三間爲十一室。從西三間爲一室，爲始祖廟，祔德帝、安帝、獻祖、昭祖、景祖祧主五，餘皆兩間爲一室。或曰：「惟第二、第三室兩間，餘止一間爲一室，總十有七間。」世祖室祔肅宗，穆宗室祔康宗，餘皆無祔。每室門一、牖一，門在左，牖在右，皆南向。石室之龕於各室之西壁，東向。其始祖之龕六〔三〕，南向者五、東向者一，其二其三俱二龕，餘皆一室一龕，總十八龕。祭日出主於北墉下，南向。禘祫則並出主，始祖東向，羣主依昭穆南北相向，東西序列。室户外之通廊，殿階二級，列陛三，前井亭二。外作重垣四繚，南東西皆有門。内垣之隅有樓，南門五闔，餘皆三。中垣之外東北，册寶殿也，太常官一人季視其封緘，謂之點寶。内垣之南曰大次，東南爲神庖。廟門翼兩廡，各二十有五楹，爲齋郎執事之次。西南垣外，則廟署也。神門列戟各二十有四，植以木錡。戟下以板爲掌形，畫二青龍，下垂五色帶長五尺，享前一日則縣戟上，祭畢藏之。

室次。大定十二年，議建閔宗別廟，禮官援晉惠、懷，唐中宗，後唐莊宗升祔故事，若依此典，武靈皇帝無嗣亦合升祔。然中宗之祔，始則爲虛室，終則增至九室。惠、懷之祔乃遷豫章、潁川二廟，莊宗之祔乃祧懿祖一室。今太廟之制，除祧廟外，爲七世十一室，如當升祔武靈，即須別祧一廟。荀子曰：「有天下者事七世」，若旁容兄弟，上毀祖考，則天子有不得事七世者矣。伏覩宗廟世次，自睿宗上至始祖，凡七世，別無可祧之廟。晉史云：「廟以容主爲限，無拘常數。」東晉與唐皆用此制，遂增至十一室。康帝承統，以兄弟爲一室，故不遷遠廟而祔成帝。唐以敬、文、武三宗同爲一代，於太廟東間增置兩室，定爲九代十一室。今太廟已滿此數，如用不拘常數之說，增至十二室，可也。然廟制已定，復議增展，其事甚重，又與睿宗皇帝祏室昭穆亦恐更改。春秋之義不以親親害尊尊，漢志云：「父子不並坐，而孫可從王父。」若武靈升祔，太廟增作十二室〔四〕。依春秋尊尊之典，武靈當在十一室，禘祫合食，依孫從王父之典，當在太宗之下，而居昭位，又當稱宗。然前升祔睿宗已在第十一室，累遇祫享，睿宗在穆位，與太宗昭位相對，若更改祏室及昭穆序，非有司所敢輕議，宜取聖裁。十九年四月，禘祔閔宗，遂增展太廟爲十二室。

二十九年，世宗將祔廟，有司言：「太廟十二室，自始祖至熙宗雖係八世，然世宗與熙宗爲兄弟，不相爲後，用晉成帝故事，止係七世，若特升世宗、顯宗即係九世。」〔五〕於是五月遂祧獻祖、昭祖，陞祔世宗、明德皇后、顯宗于廟。

貞祐二年，宣宗南遷，廟社諸祀並委中都，自抹撚盡忠棄城南奔，時謁之禮盡廢。四年，禮官言：「廟社國之大事，今主上駐蹕陪京，列聖神主已遷于此，宜重修太廟社稷，以奉歲時之祭。按中都廟制，自始祖至章宗凡十二室，而今廟室止十一，若增建恐難卒成。況時方多故，禮宜從變，今擬權祔肅宗主世祖室，始祖以下諸神主于隨室奉安。」

主用栗，依唐制，皇統九年所定也。

祏室，旁及上下皆石，門東向，以木爲闔，髹以朱。室中有褥，奠主訖，帝主居左，覆以黃羅帕，后主居右，覆以紅羅帕。

黼扆以紙〔六〕，木爲筐，兩足如立屏狀。覆以紅羅三幅，繡金斧五十四，裏以紅絹，覆於屏上，其半無文者垂於其後。置北墉下，南向，前設几筵以坐神主。

五席，各長五尺五寸，闊二尺五寸。莞筵，粉純。以藺爲席，緣以紅羅，以白繡藂文及雲氣之狀，復以紅絹裏之。每位二。繅席，畫純。以五色絨織青蒲爲之，緣以紅羅，畫藻文及雲氣狀，亦以紅絹裏之。每位二，在莞上。次席，黼純。以輕筠爲之，亦曰桃枝席，緣以紅綃，繡鐵色斧，裏以紅絹。每位二，在繅席上。虎席二，大者長同，惟闊增一尺。以虎皮爲褥，有緼，以紅羅繡金色斧緣之。又有小虎皮褥，制同三席。時暄則用桃枝次席，時寒則去桃枝加虎皮褥。夏、秋享，則用桃枝次席二。冬，則去桃枝加小虎皮褥於繅席上。臘冬，則又添大虎皮褥二於繅席上〔七〕，遷小虎皮褥二在大褥之上。

曲几三足，直几二足，各長尺五寸，以丹漆之。帝主前設曲几，后設直几。

禘祫。大定十一年，尚書省奏禘祫之儀曰：「禮緯『三年一祫，五年一禘』。唐開元中，太常議，禘祫之禮皆爲殷祭，祫爲合食祖廟，禘謂禘序尊卑。申先君逮下之慈，成羣嗣奉親之孝。自異常享，有時行之。祭不欲數，數則黷。不欲疎，疎則怠。是以王者法諸天道，以制祀典，烝嘗象時，禘祫象閏。五歲再閏，天道大成，宗廟法之，再爲殷祭。自周以後，並用此禮。自大定九年已行祫禮，若議禘祭，當於祫後十八月孟夏行禮。」詔以「三年冬祫、五年夏禘」爲常禮。又言：「海陵時，每歲止以二月、十月遣使兩享，三年祫享。按唐禮四時各以孟月享于太廟，季冬又臘享，歲凡五享。若依海陵時歲止兩享，非天子之禮，宜從典禮歲五享。」從之。

享日並出神主前廊，序列昭穆。應圖功臣配享廟廷，各配所事之廟，以位次爲序。以太子爲亞獻，親王爲終獻，或並用親王。或以太尉爲亞獻，光祿卿爲終獻。其月則停時享。儀闕。

朝享儀。大定十一年十一月，郊祀前一日，朝享太廟。齋戒如親郊。

享前三日〔八〕，太廟令帥其屬，掃除廟之內外。點檢司於廟之前約度，設兵衛旗幟。尚舍於南神門之西設饌幔十一，南向，以西爲上。殿中監帥尚舍，陳設大次殿。又設小次於阼階下，稍南，西向。又設皇帝拜褥位殿上，版位稍西。又設黄道褥於廟門之内外，自玉輅至升輦之所，又自大次至東神門。又設七祀位一於殿下横街之北，西街之西，東向，配享功臣位於殿下道東，横街之南，西向，北上。

前二日，大樂令設宫縣之樂於庭中，四方各設編鐘三、編磬三。東方編鐘起北，編磬間之，東向。西方編磬起北，編鐘間之，西向。南方編磬起西，編鐘間之，北方編鐘起西，編磬間之，俱北向。設特磬、大鐘、鎛鐘共十二，於編縣之内，各依辰位。樹路鼓、路鼗於北縣之内，道之左右。晉鼓一，在其後稍南。植建鼓、鞞鼓、應鼓於四隅，建鼓在中，鞞鼓在左，應鼓在右。置柷敔於縣内，柷一在道東，敔一在道西。立舞表於酇綴之間。設登歌之樂於殿上前楹間，金鐘一在東，玉磬一在西，俱北向。柷一在金鐘北稍西，敔一在玉磬北稍東。搏拊二，一在柷北，一在敔北，東西相向。琴瑟在前。其匏竹者立於階間，重行北向。諸工人各位於縣後。

前一日，太廟令開室，奉禮郎帥其屬，設神位於每室内北墉下。各設黼扆一、莞席一、繅席二、次席二、紫綾厚褥一、紫綾蒙褥一、曲几一、直几一。

又設皇帝版位於殿東間門内，西向。又設飲福位於東序，西向。又設亞、終獻位於殿下横街之北稍東，西向。助祭親王、宗室、使相位在亞、終獻之後，助祭宗室位在横街之南，西向。奉瓚官、奉瓚盤官、進爵酒官、奉爵官等又在其南，奉匜槃巾篚官位於其後。七祀獻官位在奉爵官之南，助奠、讀祝、奉罍洗爵洗等官位於其後。司尊彝官位在七祀獻官之南，亞終獻司罍洗爵洗、奉爵酒官等又在其南，並西向，北上。大禮使位於西階之西稍南，與亞、終獻相對。太尉、司徒、助祭宰相位在大禮使之南，侍中、執政官又在其南，禮部尚書、太常卿、太僕卿、光禄卿、功臣獻官在西，舉册、光禄丞、太常博士又在其西，功臣助奠、罍洗、爵洗等官位於功臣獻官之後。又設監祭御史位二於西階下，俱東向，北上。奉禮郎、太廟令、太官令、太祝、宫闈令、祝史位於亞獻、終獻、奉爵酒官之南，薦籩豆簠簋官、薦俎齋郎又在太祝、奉禮郎之南。太廟丞、太官丞各位於令後。協律郎位二，一於殿上前楹間，一於宫縣之西北，俱東向。大樂令於登歌樂縣之北，大司樂於宫縣之北，良醞令於酌尊所，俱北向。又設助祭文武羣官位於横街之南，東向北上。又設光禄卿陳牲位於東神門外横街之東，西向，以南爲上。設廩犧令位於牲西南，北向。諸太祝位於牲東，各當牲後，祝史各陪其後，俱西向。設禮部尚書省牲位於牲前稍北，又設御史位於禮部尚書之西，俱南向。

禮部帥其屬，設祝册案於室户外之右。

司尊彝帥其屬，設尊彝之位於室户之左，每位斝彝一、黄彝一、犧尊二、象尊二、著尊二、山罍二，各加勺、羃、坫爲酌尊。又設瓚槃爵坫於篚，置于始祖尊彝所。又設壺尊二、太尊二、山罍四，各有坫、羃，在殿下階間，北向西上，設而不酌。七祀功臣每位設壺尊二於座之左，皆加冪、坫於内，酌尊加勺，皆藉以席。

奉禮郎設祭器，每位四簋在前，四簠次之，次以六甑，次以六鉶，籩豆爲後。左十有二籩，右十有二豆，皆濯而陳之，藉以席。籩豆加以巾，蓋於内。籩一、豆一、簠一、簋一，并俎四，設於每室饌幔内。又設御洗二於東階之東。又設亞、終獻罍洗於東横街下東南，北向，罍在洗東，篚在洗西，南肆，實以巾。又設亞、終獻爵洗於罍洗之西，罍在洗東，篚在洗西，南肆，實以巾、爵并坫。執巾罍巾篚各位於其後。

享日丑前五刻，太常卿帥執事者，設燭於神位前及户外。光禄卿帥其屬，入實籩豆。籩之實，魚鱐、糗餌、粉餈、乾棗、形鹽、鹿脯、榛實、乾橑、桃、菱、芡、栗，以序爲次。豆之實，芹菹、笋菹、葵菹、菁菹、韭菹、酏食、魚醢、兔醢、豚拍、鹿臡、醓醢、糁食，以序爲次。又鉶實以羹，加芼滑，登實以大羹，簠實以稻粱，簋實以黍稷，粱在稻前，稷在黍前。

良醞令入實尊彝。斝彝、黄彝實以鬱鬯，犧尊、象尊、著尊實以玄酒外，皆實以酒，用香藥酒。各加坫、勺、冪。殿下之尊罍，壺尊、太尊、山罍，内除山罍上尊實以玄酒外，皆實以酒，加冪、坫。

太廟令帥其屬，設七祀功臣席褥於其次，每位各設莞席一、碧綃褥一，又各設版位於其座前，又籩豆簠簋各二、俎一。每位次各設壺尊二於神座之右，北向，玄酒在西。良醞令以法酒實尊如常，加勺、冪，置爵於尊下，加坫。光禄卿實饌。左二籩，栗在前，鹿脯次之。右二豆，菁菹在前，鹿臡次之。俎實以羊熟，簠簋實以黍稷。太廟令又設七祀燎柴及開瘞坎於西神門外之北。太府監陳異寶、嘉瑞、伐國之寶，户部陳諸州歲貢，金爲前列，玉帛次之，餘爲後，皆於宫縣之北，東西相向，各藉以席。凡祀神之物，當時所無者則以時物代之。

省牲器：前一日未後，廟所禁行人。司尊彝、奉禮郎及執事者，升自西階以俟。少頃，諸太祝與廪犧令，以牲就位。禮直官、贊者引禮部尚書、光禄卿丞詣省牲位，立定。禮直官引禮部尚書，贊引者引御史，入就西階升，遍視滌濯。訖，執事者皆舉冪曰「潔」。俱降，就省牲位，禮直官稍前曰：「告潔畢，請省牲。」次引禮部尚書侍郎稍前，省牲訖，退復位。次引光禄卿、丞出班，巡牲一匝。光禄丞西向曰「充」，曰「備」。廩犧令帥諸太祝巡牲一匝，西向躬身曰「腯」。禮直官稍前曰：「省牲畢，請就省饌位。」引禮部尚書以下各就位，立定。御史省饌具畢，禮直官贊「省饌訖」，俱還齋所〔九〕。光禄卿丞及太祝、廩犧令以次牽牲詣厨，授太官令。禮直官引禮部尚書詣厨，省鼎鑊，視濯溉，訖，還齋所。晡後一刻，太官令帥宰人執鸞刀割牲，祝史各取毛血，每座共實一豆，遂烹牲。祝史洗肝於鬱鬯，又取肝膋，每座共實一豆，俱還饌所。

鑾駕出宮：前一日，有司設大駕鹵簿於應天門外，尚輦進玉輅於應天門内，南向。其日質明，侍臣直衛及導駕官，於致齋殿前，左右分班立俟。通事舍人引侍中俛伏，跪，奏「請中嚴」，皇帝服通天冠、絳紗袍。少頃，侍中奏「外辦」，皇帝出齋室，即御座，羣官起居訖，尚輦進輿。侍中奏「請皇帝升輿」，皇帝乘輿，侍衛警蹕如常儀。太僕卿先詣玉輅所，攝衣而升，正立執轡。導駕官前導，皇帝至應天門内玉輅所，侍中進當輿前，奏「請皇帝降輿升輅」，皇帝升輅。太僕卿立授綏，導駕官分左右步導，以裹爲上。門下侍郎進當輅前，奏「請車駕進發」，奏訖，俛伏，興，退復位。侍衛儀物止於應天門内，車駕動，稱「警蹕」。

至應天門，門下侍郎奏「請車駕少駐，勑侍臣上馬」。侍中奉旨退，稱曰「制可」。門下侍郎退，傳制，稱「侍臣上馬」。贊者承傳「勑侍臣上馬」。導駕官分左右前導，門下侍郎奏「請車駕進發」。車駕動，稱「警蹕」，不鳴鼓吹。將至太廟，禮直官、贊者各引享官，通事舍人分引從享羣官、宗室子孫，於廟門外，立班奉迎。駕至廟門，迴輅南向，侍中於輅前奏稱「侍中臣某言，請皇帝降輅，步入廟門」。皇帝降輅，導駕官前導，皇帝步入廟門，稍東。侍中奏「請皇帝升輿」，尚輦奉輿，侍衛如常儀。皇帝乘輿至大次，侍中奏「請皇帝降輿，入就大次」。皇帝入就次，簾降，繖扇侍衛如常儀。太常卿、太常博士各分立於大次左右。導駕官詣廟庭班位，立俟。

晨祼：享日丑前五刻，諸享官及助祭官，各服其服。太廟令、良醞令帥其屬，入實尊罍。光祿卿、太官令、進饌者實籩豆簠簋，並徹去蓋冪。奉禮郎、贊者先入，就位。贊者引御史、太廟令、太祝、宮闈令、祝史與執事官等，各自東偏門入，就位。

未明二刻，禮直官引太常寺官屬并太祝、宮闈令升殿，開始祖祏室。太祝、宮闈令捧出帝后神主，設於座。以次，逐室神主各設於內黼扆前，置定。贊者引御史、太廟令、宮闈令、太祝、祝史與太常官屬，於當階間，重行北向立。奉禮郎於殿上贊「奉神主」，訖，奉禮曰「再拜」，贊者承傳，御史以下皆再拜，訖，各就位。大樂令帥工人二舞入，就位。禮直官贊者各引享官，通事舍人分引助祭文武羣官、宗室入就位。符寶郎奉寶，陳於宮縣之北。皇帝入大次。

少頃，侍中奏「請中嚴」，皇帝服衮冕。侍中奏「外辦」，太常卿俛伏，跪，奏稱「太常卿臣某言，請皇帝行事」，俛伏，興。簾捲，皇帝出次。太常卿、太常博士前導，繖扇侍衞如常儀，大禮使後從。至東神門外，殿中監跪進鎮圭，太常卿奏「請執圭」，皇帝執鎮圭。繖扇仗衞停於門外，近侍者從入。協律郎跪伏舉麾，興。工鼓柷，宮縣昌寧之樂作。至阼階下，偃麾，戛敔，樂止。升自阼階，登歌樂作，左右侍從量人數升至版位，西向立，樂止。前導官分左右侍立。太常卿前奏「請再拜」，皇帝再拜。奉禮曰「衆官再拜」，贊者承傳，凡在位者皆再拜。奉禮又贊「諸執事者各就位」，禮直官、贊者分引執事者各就殿上下之位。太常卿奏「請皇帝詣罍洗位」，登歌樂作，至阼階，樂止。降自阼階，宮縣樂作，至洗位，樂止。

内侍跪取匜，興，沃水。又内侍跪取盤，興，承水。太常卿奏「請搢鎮圭」，皇帝搢鎮圭，盥手，訖，内侍跪取巾於篚，興，以進。帨手，訖。奉瓚盤官以瓚跪進，皇帝受瓚，内侍奉匜沃水，又内侍跪奉槃承水，洗瓚訖。内侍跪奉巾以進，皇帝拭瓚，訖，内侍奠槃匜，又奠巾於篚。奉瓚槃官以槃受瓚。太常卿奏「請執鎮圭」，前導，皇帝升殿，宮縣樂作，至阼階下，樂止。

皇帝升自阼階，登歌樂作，太常卿前導，詣始祖位酌尊所，樂止。奉瓚槃官以瓚涖鬯，執尊者舉冪，侍中跪酌鬱鬯，訖，太常卿前導，入詣始祖室神位前，北向立。太常卿奏「請搢鎮圭」，跪。奉瓚槃官西向跪，以瓚授奉瓚官，奉瓚西向以瓚跪進〔一〇〕。太常卿奏「請執瓚以鬯祼地」。皇帝執瓚以鬯祼地，訖，以瓚授奉瓚槃官。太常卿奏「請執鎮圭」，俛伏，興，前導出戶外。太常卿奏「請再拜」，皇帝再拜，太常卿前導詣次位，並如上儀。

祼畢。太常卿奏「請還版位」，登歌樂作，至版位西向立，樂止。太常卿奏「請還小次」，前導皇帝行，登歌樂作，降自阼階，登歌樂止，宮縣樂作。將至小次，太常卿奏「請釋鎮圭」，殿中監跪受鎮圭。皇帝入小次，簾降，樂止。少頃，宮縣奏來寧之曲，以黃鍾爲宮，大呂爲角，大簇爲徵，應鍾爲羽，作仁豐道洽之舞，九成止。黃鍾三奏，大呂、太簇、應鍾各再奏，送神通用來寧之曲。

初，晨祼將畢，祝史各奉毛血及肝膋之豆，先於南神門外，齋郎奉爐炭蕭蒿黍稷，各立於肝膋之後。皇帝既晨祼畢，至樂作六成，皆入自正門，升自太階。諸太祝於階上各迎毛血肝膋，進奠於神座前。祝史立於尊所，齋郎奉爐置於室戶外之左，其蕭蒿黍稷各置於爐炭下。齋郎降自西階，諸太祝各取肝燔於爐，還尊所。

進熟：皇帝升祼，太官令帥進饌者，奉陳於南神門外諸饌幔内，以西爲上。禮直官引司徒出詣饌所，與薦俎齋郎奉俎，并薦籩豆簠簋官奉籩豆簠簋，禮直官、太官令引以序入自正門，宫縣豐寧之樂作。徹豆通用。至太階，樂止。祝史俱進徹毛血之豆，降自西階，以出。

饌升，諸太祝迎於階上，各設於神位前。先薦牛，次薦羊，次薦豕及魚。禮直官引司徒以下，降自西階，復位。諸太祝各取蕭蒿黍稷擩於脂，燎於爐炭，訖，還尊所。贊者引舉册官升自西階，詣始祖位之右，進取祝册置在版位之西，置訖，於祝册案近南立。

太常卿跪奏「請詣罍洗位」。簾捲，出次，宫縣樂作。殿中監跪進鎮圭，太常卿奏「請執鎮圭」，前導，詣罍洗位，樂止。盥手，洗爵，並如晨祼之儀。盥洗訖，太常卿奏「請執鎮圭」，前導，升殿，宫縣樂作，至阼階下，樂止。升自阼階，登歌樂作。太常卿前導，詣始祖位尊彝所，登歌樂作，至尊彝所〔一二〕，登歌樂止，宫縣奏大元之樂，文舞進。奉爵官以爵涖尊，執尊者舉冪，侍中跪酌犧尊之泛齊，訖，太常卿前導，入詣始祖室神位前，北向立。太常卿奏「請搢鎮圭」，跪。奉爵官以爵授進爵酒官。進爵酒官西向以爵跪進，太常卿奏

「請執爵三祭酒」。三祭酒於茅苴，訖，以爵授進爵酒官〔一二〕，進爵酒官以爵授奉爵官。太常卿奏「請執鎮圭」，興。前導，出户外。太常卿奏「請少立」，樂止。

舉册官進舉祝册，中書侍郎搢笏跪讀祝，舉祝官舉册奠訖，先詣次位。太常卿奏「請再拜」，再拜訖，太常卿前導，詣次位行禮，並如上儀。酌獻畢，太常卿前導還版位，登歌樂作，至位西向立定，樂止。太常卿奏「請還小次」，登歌樂作。降自阼階，登歌樂止，宮縣樂作。將至小次，太常卿奏「請釋鎮圭」，殿中監跪受鎮圭。入小次，簾降，樂止，文舞退，武舞進，宮縣奏肅寧之樂，作功成治定之舞，舞者立定，樂止。

皇帝酌獻訖，將詣小次，禮直官引博士，博士引亞獻，詣盥洗位，北向立，搢圭，盥手，帨手，執圭。詣爵洗位，北向立，搢圭，洗爵，拭爵以授執事者，執圭。升自西階，詣始祖位尊彝所，西向立。宮縣樂作。執事者以爵授亞獻，亞獻搢圭，執爵，執尊者舉冪，太官令酌象尊之醴齊，訖，詣始祖神位前，搢圭，跪。執事者以爵授亞獻，亞獻執爵祭酒。三祭酒於茅苴，奠爵，執圭，俛伏，興，少退，再拜，訖，博士前導，亞獻詣次位行禮，並如上儀。禮畢，樂止。

終獻除本服執笏外，餘如亞獻之儀。

七祀功臣獻官行禮畢。太常卿跪奏「請詣飲福位」〔一三〕，簾捲，出次，宮縣樂作。殿中監跪進鎮圭，太常卿奏「請皇帝執鎮圭」，前導，至阼階下，樂止。升自阼階，登歌樂作，將至飲福位，樂止。

初，皇帝既獻訖，太祝分神位前三牲肉，各取前脚第二骨加於俎，又以籩取黍稷飫共置一籩，又酌上尊福酒合置一尊。又禮直官引司徒升自西階，東行，立於阼階上前楹間，北向。皇帝既至飲福位，西向立。登歌福寧之樂作。太祝酌福酒於爵，以奉侍中，侍中受爵捧以立。太常卿奏「請皇帝再拜」。訖，奏「請搢圭」，跪，侍中以爵北向跪以進，太常卿奏「請執爵」，三祭酒於沙池。又奏「請啐酒」，皇帝啐酒，訖，以爵授侍中。太常卿奏「請受胙」。太祝以黍稷飫籩授司徒，司徒跪奉進，皇帝受以授左右。太祝又以胙肉俎跪授司徒，司徒受俎訖跪進，皇帝受以授左右。禮直官引司徒退立，侍中再以爵酒跪進。太常卿奏「請皇帝受爵飲福」。飲福訖，侍中受虛爵以興，以授太祝。太常卿奏「請執圭」，俛伏，興。又奏「請皇帝再拜」，再拜訖，樂止。太常卿前導，皇帝還版位，登歌樂作，俟至位，樂止。

太祝各進徹籩豆，登歌豐寧之樂作，卒徹，樂止。奉禮曰：「賜胙行事，助祭官再拜。」贊者承傳，在位官皆再拜，宮縣來寧之樂作，一成止。太常卿奏「禮畢」，前導，降自阼階，登歌樂止，宮縣樂作，出門，宮縣樂止，繖扇仗衛如常儀。太常卿奏「請釋鎮圭」，殿中監跪受鎮圭，皇帝還大次。通事舍人、禮直官、贊者各引享官、宗室子孫及從享羣官，以次出。及引導駕官東神門外大次前祇候，前導如來儀。贊者引御史已下俱復執事位，立定。奉禮曰「再拜」，皆再拜。贊者引工人、舞人以次出。大禮使帥諸禮官、太廟令、太祝、宮闈令，升納神主如常儀。禮畢，禮直官引大禮使已下降自西階，至横街，再拜而退。其祝册藏於匱。

七祀功臣分奠，如祫享之儀。

時享。有司行事。前期，太常寺舉申禮部，關學士院。司天臺擇日，以其日報太常寺。前七日，受誓戒於尚書省。其日質明，禮直官設位版於都堂之下，依已定誓戒圖，禮直官引三獻官，并應行事、執事官等，各就位，立定，贊「揖」，在位官皆對揖。訖，禮直官以誓文奉初獻官，初獻官搢笏，讀誓文：「某月某日，孟春薦享太廟，各揚其職。不恭其事，國有常刑。」讀訖，執笏。七品以下官先退，餘官對拜訖乃退。

散齋四日，治事如故，宿於正寢，唯不弔喪、問疾、作樂、判署刑殺文字、決罰罪人及預穢惡。致齋，三日於本司，唯享事得行，其餘悉禁，一日於享所〔一四〕。已齋而闕者，通攝行事。

前三日，兵部量設兵衞，列於廟之四門。前一日，禁斷行人。儀鸞司設饌幔十一所於南神門外西，南向。又設七祀司命、户二位於横街之北，道西，東向。又設羣官齋宿次於廟門之東西舍。

前二日，大樂局設登歌之樂於殿上〔一五〕。太廟令帥其屬，掃除廟殿門之内外，於室内鋪設神位於北墉下，當户南向。設几於筵上。又設三獻官拜褥位二。一在室内，一在室外。學士院定撰祝文訖，計會通進司請御署，降付禮部，置於祝案。祠祭局濯溉祭器與尊彝訖，鋪設如儀。内太尊二、山罍二在室。犧尊五、象尊五、鷄彝一、鳥彝一在室户外之左，爐炭稍前。著尊二、犧尊二在殿上，象尊二、壺尊六在下。俱北向西上，加冪，皆設而不酌。并設獻官罍洗位。禮部設祝案於室户外之右。禮直官設位版并省牲位，如式。

前一日，諸太祝與廩犧令以牲就東神門外。司尊彝與禮直官及執事皆入，升自西階，以俟。禮直官引太常卿，贊者引御史，自西階升，遍視滌濯〔一六〕。執尊者舉冪告潔，訖，引降就省牲位。廩犧令少前，曰「請省牲」，退復位。太常卿省牲，廩犧令及太祝巡牲告備，皆如郊社儀。既畢，太祝與廩犧令以次牽牲詣厨，授太官令。贊者引光禄卿詣厨，請省鼎鑊，申視滌溉。贊者引御史詣厨，省饌具，訖，與太常卿等各還齋所。太官令帥宰人以鸞刀割牲，祝史各取毛血，每室共實一豆，又取肝膋共實一豆，置饌所，遂烹牲。光禄卿帥其屬，入實祭器。良醞令入實尊彝。

享日質明，百官各服其品服。禮直官、贊者先引御史、博士、太廟令、太官令、諸太祝、祝史、司尊彝與執罍篚官等，入自南門，當階間，北面西上，立定。奉禮曰「再拜」，贊者承傳，皆再拜。訖，贊者引太祝與宮闈令，升自西階，詣始祖室，開祏室，太祝捧出帝主，宮闈令捧出后主，置於座。帝主在西，后主在東。贊者引太祝與宮闈令，降自西階，俱復位。奉禮曰「再拜」，贊者承傳，在位官皆再拜，訖，俱各就執事位。大樂令帥工人入。禮直官、贊者分引三獻官與百官，俱自南東偏門入，至廟庭横街上，三獻官當中，北向西上，應行事、執事官并百官，依品，重行立。奉禮曰「拜」，贊者承傳，應北向在位官皆再拜。其先拜者不拜。拜訖，贊者引三獻官詣廟殿東階下西向位，其餘行事執事官與百官，俱各就位。訖，禮直官詣初獻官前〔一七〕，稱「請行事」。協律郎跪，俛伏，興，樂作。禮直官引初獻詣盥洗位，北向立定，樂止。搢笏，盥手，帨手，執笏。詣爵洗位，北向立，搢笏，洗瓚，拭瓚，以瓚授執事者〔一八〕，執笏，升殿，樂作。至始祖室尊彝所，西向立，樂止。執事者以瓚奉初獻官，初獻官搢笏〔一九〕，執瓚。執尊者舉冪，太官令酌鬱鬯，訖，初獻以瓚授執事者，執笏，詣始祖室神位前，樂作，北向立，搢笏，跪。執事者以瓚授初獻官。初獻官執瓚，以鬯祼地，訖，以瓚授執事者，執笏，俛伏，興，出户外，北向，再拜，訖，樂止。每室行禮，並如上儀。禮直官引初獻降復位。

初獻將升祼，祝史各奉毛血肝膋豆及齋郎奉爐炭蕭蒿黍稷篚，各於饌幔内以俟。初獻晨祼訖，以次入自正門，升自太階。諸太祝皆迎毛血肝膋豆於階上，俱入奠於神座前。齋郎所奉爐炭蕭蒿篚，皆置於室户外之左，與祝史俱降自西階以出。諸太祝取肝膋，洗於鬱鬯，燔於爐炭，訖，還尊所。

享日，有司設羊鼎十一、豕鼎十一於神廚，各在鑊右。初獻既升祼，光禄卿帥齋郎詣廚，以匕升羊於鑊，實于一鼎，肩、臂、臑、肫、胳、正脊一、横脊一、長脅一、短脅一、代脅一，皆二骨以並。次升豕如羊，實于一鼎。每室羊豕各一鼎，皆設扃冪。齋郎對舉，入鑊，放饌幔前〔二〇〕。齋郎抽扃，委于鼎右，除冪。光禄卿帥太官令，以匕升羊，載于一俎，肩臂臑在上端，肫胳在下端，脊脅在中。次升豕如羊，各載于一俎。每室羊豕各一俎。齋郎即以扃舉鼎先退，置于神廚，訖，復還饌幔所。禮直官引司徒出詣饌幔前，立以俟。光禄卿帥其屬，實籩以粉餈，實豆以糝食，實簠以粱，實簋以稷。俟初獻祼畢，復位，祝史俱進徹毛血之豆，降自西階以出。禮直官引司徒，帥薦籩豆簠簋官、奉俎齋郎，各奉籩豆簠簋羊豕俎，每室以序而進，立於南神門之外以俟，羊俎在前，豕俎次之，籩豆簠簋又次之。入自正門，樂作，升自太階，諸太祝迎引於階上，樂止。各設於神位前，訖，禮直官引司徒以下，降自西階，樂作，復位，樂止。諸太祝各取蕭蒿黍稷擩於脂，燔於爐炭，還尊所。

禮直官引初獻詣罍洗位，樂作，至位，北向立，樂止。搢笏，盥手，帨手，執笏。詣爵洗位，北向立，搢笏，洗爵，拭爵，以爵授執事者，執笏，升殿，樂作，詣始祖室酌尊所，西向立，樂止。執事者以爵授初獻。初獻搢笏執爵，執事者舉冪，太官令酌犧尊之泛齊，訖，次詣第二室酌尊所，如上儀。詣始祖神位前，樂作，北向立，搢笏，跪，執事者以爵授初獻，初獻執爵，三祭酒於茅苴，奠爵，執笏，俛伏，興，出室户外，北向立，樂止。贊者引太祝詣室户外，東向，搢笏，跪讀祝文〔三二〕。讀訖，執笏，興。次詣第二室。次詣每室行禮，並如上儀。初獻降階，樂作，復位，樂止。

禮直官次引亞獻詣盥洗位，北向立，搢笏，盥手，帨手，執笏。詣爵洗位，北向立，搢笏，洗爵，拭爵以授執事官。執笏，升殿，詣始祖酌尊所，西向立，執事者以爵授亞獻。亞獻搢笏，執爵，執尊者舉冪，太官令酌象尊之醴齊，訖，次詣第二室酌尊所，如上儀。詣始祖神位前，樂作，北向立，搢笏，跪，執事者以爵授亞獻。亞獻執爵，三祭酒于茅苴，奠爵，執笏，俛伏，興，出户外，北向再拜，訖，樂止。次詣每室行禮，並如上儀。降階，樂作，復位，樂止。

禮直官次引終獻詣盥洗及升殿行禮，並如亞獻之儀，降復位。

次引太祝徹籩豆，少移故處。樂作，卒徹，樂止。俱復位。禮直官曰「賜胙」，贊者承傳曰「賜胙，再拜」，在位者皆再拜。禮直官引太祝、宮闈令奉神主，太祝搢笏，納帝主於匱，奉入祏室，執笏，退復位。次引宮闈令納后主於匱〔二二〕，奉入祏室，並如上儀，退復位。禮直官、贊者引行事、執事官各就位，奉禮曰「再拜」，贊者承傳，應在位官皆再拜。禮直官、贊者引百官次出，大樂令帥工人次出，太官令帥其屬，徹禮饌，次引監祭御史詣殿監視卒徹，訖，還齋所。太廟令闔户以降。太常藏祝版於匱〔二三〕。光禄以胙奉進，監祭御史就位展視，光禄卿望闕再拜，乃退。

其七祀，夏竈、中霤，秋門、厲，冬行，鋪設祭器，入實酒饌，俟終獻將升獻，獻官行禮，并讀祝文。每歲四孟月并臘五享〔二四〕，並如上儀。

校勘記

〔一〕金初無宗廟　據本志文例，此句上當有「宗廟」二字。

〔二〕天輔七年九月　「九」，原作「八」，據局本改。按，本書卷二太祖紀，金太祖於天輔七年八月死於渾河北部堵濼西行宮，九月梓宫至上京，葬宫城西南。

〔三〕其始祖之龕六　「始」，原作「世」。按，上文「爲始祖廟，祔德帝、安帝、獻祖、昭祖、景祖祧主五」，而世祖室僅祔肅宗，不得有六龕。下文「始祖東向」，知此確是始祖之室。今據改。

〔四〕太廟增作十二室　「增」，原作「贈」，據元刻本、南監本、北監本、殿本、局本改。

〔五〕若特升世宗顯宗即係九世　「升」，原作「非」，據南監本、北監本、殿本、局本改。元刻本作「祔」，在此處「祔」「升」同義。按，下文云「陞祔世宗、明德皇后、顯宗于廟」。

〔六〕黼扆以紙　「黼扆」，原作「黻扆」，據南監本、北監本、殿本、局本改。按，本卷下文及本書卷三三禮志六均作「黼扆」。

〔七〕則又添大虎皮褥一於繅席上　「席」字原脫。按，「繅席」二字爲一詞，上文屢見。今據補。

〔八〕享前三日　據本志文例，此句上當有「陳設」二字。

〔九〕俱還齋所　「還」，原作「遂」，據南監本、北監本、殿本、局本改。

〔一〇〕奉瓚西向以瓚跪進　「奉瓚」二字原脫，據北監本、殿本、局本補。

〔一一〕登歌樂作至尊彝所　此句與本卷上文「登歌樂作。（中略）詣始祖位尊彝所」重出，金史詳校卷三下謂「八字當削」。

〔一二〕以爵授進爵酒官　「酒」字原脫，據北監本、殿本、局本補。按，上文作「奉爵官以爵授進爵酒官」。

〔一三〕請詣飲福位　「請」字原脫。按，本書卷二八禮志一郊，太常卿跪奏「請皇帝詣飲福位」。卷三一禮志四皇帝恭謝儀，禮儀使奏「請詣飲福位」，均有「請」字。今據補。

〔一四〕致齋三日於本司唯享事得行其餘悉禁一日於享所　按，本卷上文「前七日，受誓戒」，「散齋四日」，則致齋共三日。其中二日於本司，一日於享所。疑此處「三日」爲「二日」之訛，或「於本司」前脱「二日」二字。

〔一五〕前二日大樂局設登歌之樂於殿上　本書卷二八禮志一郊稱「祀前二日，太樂令帥其屬，設登歌之樂於壇上稍南」。

〔一六〕遍視滌濯　「視」，原作「親」，據南監本、北監本、殿本、局本改。按，集禮卷一八時享上，爲本志所本，記此事作「視」。

〔一七〕禮直官詣初獻官前　「直」字原脱。按，上下文皆作「禮直官」，集禮卷一八時享上記載相同。今據補。

〔一八〕以瓚授執事者　「授」，原作「受」，據北監本、殿本、局本改。按，本卷下文敍此事作「授」，集禮卷一八時享上記載相同。

〔一九〕初獻官搢笏　「初」字原脱。按，上下文皆作「初獻官」，集禮卷一八時享上記載相同。今據補。

〔二〇〕齋郎對舉入鑊放饌幔前　集禮卷一八時享上記此事無「入鑊」二字。

〔二一〕跪讀祝文　原重複一「祝」字，今據集禮卷一八時享上删。

〔二二〕次引宮闈令納后主於匱　「闈」，原作「衛」，據北監本、殿本、局本改。按，本書卷五六百官志二、集禮卷一八時享上均作「闈」。

〔二三〕太常藏祝版於匱　「匱」，集禮卷一八時享上作「匵」。

〔二四〕每歲四孟月并臘五享　「并」字原在「每」字之上，文義不明，今據集禮卷一八時享上乙正。

金史卷三十一

志第十二

禮四

奏告儀　皇帝恭謝儀　皇后恭謝儀　皇太子恭謝儀　薦新　功臣配享　陳設寶玉　雜儀

奏告儀。皇帝即位、加元服、受尊號、納后、册命、巡狩、征伐、封祀、請謚、營修廟寢，凡國有大事皆告。或一室，或遍告及原廟，並一獻禮，用祝幣。皇統以後，凡皇帝受尊號、册皇后太子、禘祫、升祔、奉安、奉遷等事皆告，郊祀則告配帝之室。

大定十四年三月十七日，詔更御名，命左丞相良弼告天地，平章守道告太廟，左丞石琚告昭德皇后廟，禮部尚書張景仁告社稷，及遣官祭告五嶽。

前期二日，太廟令掃除廟内外，設告官以下次所。前一日，行事官赴祀所清齋。

告日前三刻〔一〕，禮直官引太廟令帥其屬，入殿開室户，掃除鋪筵，設几於北墉下，如時享儀。禮直官帥祀祭官陳幣篚於室户之左，陳祝版於室户之右案上。及設香案祭器，皆藉以席。每位各左一籩實以鹿脯，右一豆實以鹿臡。犧尊一，置於坫，加勺、冪，在殿上室户之左，北向，實以酒，每位一瓶。設燭於神位前。又設盥爵洗位横街之南稍東〔二〕。設告官褥位，於殿下東階之南，西向，餘官在其後稍南。又設望燎位於西神門外之北。

告日未明，禮直官引太廟令、太祝、宫闈令入，當階間北面西上立定。奉禮贊「再拜」，訖，升自西階，太祝、宫闈令各入室，出神主設於座，如常儀。次引告官入，就位。禮直官稍前，贊「有司謹具，請行事」，又贊「再拜」，在位者拜，訖，禮直官引告官就盥洗位，盥手，訖，詣神位前，搢笏，跪，三上香。執事者以幣授奉禮郎，西向授告官。告官受幣，奠訖，執笏，俛伏，興，退就户外位，再拜。詣次位行禮如上儀，訖，降復位。少頃，引告官再詣爵洗位，讀祝、舉祝官後從。至位，北向立，搢笏，洗拭爵，訖，授執事者。執笏升，詣酒尊所，西向立，執爵，執尊者舉冪酌酒，告官以授執事者。詣神位前，北向，搢笏，跪，執爵三祭酒，執笏，俛伏，興，退就户外位，北向立俟，讀祝文，訖，再拜。詣次位行禮如上儀。訖，與讀祝官皆復位。禮直官贊曰「再拜」，在位者皆再拜。次引告官以下詣望燎位，執事者取幣帛祝版置於燎，禮直官曰「可燎」。半柴，禮直官贊「禮畢」，告官以下退。署令闔廟門，瘞祝于坎。

貞元四年正月，上尊號。前三日，遣使奏告天地，於常武殿拜天臺設褥位，昊天上帝居中，皇地祇居西少却，行一獻禮。

大定七年正月十一日，上尊號〔三〕。

前三日，命皇子判大興尹許王告天地，判宗正英王文告太廟。於自來拜天處設昊天上帝位，當中南向，皇地祇位次西少却，並用坐褥位牌及香酒脯醢等。祝版三，學士院撰告祝文，書寫訖，進請御署，訖，以付禮部，移文宣徽院，并差控鶴官用案舁，覆以黃羅帕，隨所差告官詣祀所。

前一日，告官等就局所致齋一日。

告日質明，宣徽院、太常寺鋪設供具如儀。閤門舍人一員、太常博士一員引告官各服其服，以次就位。禮直官、舍人稍前，贊「有司謹具，請行事」。贊者曰「拜」，在位者皆再拜。禮直官先引執事官各就位。舍人博士次引告官詣盥洗、爵洗位，北向立，搢笏，盥手，帨手，洗爵，拭爵。執笏，詣酒尊所，搢笏，執爵，司尊者舉冪酌酒，告官以爵授奉爵酒官〔四〕，執笏詣昊天上帝、皇地祇神位前再拜，每位三上香，跪奠酒，訖，以爵授奉爵官，執笏，俛伏，興。舉祝官跪舉，讀訖，俛伏，興。告官再拜。告畢。引告官以下降復位，再拜，訖，詣望燎位，燔祝版，再拜。半燎，告官已下皆退。

皇帝恭謝儀。大定七年正月，世宗受尊號，禮畢恭謝。前三日，太廟令帥其屬，洒掃廟庭之內外及陳設。尚舍於廟南門之西，設饌幔一十一室。殿中監帥尚舍視大次殿，又設皇帝版位於始祖神位前北向，又設飲福位於版位西南少却，又設隨室奠拜褥位於神座前。大樂令設登歌於殿上，宮縣於殿下。又設皇太子位於阼階東南，又設親王位於其南稍東，宗室王使相位於其後。又設太尉、司徒以下行事官位於殿西階之西，東向，每等異位。又設文武羣官位於橫階之南，東、西向。又設御洗位於阼階之東，又設太尉洗位於西階下橫階之南。又設齋郎位於東班羣官之後。又設盥洗等官，并奉禮、贊者、大司樂、協律郎、大樂令等位，各如祫享之儀。又設尊彝祭器等於殿之上下，如時享之儀。

前一日，禮官御史帥其屬，省牲，視滌濯，如常儀。

其日質明，禮官御史帥太廟官、太祝官、宮闈令出神主，如時享儀。有司列黄麾仗二千人於應天門外。尚輦進金輅於應天門内。午後三刻，宣徽院奏請皇帝赴齋宿殿，文武羣官並齋宿於所司。

詰日質明，俟諸衛各勒所部屯門列仗。導駕官分左右侍立於殿階下，並朝服。通事舍人引侍中詣齋殿，俛伏，跪稱「臣某言，請中嚴」，俛伏，興。凡侍中奏請，准此。皇帝服通天冠、絳紗袍。少頃，侍中奏「外辦」，皇帝出齋殿，即御座，羣官起居訖，侍中奏「請升輦」，皇帝升輦以出，侍衛警蹕如常儀。導駕官前導，至應天門，侍中奏「請降輦升輅」，皇帝升輅，門下侍郎俛伏，跪奏「請車駕進發」，俛伏，興。凡門下侍郎奏請，准此〔五〕。車駕動，警蹕如常儀。至應天門外，門下侍郎奏「請車駕少駐，勑侍臣上馬」。侍中前承旨，退稱曰「制可」。門下侍郎退，傳制稱「侍臣上馬」，通事舍人承傳「勑侍臣上馬」。導駕官分左右前導，門下侍郎奏「請車駕進發」。車駕動，稱「警蹕」，不鳴鼓吹。典贊儀引皇太子常服乘馬至廟中幕次，更服遠遊冠、朱明衣，執圭。通事舍人文武羣官並朝服。於廟門外班迎。車駕至廟門，侍中於輅前奏「請降輅」，導駕官步入廟門稍東，侍中奏「請升輦」，皇帝升輦，繖扇侍衞如常儀。至大次，侍中奏「請降輦，入就大次」。皇帝入大次。

通事舍人分引文武羣官由南神東西偏門入廟庭，東西相向立。禮直官引太尉以下行事官詣横街北向，再拜，訖，禮直官引太尉詣盥洗位，搢笏，盥手，帨手，執笏，詣爵洗位，北向立，搢笏，洗瓚，拭瓚，以瓚授執事者，執笏，由西階升殿，詣始祖尊彝所，西向立。執事者以瓚奉太尉，太尉搢笏，執瓚酌鬯，詣神位前，以鬯祼地，訖，以虚瓚授執事者，執笏，俛伏，興，出户外北向，再拜，訖。次詣隨室並如上儀。禮畢，降自西階，復位。禮直官引司徒出詣饌所，引薦俎齋郎奉俎，并薦籩豆簠簋官奉籩豆簠簋，及太官令，以序入自正門，宫縣樂作，至大階，樂止。諸太祝迎於階上，各設於神座前。先薦牛，次薦羊，次薦豕，訖，禮直官引司徒已下降階復位。典贊儀引皇太子、通事舍人引親王，由南神東偏門入，詣褥位。禮直官引中書侍郎、舉册官等升自西階，詣始祖室前，東西立。

通事舍人引侍中詣大次前，奏「請中嚴」，皇帝服衮冕。少頃，侍中奏「外辦」。侍中詣廟庭本位立，皇帝將出大次，禮儀使與太常卿贊導。凡禮儀使與太常卿贊導，並博士前引，俛伏，跪稱「臣某贊導皇帝行禮」，俛伏，興。前導至東神門，撤繖扇，近侍者從入。殿中監跪進鎮圭，禮儀使奏「請執圭」，皇帝執圭，宫縣樂作。奏「請詣罍洗位」，至位，樂止。内侍跪取匜，興，沃水。又内侍跪取槃，承水。時寒，預備温水。禮儀使奏「請搢鎮圭」，皇帝搢鎮圭，盥手。內侍跪取巾於篚，興，進，皇帝帨手，訖，奉爵官以爵跪進，皇帝受爵，內侍捧匜沃水，又內侍跪捧槃承水，皇帝洗爵，訖，內侍跪奉巾以進，皇帝拭爵，訖，內侍奠槃匜，又奠巾於篚。奉爵官受爵。禮儀使奏「請執鎮圭」，前導皇帝升殿，左右侍從量人數升，宮縣樂作。皇帝至阼階下，樂止。皇帝升自阼階，登歌樂作。禮儀使前導，皇帝至版位，樂止，奏「請再拜」。奉禮郎贊「皇太子已下在位羣官皆再拜」。贊者承傳，皆再拜。禮儀使前導，皇帝詣始祖尊彝所，樂作，至尊所，樂止。奉爵官以爵涖尊，執尊者舉冪，侍中跪酌犧尊之泛齊，訖，禮儀使導皇帝至版位，再拜，訖，禮儀使奏「請詣始祖神位前褥位」，登歌樂作。禮儀使奏「請搢圭」，跪，奉爵官以爵授奉爵酒官以進。禮儀使奏「請執爵」，皇帝執爵，三奠酒，訖，以虛爵授奉爵酒官。禮儀使奏「請執圭」，興〔六〕，樂止。奉爵酒官以爵授奉爵官。禮儀使奏「請詣隨室」，並如上儀。

禮直官先引司徒升自西階，立於飲福位之側，酌獻將畢，奉胙，酌福酒。太祝從司徒立於其側，酌獻畢，侍中亦立於其側。禮儀使奏「請皇帝詣版位」，北向立，登歌樂作，至位樂止。中書侍郎跪讀册，訖，舉册官奠，訖，禮儀使奏「請皇帝再拜」，拜訖，禮儀使奏「請詣飲福位」，登歌樂作。至位，太祝酌福酒於爵，時寒預備温酒，以奉侍中，侍中受爵奉以立。禮儀使奏「請搢圭」，跪，侍中以爵北向跪以進，禮儀使奏「請執爵」，三祭酒。禮儀使奏「請飲福」，飲福訖，以虚爵授侍中。禮儀使奏「請受胙」，司徒跪以黍稷飶籩進，皇帝受以授左右。司徒又跪以胙肉進，皇帝受以授左右。禮儀使奏「請執圭」，興〔七〕，再拜訖，樂止。禮儀使前導，皇帝還版位，登歌樂作，至位樂止。

太祝各進徹籩豆，登歌樂作。卒徹，樂止。奉禮曰「賜胙」，贊「皇太子已下在位羣官皆再拜」。贊者承傳，皆再拜，宮縣作，一成止。禮儀使奏「請皇帝再拜」，奉禮郎贊「皇太子已下在位官皆再拜」。拜訖，禮儀使奏「禮畢」，前導皇帝降阼階，登歌樂作，至階下樂止。宮縣作，前導皇帝出東神門，樂止。繖扇侍衛如常儀。禮儀使奏「請釋圭」，殿中監跪受鎮圭。至大次，轉仗衛於還途，如來儀。禮官御史帥其屬，納神主、藏册如儀。

少頃，通事舍人引侍中奏「請中嚴」，皇帝服通天冠、絳紗袍。少頃，侍中奏「外辦」。俟尚輦進輦，侍中奏「請降座升輦」。皇帝升輦，繖扇侍衛如常儀。至南神門稍東，侍中奏「請降輦步出廟門」。皇帝步出廟門，至輅，侍中奏「請升輅」，皇帝升輅。門下侍郎奏「請車駕少駐，勑侍臣上馬」，侍中前承旨〔八〕，退稱曰「制可」，門下侍郎退，傳制稱「侍臣上馬」。通事舍人承傳「勑侍臣上馬」。車駕還内，鼓吹振作，至應天門外，百官班迎起居，宮縣奏采茨之曲。入應天門内，侍中奏「請降輅乘輦」。皇帝降輅乘輦以入，繖扇侍衛警蹕如常儀。皇帝入宮，至致齋殿，侍中奏「解嚴」。通事舍人承旨「勑羣臣各還次，將士各還本所」。

皇后恭謝儀。皇后既受册，前一日，齋戒於別殿。内命婦應從入廟者俱齋戒一日。其日未明二刻，有司陳設儀仗於后車之左右，以次排列。外命婦先自太廟後門入，内命婦妃嬪已下俱詣殿庭，起居訖，宣徽使版奏「中嚴」，少頃，又奏「外辦」。首飾褘衣，御肩輿，取便路至車所。内侍奏「請降輿升車」，既升車，奏「請進發」。車出元德東偏門，内命婦妃嬪已下自殿門外上車，由左掖門出，從至太廟門外，儀仗止於門外，回車南向。内侍奏「請降車升輿」，后降車升輿，就東神門外幄次，下簾。内命婦妃嬪已下降車，入就陪列位。内侍引外命婦詣幄次前，起居訖，並赴殿庭陪列位。

少頃，宣徽使詣幄次，贊「行朝謁之禮」，簾卷，宣徽使前導，詣殿庭階下西向褥位立。宣徽使贊「再拜」，内外命婦皆再拜。宣徽使前導，升東階，詣始祖皇帝神位香案前褥位，宣徽使奏「請三上香」，又奏「再拜」，拜訖。宣徽使前導，次詣獻祖已下十室，並如上儀。宣徽使奏「禮畢」，導歸幄次。宣徽使奏「請解嚴」。内外命婦還幕次。

少頃，轉仗還内如來儀，外命婦退。内侍奏「請御輿」，出至車所，奏「請升車」，既升車，奏「請進發」。内命婦上車。至元德東偏門，内侍奏「請降車升輿」，后御輿，取便路還内，内命婦從入。册禮畢，百官上表稱賀，并以牋賀中宫。

皇太子恭謝儀。其日質明，東宫應從官各服朝服，所司陳鹵簿金輅於左掖門外。皇太子服遠游冠、朱明衣，升輿以出，至金輅所，降輿升輅。左庶子已下夾侍。三師、三少乘馬導從，餘官亦皆乘馬以從。東行，由太廟西階轉至廟〔九〕，不鳴鐃吹。至廟西偏門外降輅步進，由東偏門入幄次，改服衮冕。出次，執圭自南神東偏門入，宫官并太常寺官皆從。皇太子入詣殿庭東階之東，西向立，典儀贊「再拜」，訖，升自西階，詣始祖神位前北向，再拜，訖，以次詣逐室行禮，並如上儀。訖，降自西階，復西向位俟，典儀稱「禮畢」。出東神北偏門，謁别廟如上儀。訖，歸幄次，改服遠游冠、朱明衣。出次，步至廟門外升輅，過廟門鳴鐃而行。至左掖門外降輅，升輿以入。將士各還本所。後一日於東宫受羣官賀，如元正受賀之儀。

薦新。天德二年，命有司議薦新禮，依典禮合用時物，令太常卿行禮。正月，鮪，明昌間用牛魚，無則鯉代。二月，鴈。三月，韭，以卵、以葑。四月，薦冰。五月，筍、蒲〔一〇〕，羞以含桃。六月，彘肉，小麥仁。七月，嘗雛雞以黍，羞以瓜〔一一〕。八月，羞以芡〔一二〕、以菱、以栗。九月，嘗粟與稷，羞以棗、以梨。十月，嘗麻與稻，羞以兔。十一月，羞以麕。十二月，羞以魚。從之。大定三年，有司言「每歲太廟五享，若復薦新，似涉繁數。擬遇時享之月，以所薦物附於籩豆薦之，以合古者『祭不欲數』之義」。制可。牛魚狀似鮪，鮪之類也。

功臣配享。明昌五年閏十月丙寅，以儀同三司代國公歡都、銀青光祿大夫冶訶、特進劾者、開府儀同三司盆納、儀同三司拔達，配享世祖廟庭。

天德二年二月，太廟祫享，有司擬上配享功臣，詔以撒改、辭不失、斜也杲、斡魯、阿思魁忠東向，配太祖位。以粘哥宗翰、斡里不宗望、闍母、婁室、銀术可西向，配太宗位〔一三〕。大定三年十月，祫享，又以斜也、斡魯、撒改、習不失〔一四〕、阿思魁配享太祖，宗望、闍母、宗翰、婁室、銀术哥配享太宗。其後，次序屢有更易。

八年，上命圖畫功臣於太祖廟，有司第祖宗佐命之臣，勳績之大小、官資之崇卑以次上聞。乃定左廡：開府金源郡王撒改、皇伯太師右副元帥宋王宗望、開府金源郡王斡魯、皇伯太師梁王宗弼、開府金源郡王婁室、皇叔祖元帥左都監魯王闍母、開府隋國公阿离合懣、儀同三司兗國公劉彦宗、右丞相齊國簡懿公韓企先、特進宗人習失〔一五〕；右廡：太師秦王宗翰、皇叔祖遼王杲、開府金源郡王習不失〔一六〕、開府金源郡王完顔希尹、太傅楚王宗雄、開府前燕京留守金源郡王完顔銀术哥、開府金源郡王完顔忠、金源郡王完顔撒离喝、特進宗人斡魯古、右丞相金源郡王紇石烈志寧〔一七〕。

十六年，左廡遷梁王宗弼於斡魯上。十八年，黜習失〔一八〕，而次蒲家奴於阿离合懣下。二十二年，增皇伯太師遼王。斜也、撒改、宗幹、宗翰、宗望，其下以次列。

至明昌四年，次序始定，東廊：皇叔祖遼智烈王斜也杲、皇伯太師遼忠烈王宗幹斡本〔一九〕、皇伯太師右副元帥宋桓肅王訛魯補宗望、開府儀同三司金源郡毅武王習不失〔二〇〕、開府儀同三司金源郡貞憲王完顔谷神希尹〔二一〕、太傅楚威敏王謀良虎宗雄、開府儀同三司燕京留守金源郡襄武王完顔銀术可〔二二〕、開府儀同三司金源郡明毅王完顔忠阿思魁、金源郡莊襄王杲撒离喝、特進宗人斡里古莊翼、特進完顔習失威敬〔二三〕、太師尚書令淄忠烈王徒單克寧、太師尚書令南陽郡文康王張浩；西廊：開府儀同三司金源郡忠毅王撒改、太師秦桓忠王粘罕宗翰、皇伯太師梁忠烈王斡出宗弼、開府儀同三司金源郡剛烈王斡魯、開府儀同三司金源郡莊義王完顏婁室〔二四〕、皇叔祖元帥左都監魯莊明王闍母〔二五〕、開府儀同三司隋國剛憲公阿离合懣、開府儀同三司豫國襄毅公蒲家奴昱、開府儀同三司兖國英敏公劉彥宗、右丞相齊國簡懿公韓企先、太保尚書令廣平郡襄簡王李石〔二六〕、開府儀同三司右丞相金源郡武定王紇石烈志寧、開府儀同三司左丞相沂國公僕散忠義、儀同三司左丞相崇國公紇石烈良弼、右丞相莘國公石琚、右丞相申國公唐括安禮、開府儀同三司平章政事徒單合喜、參知政事宗敍。每一朝爲一列，著爲令。

寶玉。凡天子大祀，則陳八寶及勝國寶於庭，所以示守也。金克遼宋所得寶玉，及本朝所製，今并載焉。

獲於遼者，玉寶四、金寶二。玉寶：「通天萬歲之璽」一，「受天明命惟德乃昌」之寶一，皆方三寸〔二七〕。「嗣聖」寶一，御封不辨印文寶一。金寶：「御前之寶」一，「書詔之寶」一，二寶金初用之。

獲於宋者，玉寶十五，金寶七，印一，金塗銀寶五。玉寶：受命寶一，咸陽所得，三寸六分，文曰「受命于天，既壽永昌」，相傳爲秦璽，白玉蓋，螭紐；傳國寶一，螭紐；鎮國寶一，二面並碧色〔二八〕，文曰「承天休，延萬億，永無極」；又受命寶一，文曰「受命于天，既壽永昌」；「天子之寶」一；「天子信寶」一；「天子行寶」一；「皇帝之寶」一；「皇帝信寶」一；「皇帝行寶」一；「皇帝恭膺天命之寶」二，皆四寸八分，螭紐；「御書之寶」二，一龍紐，一螭紐；「宣和御筆之寶」一，螭紐。金寶并印：「天下同文之寶」一，龍紐；「御前之寶」二；「御書之寶」一；「宣和殿寶」一；「皇后之寶」一；「皇太子寶」一，龜紐；「皇太子妃」印一，龜紐。金塗銀寶：「皇帝欽崇國祀之寶」一，「天下合同之寶」一，「御前之寶」一，「御前錫賜之寶」一，「書詔之寶」一。外有宋內府圖書印三十八，「內府圖書之印」一、「御書」三、「御筆」一、「御畫」一、「御書玉寶」一、「天子萬年」一、「天子萬壽」一、「龜龍上珍」一、「河洛元瑞」二、「雲漢之章」一、「奎璧之文」一、「華國之瑞」一、「大觀中祕」一、「大觀寶篆」一、「政和」一、「宣和」三、「宣和御覽」一、「宣和中祕」一、「宣和殿制」一、「宣和大寶」一、「宣和書寶」二、「宣和畫寶」一、「常樂未央」一、古文二、「封」四，共三十五面〔二九〕，並玉。「封」字一、「御畫」一，二面並馬瑙。「政和御筆」一，係水晶。玄圭一，白玉圭一十九。

本朝所製。國初就用遼寶，皇統五年始鑄金「御前之寶」一、「書詔之寶」一。大定十八年，得美玉，詔作「大金受命萬世之寶」，其制徑四寸八分、厚寸四分，盤龍紐高厚各四寸六分〔三〇〕。二十三年，又鑄「宣命之寶」，其徑四寸二厘，厚一寸四分，紐高一寸九分，字深二分。敕有司議所當用，奏「今所收八寶及皇統五年造『御前之寶』，賜宋國書及常例奏目則用之，『書詔之寶』，賜高麗、夏國詔并頒詔則用之。大定十八年造『大金受命萬世之寶』，奉敕再議。今所鑄金寶宜以進呈爲始，一品及王公妃用玉寶，二品以下用金『宣命之寶』」。又有「禮信之寶」，用銅，歲賜三國禮物緘封用之，明昌間更以銀。又有太皇太后、皇太后、皇后、皇太妃寶，又有皇太子及守國寶，皆用金。大定二十四年，皇太子寶，金鑄龜紐，有司定其文曰「監國」，上命以「守」易「監」，比親王印廣長各加一分。

雜儀。大定三年八月，有司議：「祫享犧牲品物，按唐開元禮、宋開寶禮每室犢一、羊一、豬一，五禮新儀每室復加魚十有五尾。天德、貞元例，與唐、宋同，有司行事則不用太牢，七祀功臣羊各二，酒共二百一十瓶。正隆減定，通用犢一，兩室共用羊一豕一，酒百瓶，此於禮有闕。今七祀功臣牲酒請依天德制，宗廟每室則用宋制，加魚。然每室一犢復恐太豐。」世宗乃命每祭共用一犢，羊豕如舊。又以九月五日祫享〔三二〕，當用鹿肉五十斤、獐肉三十五斤、兔十四頭爲虀醢，以貞元、正隆時方禁獵，皆以羊代，此禮殊爲未備，詔從古制。

十年正月，詔宰臣曰：「古禮殺牛以祭，後世有更者否？其檢討典故以聞。」有司謂：「自周以來，下逮唐、宋，祫享無不用牛者。唐開元禮時享每室各用太牢一，至天寶六年始減牛數，太廟每享用一犢。宋政和五禮新儀時享太廟，親祀用牛，有司行事則不用。宋開寶二年詔，昊天上帝、皇地祇用犢，餘大祀皆以羊豕代之。合二羊五豕足代一犢。今三年一祫乃爲親祠，其禮至重，每室一犢恐難省減。」遂命時享與祭社稷如舊，若親祠宗廟則共用一犢，有司行事則不用。

十二年十月，祫享，以攝官行事，詔共用三犢。二十二年十月，詔祫禘共用三犢，有司行事則以鹿代。昭德皇后廟大定十九年禘祭，不用犢。

大定二十九年，章宗即位，禮官言：「自大定二十七年十月祫享，至今年正月世宗升遐，故四月不行禘禮。按公羊傳，閔公二年『吉禘于莊公，言吉者未可以吉，謂未三年也』。注：『謂禘祫從先君數，朝聘從今君數，三年喪畢，遇禘則禘，遇祫則祫。』故事，宜於辛亥歲爲大祥，三月禫祭，踰月則吉，則四月一日爲初吉，適當孟夏禘祭之時，可爲親祠。」詔從之。及期，以孝懿皇后崩而止。

五月，禮官言：「世宗升祔已三年〔三二〕，尚未合食於祖宗，若來冬遂行祫禮，伏爲皇帝見居心喪，喪中之吉春秋譏其速，恐冬祫未可行。然周禮王有哀慘則春官攝事，竊以世宗及孝懿皇后升祔以來，未曾躬謁，豈可令有司先攝事哉。況前代令攝事者止施于常祀，今乞依故事，三年喪畢，祫則祫，禘則禘，於明昌四年四月一日釋心喪，行禘禮。」上從之。

明昌三年十二月，尚書省奏：「明年親禘，室當用犢一。欽懷皇后祔于明德之廟，按大定三年祫享，明德皇后室未嘗用犢」，勑欽懷皇后亦用之〔三三〕。上因問拜數，右丞瑋具對，上曰：「世宗聖壽高，故殺其數，亦不立於位，今當從禮而已。」〔三四〕

大定六年，定晨祼行禮，自大次至板位先見神之禮，兩拜。再至板位，又兩拜。祼鬯畢，還板位，再兩拜。還小次，酌獻時，盥洗位盥訖，至板位，先兩拜。酌獻畢還板位，再兩拜。止將始祖祝册於板位西南安置，讀册訖又兩拜。還小次，又至飲福位，先兩拜，飲畢兩拜。凡十六拜。

貞祐四年，命參知政事李革爲修奉太廟使〔三五〕，七月吉日親行祔享，有司以故事用皇帝時享儀，初至板位兩拜，晨祼及酌獻則每位三拜，飲福五拜，總七十九拜。今升祔則徧及祧廟五室，則爲一百九拜也。明昌間嘗減每位酌獻奠爵後一拜，則爲九十二拜而已。然大定六年，世宗嘗令禮官通減爲十六拜。又皇帝當散齋四日于別殿，致齋三日于大慶殿，今國事方殷，宜權散齋二日，致齋一日。上曰：「拜數從大定例，餘准奏。」

禮部尚書張行信言〔三六〕：「近奉詔從世宗十六拜之禮，臣與太常參定儀注，竊有疑焉。

謹按唐、宋親祠典禮，皆有通拜及隨位拜禮。世宗大定三年親行奉安之禮，亦通七拜，每室各五拜，合七十二拜。逮六年禘〔三七〕，始勑有司減爲十六拜，仍存七十二拜之儀，其意亦可見矣。蓋初年享禮以備，故後從權，更定通拜。今陛下初廟見奉安，而遽從此制，是於隨室神位並無拜禮，此臣之所疑一也。大定間十有二室，姑從十六拜，猶可。今十有七室，而拜數反不及之，此臣之所疑二也。況六年所定儀注，惟於皇帝板位前讀始祖一室祝册。夫祭有祝辭，本告神明，今諸祝册各書帝后尊謚，及高曾祖考世次不一，皇帝所自稱亦自不同，而乃止讀一册，餘皆虛設，恐於禮未安，此臣之所疑三也。先王之禮順時施宜，不可多寡，惟稱而已。今近年禮官酌古今，別定四十四拜之禮。初見神二拜，晨祼通四拜，隨室酌獻讀祝畢兩拜，飲福四拜，似爲得中。」上從之，乃定袝享如時享十二室之儀。又以祧廟五主始祖室不能容，止於室户外東西一列，以西爲上。神主闕者以升袝前三日廟内敬造，以享日丑前題寫畢，以次奉陞。十月己未，親王百官自明俊殿奉迎祖宗神主于太廟幄次。辛酉行禮，用四十四拜之儀，無宮縣樂，犧牲從儉，十七室用犢三、羊豕九而已。以皇太子爲亞獻，濮王守純爲終獻。皇帝權服靴袍，行禮日服衮冕，皇太子以下公服，無鹵簿儀仗，禮畢乘馬還宮。

校勘記

〔一〕告日前三刻　按，下文云「告日未明」，知此是未明前三刻，「日」字下疑脱「未明」二字。

〔二〕又設盥爵洗位横街之南稍東　「位」字下疑脱「於」字。

〔三〕大定七年正月十一日上尊號　「十一日」，集禮卷二大定七年册禮記載同。本書卷六世宗紀上，大定「七年正月庚子朔，（中略）壬子，上服衮冕，御大安殿，受尊號册寶禮」，壬子爲十三日。所記與此異。

〔四〕告官以爵授奉爵酒官　「授」上原衍「奉」字，據北監本、殿本、局本删。

〔五〕凡門下侍郎奏請准此　此九字，政和五禮新儀卷二六、卷三一、卷三六、卷四〇、卷四八等多處及秦蕙田通考卷一五圜丘祀天例作小字注文。

〔六〕禮儀使奏請執圭興　北監本、殿本、局本「興」字前有「俛伏」二字。

〔七〕禮儀使奏請執圭興　「奏」字原脱，今據上下文例補。

〔八〕侍中前承旨　「中」，原作「臣」，係涉上句「侍臣」致誤。今據上下文改。

〔九〕東行由太廟西階轉至廟　「階」，疑是「街」字之誤。

〔一〇〕五月荀蒲　「荀」，局本作「筍」。按，「筍」即「笋」。大唐開元禮卷五一薦新于太廟所用物中有「笋」；政和五禮新儀卷五祭器「季春豆三，實以笋、蒲、鮪」。似「荀」作「筍」是。

〔一一〕七月嘗雛雞以黍羞以瓜　前一「以」字，疑當作「與」。按，政和五禮新儀卷五祭器「仲夏豆二，實以雞、以黍；籩一，實以瓜」，知「雛雞」與「黍」爲二物。續文獻通考卷一一二宗廟考時享薦新上記此事作「嘗雛雞與黍」。

〔一二〕八月羞以芡　「芡」，原作「茨」，據元刻本改。按，本書卷二八禮志一郊，入實祭器有乾菱、乾芡、乾栗。卷三〇禮志三朝享儀，入實籩亦有菱、芡、栗。

〔一三〕詔以撒改辭不失斜也杲斡魯阿思魁忠東向配太祖位以粘哥宗翰斡里不宗望闍母婁室銀术可西向配太宗位　按，本書卷七一闍母傳稱「天德二年，配享太祖廟廷」，與此「配太宗位」不合。又，卷七一斡魯古勃堇傳稱「天德二年，配享太祖廟廷」，卷六五始祖以下諸子劾孫傳附子蒲家奴傳稱「天德初，配享太祖廟廷」，則天德二年配享不只十人。

〔一四〕習不失　原作「習失」。按，上文天德二年太廟祫享，詔以撒改、辭不失等配太祖位。本書卷七〇習不失傳，「習不失本作辭不失，後定爲習不失」，「大定三年，進封金源郡王，配饗太祖廟廷」，知此「習失」即爲烏骨出子之「習不失」。今據改。

〔一五〕特進宗人習失　「習失」，原作「辭不失」。按，辭不失即習不失，爲烏骨出之子，本書卷七〇有傳，官爵與此不合。本書卷五九宗室表稱石土門之子「習失特進」，卷七〇本傳作「習室」，「熙宗時，贈特進」，大定間，以太祖、太宗時勳臣圖像於衍慶宮。與此相合。今據改。

〔一六〕開府金源郡王習不失　「習不失」，原作「習失」，今據本書卷七〇習不失傳改正。參見本卷校勘記〔一四〕。

〔一七〕右丞相金源郡王紇石烈志寧　按，錢大昕考異卷八四：「案百官志，紇石烈姓例封廣平郡，志寧傳亦云封廣平郡王，此稱金源郡，疑誤。」

〔一八〕十八年黜習失　「習失」，原作「辭不失」。按，本書卷七〇習室傳所載大定十八年以後圖像衍慶宮功臣與本志大定八年圖像序次相比，習不失位居第七而未變，但前二十位中因增加蒲家奴，使習失從左廡第十位（總二十位）降爲第二十一位，故所黜者乃習失，非辭不失。今據改。參見本卷校勘記〔一五〕。

〔一九〕皇伯太師遼忠烈王宗幹斡本　「斡本」，原作「斡魯」。按，本書卷七六宗幹傳，「宗幹本名斡本」。今據改。

〔二〇〕開府儀同三司金源郡毅武王習不失　「習不失」，原作「習失」。據其官爵當是習不失，今改正。參見本卷校勘記〔一四〕、〔一六〕。又，「毅武」，本書卷七〇習不失傳稱大定三年「謚曰忠毅」。金史詳校卷三下：「案傳謚忠毅，與撒改同，非也。此謚當爲明昌改定。」

〔二一〕開府儀同三司金源郡貞憲王完顔谷神希尹　「貞憲」，本書卷三五禮志八長白山等諸神雜祠作「貞獻」，與此異。

〔二二〕開府儀同三司燕京留守金源郡襄武王完顔銀术可　「襄武」，本書卷七二銀术可傳，「大定十五年，謚武襄」，與此異。

〔二三〕特進完顔習失威敬　「習失」，原作「辭不失」。據其官爵、次第當是習失，今改正。參見本卷校勘記〔一五〕、〔一八〕。又「威敬」，本書卷七〇習室傳作「威敏」。金史詳校卷三下：「案傳謚威敏，與宗雄同，非也。此謚當亦明昌改定。」

〔二四〕金源郡莊義王完顏婁室　「莊義」，完顏婁室神道碑作「壯義」，與此異。

〔二五〕皇叔祖元帥左都監魯莊明王闍母　「莊明」，本書卷七一闍母傳稱「大定二年，徙封魯王，謚莊襄」。金史詳校卷三下：「案傳謚莊襄，與撒离喝同，非也。此謚當亦明昌改定。」

〔二六〕太保尚書令廣平郡襄簡王李石　本書卷六四后妃傳下世宗元妃李氏傳稱李石爲「南陽郡王」，卷八六李石傳稱李石「以太保致仕，進封廣平郡王」。與此異。

〔二七〕皆方三寸　「皆」，原作「自」，據殿本改。

〔二八〕鎮國寶一二面並碧色　「二面並碧色」，原作「二玉並碧色」，且在「鎮國寶一」四字之上。按，集禮卷三〇輿服下寶條記載，此五字與下文「文曰承天休」等十一字皆爲「鎮國寶一」之小字注。今據改。

〔二九〕共三十五面　「三十五」，原作「二十五」，據南監本、北監本、殿本、局本改。按，集禮卷三〇輿服下寶條亦作「三十五」。

〔三〇〕盤龍紐高厚各四寸六分　本書卷七五左泌傳附左光慶傳記此事作「蟠龍紐，高厚各四寸六分有半」。

〔三一〕九月五日祫享　按，集禮卷一九時享下攝行禮條稱大定三年七月奏「擬今年十月擇日祫享升祔以後時享，有司依時舉行」。謂大定三年祫享在十月。本書卷六世宗紀上，大定三年「十月甲子，大享于太廟」。十月甲子爲十月七日。所載祫享時間與此異。

〔三二〕五月禮官言世宗升祔已三年　「五月」上無紀年。按，本書卷三〇禮志三宗廟稱金世宗升祔在大定二十九年。又本卷下文記「明昌三年」事，則知此「五月」當屬明昌二年。

〔三三〕明德皇后室未嘗用犢勅欽懷皇后亦用之　「亦用之」，按文義當作「亦不用之」。

〔三四〕上曰世宗聖壽高故殺其數亦不立於位今當從禮而已　金史詳校卷三下，「案此下『大定六年定晨祼行禮』至『凡十六拜』一百二字皆劉瑋對語，此二十二字乃章宗荅瑋語」，「當改入下『凡十六拜』文下」。續文獻通考卷八二宗廟考祔享親祀儀敍此事即將劉瑋對語和章宗答語放在「凡十六拜」文下。

〔三五〕貞祐四年命參知政事李革爲修奉太廟使　「四年」，原作「二年」，據局本改。又，「奉」字原脱。按，本書卷一四宣宗紀上，貞祐四年二月「甲辰，命參知政事李革爲修奉太廟使」。今據補。

〔三六〕禮部尚書張行信言　「張行信」，原作「張行簡」。按，本書卷一〇七張行信傳，貞祐三年十二月，轉禮部尚書，四年「八月，上將祔享太廟，詔依世宗十六拜之禮。行信與禮官參定儀注，上言宜從四十四拜之禮，上嘉納焉，語在禮志」。今據改。

〔三七〕逮六年禘　「禘」，本書卷一九世紀補顯宗紀大定六年「十月甲申，祫享于太廟」作「祫享」，與此「禘」祭異。

金史卷三十二

志第十三

禮五

上尊謚

天會三年六月，諳班勃極烈杲等表請追册先大聖皇帝。十二月二十五日，奉玉册、玉寶，恭上尊謚曰大聖武元皇帝〔一〕，廟號太祖。

天會十三年三月七日，遣攝太尉皇叔祖大司空昱奉玉册、玉寶，上尊謚曰文烈皇帝，廟號太宗。九月，追謚皇考曰景宣皇帝，廟號徽宗。

十四年八月庚戌，文武百僚、太師宗磐等上議曰：「國家肇造區夏，四征弗庭，太祖武元皇帝受命撥亂，光啓大業。太宗文烈皇帝繼志卒伐，奮張皇威。原其積德累功，所由來者遠矣。且禮多爲貴，固前籍之美談；德厚流光，實本朝之先務。伏惟皇九代祖，廓君人之量，挺御世之姿，虞舜生馮，遷於負夏，太王避狄，邑此岐山，聖姥來歸，天原肇發。皇八代祖、皇七代祖，承家襲慶，裕後垂芳，不求赫赫之名，終大振振之族。皇六代祖，徙居得吉，播種是勤，去暴露獲棟宇之安，釋負載興車輿之利。皇五代祖孛堇，雄姿邁世，美略濟時，成百里日辟之功，戎車既飭；著五教在寬之訓，人紀肇修。皇高祖太師，質自天成，德爲民望，兼精騎射，往無不摧，始置官師，歸者益衆〔二〕。皇曾祖太師，威稜震遠，機警絶人，雅善運籌，未嘗衿甲，臨敵愈奮，應變若神〔三〕。皇曾叔祖太師，機獨運心，公無私物，四方聳動，諸部歸懷，德威兩隆，風俗大定。皇伯祖太師，友于盡愛，國爾惟忠，謀必罔愆，舉無不濟。累代祖妣，婦道警戒，王業艱難，俱殫内助之勞，寔著始基之漸。是宜采羣臣之僉議，酌故事以遵行，款帝于郊，稱天以誄。謹按謚法，布義行剛曰『景』，主義行德曰『元』，保民耆艾曰『明』，温柔聖善曰『懿』，請上皇九代祖尊謚曰景元皇帝，廟號始祖，妣曰明懿皇后。中和純備曰『德』，道德純一曰『思』，請上皇八代祖尊謚曰德皇帝，妣曰思皇后。好和不爭曰『安』，好廉自克曰『節』，請上皇七代祖尊謚曰安皇帝，妣曰節皇后。

安民治古曰『定』，明德有勞曰『昭』，尊賢讓善曰『恭』，柔德好衆曰『靖』，請上皇六代祖尊謚曰定昭皇帝，廟號獻祖，妣曰恭靖皇后。愛民立政曰『成』，辟土有德曰『襄』，强毅執正曰『威』，慈仁和民曰『順』，請上皇五代祖孛堇尊謚曰成襄皇帝，廟號昭祖，妣曰威順皇后。愛民好與曰『惠』，辟土兼國曰『桓』，明德有勞曰『昭』，執心決斷曰『肅』，請上皇高祖太師尊謚曰惠桓皇帝，廟號景祖，妣曰昭肅皇后。大而化之曰『聖』，剛德克就曰『肅』，思慮深遠曰『翼』，一德不懈曰『簡』，請上皇曾祖太師尊謚曰聖肅皇帝，廟號世祖，妣曰翼簡皇后。中情見貌曰『穆』〔四〕，博聞多能曰『憲』，柔德好衆曰『靜』，聖善周聞曰『宣』，請上皇曾叔祖太師尊謚曰穆憲皇帝，廟號肅宗，妣曰靜宣皇后〔五〕。慈愛忘勞曰『孝』，執事有制曰『平』，清白守節曰『貞』，愛民好與曰『惠』，請上皇曾叔祖太師尊謚曰孝平皇帝，廟號穆宗，妣曰貞惠皇后。愛民長悌曰『恭』，一德不懈曰『簡』，夙夜共事曰『敬』，小心畏忌曰『僖』，請上皇伯祖太師尊謚曰恭簡皇帝，廟號康宗，妣曰敬僖皇后。仍請以始祖景元皇帝、景祖惠桓皇帝、世祖聖肅皇帝、太祖武元皇帝、太宗文烈皇帝爲永永不祧之廟。須廟室告成，涓日備物，奉上寶册，藏于天府，施之罔極。」

丙辰，奉上九代祖妣尊謚廟號，是日百僚上表稱賀。

皇統五年，增上太祖尊謚，禮官議：「自古辨祀，以南北郊、太社、太稷、太廟爲序。若太廟神主造畢，即合題尊謚，擇日奉安，恐在郊社之前於禮未倫。候築郊兆畢，擇日奏告昊天上帝、皇地祇，次奉安社稷神主及奏告，其次恭造太廟神主，題號奉安入室，以此爲序。元奉勑旨，候到上京行禮，不見元奏目內，有無指定候修建太廟奉安神主以後行禮，或只於慶元宮奉上謚號。若候奉安太廟神主禮畢，方奉上謚號册寶，即百官並合法服，兼於皇帝所御殿合立黃麾仗及殿中省細仗，太廟殿前亦合立黃麾仗，其册寶在路亦合量設儀仗。若太廟未奉安，只於慶元宮上册寶，即行事及立班官並用常服，及依例量用大小旗、甲騎、門仗官，供奉官引從册寶綵服。若奉安後發册，即御服通天冠、絳紗袍。若只就慶元宮，即幞頭紅袍。并慶元宮上册寶，即將來題太廟本室神主，便可用新謚。若於太廟先奉安神主，即先題舊謚，及至就本室上册寶，又須改題新謚。有兩節不同。五月九日擬奏告於太廟，上册寶，竊慮法物樂舞難辦，只於慶元宮上册寶。」從之。

十月三日，奉上尊謚册寶儀〔六〕：

前期，有司供張辰居殿神御床案。少府監、鈎盾署設燎薪于殿庭西南，掘坎於其側。儀鸞司設小次于辰居殿下東廂，又設册寶幄殿于景輝門外東仗舍。殿前司、宣徽院量差甲騎、大小旗鼓、門仗官、香輿，自製造册寶所迎奉册寶，奉安于幄殿，行事官、製造官皆騎馬引從，門下中書侍郎在前，侍中中書令在後，大禮使又在其後，舉搿奉册寶官、製造官分左右夾侍，以北爲上，皆給人從錦帽衫帶。

是日未明，翰林使、太官令丞鋪設香案酒果、供具牲體膳羞於神御前。儀鸞司設皇帝拜褥四，一在阼階上，面西，一在香案南，面北，一在殿上東欄子内，面西〔七〕，一在燎薪之東，面西。設黄道，自小次至阼階褥位。

質明，有司備常行儀仗、駕頭扇筤，常朝官常服騎馬執鞭前導，以北爲上，造册寶官、排辦管勾官常服，於慶元宮門外立班，迎駕再拜。皇帝自宮中服靴袍、御馬，至景暉門外下馬，步入小次。少頃，御史臺催班，大禮使、行事官自幄殿奉册寶入正門，置于辰居殿西階下。大禮使歸押班位，閤門使奏「班齊」，太常卿奏「請皇帝行奉上册寶之禮」。宣徽使、太常卿分引前導，皇帝由黄道升阼階上面西褥位立，贊「請再拜」，閤門使臚傳，在位官皆再拜。乃引皇帝由殿上正門入殿，於香案前褥位再拜，上香，又再拜，退稍東，於欄子内面西褥位立定。儀鸞司徹香案前拜褥，設册寶褥位於香案南，舉册、舁册官取册匣于床，對捧由西階升，中書侍郎分左右前導。奉册中書令、讀册中書令並後從，候於褥位置定。奉册中書令於褥位南再拜，退就殿階上西南柱外，面東立。讀册官中書令稍前〔八〕，再拜。舁册官取匣蓋下，寘于西階下册床。舉册官對舉册，讀册官中書令一拜起，跪，搢笏，讀册文曰：「孝孫嗣皇帝臣某，謹拜手稽首奉玉册玉寶，恭上尊謚曰應乾興運昭德定功睿神莊孝仁明大聖武元皇帝。」讀册畢，就拜，興，又再拜，退立于奉册中書令之次。奉册官進，與中書侍郎率舉册、舁册官奉册匣由西階下，引從如上儀，復置于册床。置定，舉寶官以寶盝進，至侍中讀畢，由西階下，復置于床，皆如册匣之儀。

有司徹册寶褥位，復設香案南拜褥。宣徽使、太常卿導皇帝進就褥位，再拜，上香、茶、酒，樂作，三酹酒，樂止。太祝讀祝文，訖，皇帝再拜，復歸阼階褥位，立定。大禮使升殿，於香案南宣徽使處授福酒臺盞，行至皇帝阼階褥位前，宣徽使贊「皇帝再拜飲福」，閤門臚傳「賜胙，再拜」，應在位官皆再拜。大禮使跪，以酒盞進授皇帝，樂作，飲訖，又再拜。大禮使受酒盞，復以授宣徽使，訖，由西階下，歸押班位。太祝奉祝版，翰林使酌酒，太官令丞量取牲羞，自西階下，置于燎薪之上。文武班皆回班向燎所立，禮官贊「請皇帝就望燎位」。宣徽使取酒盞臺于翰林使，以進授皇帝。皇帝酹酒于燎薪之上，執事者舉燎，半燎，瘞于坎。宣徽使贊「皇帝再拜」，閤門喝「百官皆再拜」。太常卿、宣徽使前導，皇帝歸小次，即御座，簾降。太常卿俛伏，興，跪奏「太常卿臣某言，禮畢」。百官皆卷班西出。大禮使以下奉册寶床，納于慶元宮收掌去處。皇帝進膳于別殿，侍食官取旨，有司轉仗由來路，皇帝便服還内，教坊作樂前導。

次日，大禮使率百官稱賀。

是歲閏十一月，增上祖宗尊謚，始祖景元皇帝曰懿憲景元皇帝，德皇帝曰淵穆玄德皇帝，安皇帝曰和靖慶安皇帝，獻祖定昭皇帝曰純烈定昭皇帝，昭祖成襄皇帝曰武惠成襄皇帝，景祖惠桓皇帝曰英烈惠桓皇帝，世祖聖肅皇帝曰神武聖肅皇帝，肅宗穆憲皇帝曰明睿穆憲皇帝，穆宗孝平皇帝曰章順孝平皇帝，康宗恭簡皇帝曰獻敏恭簡皇帝，太宗文烈皇帝曰體元應運世德昭功哲惠仁聖文烈皇帝，徽宗景宣皇帝曰允恭克讓孝德玄功佑聖景宣皇帝，已上廟號如故。十二月一日，奏告如儀〔九〕。

大定三年，增上睿宗尊謚。先是，元年十一月十六日，追册皇考曰簡肅皇帝，廟號睿宗，皇妣蒲察氏欽慈皇后，皇妣李氏貞懿皇后。二年八月一日，有司奏「祖宗謚號或十六字〔一〇〕，或十四字，或十二字，即今睿宗皇帝更合增上尊謚，於升祔前奉册寶」。制可。十七日，左平章元宜等奏請增上尊謚曰睿宗立德顯仁啓聖廣運文武簡肅皇帝。有司奏「睿宗皇帝未經升祔，合無於衍慶宮聖武殿設神御床案」？奉旨崇聖閣借設正位。又奏「皇帝親授册寶，太尉行事」。制可。

九月二十二日，奏告太廟。二十八日，大安殿置大樂，閱習。前一日，自衍慶宮奉迎册寶，於大安殿安置。

授册日未明三刻，有司各勒所部，整肅儀衛，羣臣集于殿門，行事官各法服，陪位官公服。皇帝自宮中常服乘輿，侍衛如儀，赴大安殿後更衣幄次。御史臺催班，通事舍人引太尉及羣臣就位。侍中跪奏「中嚴」，少頃，又跪奏「外辦」。皇帝服通天冠、絳紗袍出。太常卿跪奏稱「太常卿臣某言，請皇帝行奉上册寶之禮」。奏訖，俛伏，興。宣徽使分左右前導〔一一〕，皇帝步詣册寶幄次〔一二〕。將至幄次，登歌樂作，至幄次前北向，宣徽使贊「請皇帝再拜」〔一三〕，典儀贊「在位官再拜」。拜訖，奏「請皇帝搢圭」，三上香，訖，執圭。奏「請皇帝再拜」。典儀贊「在位官再拜」，訖，各分班東西序立。奏「請皇帝詣稍東褥位」，樂止。中書令、中書侍郎奉引册，侍中、門下侍郎奉引寶，行，登歌樂作。宣徽使贊導皇帝隨册寶自西階，登歌樂止，宮縣樂作，至大安殿下當中褥位。中書令、侍中奉册寶於皇帝褥位之西，樂止。宣徽使奏「請皇帝再拜」，典儀贊「在位官皆再拜」，拜訖，中書令搢笏，奉册匣，宮縣樂作，至皇帝褥位前，俛伏，跪，奉置訖，執笏，俛伏，興，退稍西立，東向。太常博士引太尉至褥位，北向立。宣徽使奏「皇帝搢圭」〔一四〕，跪捧册匣授太尉〔一五〕，太尉搢笏，跪受訖〔一六〕，執笏，少東立。宣徽使奏「請執圭」，俛伏，興。捊册官捧册匣，中書侍郎奉册匣置於册床，樂止。侍中搢笏，奉寶盝，宮縣樂作，至皇帝褥位前，俛伏，跪，奉置訖，執笏，俛伏，興，退稍西立，東向。太常博士引太尉至褥位，北向立。宣徽使奏「皇帝搢圭」〔一七〕，跪捧寶盝授太尉，太尉搢笏，跪，受訖，執笏，少東立。宣徽使奏「請執圭」，俛伏，興。捧寶官捧寶盝，門下侍郎奉置於寶床，樂止。宣徽使奏「皇帝再拜」，典儀贊「在位官再拜」。皇帝南向立，宮縣樂作。太常博士引太尉奉册寶出，主節者持節前導，册床在前，寶床次之，樂止。中書門下侍郎各導於册寶之前，太尉居其後，至大安門外，太尉以次跪奉册寶於玉輅中，中書侍郎於輅旁夾侍，所司迎衛如式。太尉奉册寶訖，步出通天門外，革車用本品鹵簿，導從如儀，鼓吹不振作。俟册寶出大安門，太常卿跪奏稱「太常卿臣某言，禮畢」。奏訖，俛伏，興，前導皇帝升自東階，登歌樂作，還大安殿後幄次，樂止。侍中跪奏「解嚴」。乘輿還內，侍衛如來儀。

十月一日，攝太尉特進平章政事兼太子太師定國公臣完顏宗憲率百官赴衍慶宮行禮〔一八〕。

前一日，設册寶幄次於聖武殿門外，西向。

其日質明，太常寺官率所屬，於聖武殿設神御床案，宣徽院排備茶酒菓、時饌、茶食、香花等，並如太祖皇帝忌辰供備之數。大樂署設登歌之樂於殿上前楹間稍南，北向。迎衛册寶至衍慶宮門外，中書門下侍郎各奉册寶降輅，各置於床。太尉至門外降車，率中書令以下導從，赴聖武殿門外幄次，奉安如式。其儀仗兵士並退。

次引文武百官各服其服，以次就位。大樂令率工人就位，禮直官亦先就位。應執事者並先入殿庭北向立，禮直官贊「再拜」，訖，升殿。次引太尉就東階下褥位西向立，禮直官贊「拜」，在位官俱再拜。禮直官曰：「有司謹具，請行事。」禮直官贊「拜」，在位官俱再拜，訖，引太尉詣罍洗盥手，升殿，詣神座前，搢笏，跪，三上香，樂作，奠茶、奠酒，訖，執笏，俛伏，興，樂止。太尉再拜，訖，還位少立。

次引太尉出，率中書門下侍郎等，奉册寶床入自殿門〔一九〕，中書令侍中等並導從，登歌樂作，册寶床至殿庭，列於西階之下，承以席褥，樂止。太尉以下各就面北褥位立定，禮直官贊「拜」，在位官俱再拜，訖，太尉率中書令侍郎奉册匣升殿，登歌樂作，至殿上，册匣置於食案之前，仍設褥位，樂止。次引太尉詣神位前，俛伏，跪，稱「攝太尉臣某言，謹上加尊謚册寶」。奏訖，俛伏，興，稍西立。次引中書令立於册匣南，舉册官舉册，中書令俛伏，跪讀册，訖，俛伏，興。中書令奉册匣降自西階，置于床，登歌樂作，置訖，樂止。

次引侍中門下侍郎奉寶盝升殿，樂作，置于食案之前，仍設褥位，樂止。舉寶官舉寶盝，侍中俛伏，跪讀寶，訖，俛伏，興。侍中奉寶盝降自西階，置于床，登歌樂作，置訖，樂止。太尉詣殿門外褥位，再拜，訖，太尉而下俱降階，以次就位。禮直官贊「拜」，在位官皆再拜，訖，以次出。寺官、署官率拱衛直，舁册寶床置于册寶殿，各退。

次日，百官稱賀如常儀。

大定十九年，奉上孝成皇帝謚號。元年十一月十六日，詔曰：「前君乃太祖之長孫，受太宗之遺命，嗣膺神器，十有五年。垂拱仰成，委任勳戚，廢齊國以省徭賦，柔宋人而息兵戈，世格泰和，俗躋仁壽，混車書於南北，一尉候於東西。晚雖淫刑，幾於恣意，寃施弟后，戮及良工，虐不及民，事猶可諫，過之至此，古或有焉。右丞相岐國王亮不務弼諧，反行篡弑，妄加黜廢，抑損徽稱。遠近傷嗟，神人憤怒，天方悔禍，朕乃繼興，受天下之樂推，居域中之有大。將撥亂而反正，務在革非。期事亡以如存，聿思盡禮。宜上謚號曰閔宗武靈皇帝。」

十八年，有司言：「本朝祖宗尊謚或十八字〔二〇〕，或十四字，或十二字，或四字。今擬增上閔宗尊謚曰弘基纘武莊靖孝成皇帝，仍加謚悼皇后曰悼平皇后。」又言：「大定三年追尊睿宗皇帝禮儀，大安殿前立黄麾仗一千人，應天門外行仗二千人，皇帝服通天冠、絳紗袍，隨册寶降自西階，搢圭，跪，捧册寶授太尉。今擬大安殿行禮，及依唐、周典故，降階捧册寶授太尉。所有冠冕儀仗擬依已行禮例。」上命儀仗人數約量減之，餘略同前儀。明年四月十日，奉上册寶，升祔太廟。

二十六年，敕再議閔宗廟號，禮官擬上「襄、威、敬、定、桓、烈、熙」七字，奉旨用「熙」字，乃以明年四月一日〔二〕，遣官奏告太廟及閔宗本室，易新廟號。

大定二十九年四月乙丑〔三〕，謚大行皇帝曰光天興運文德武功聖明仁孝皇帝，廟號世宗。五月丙午，以祔廟禮成，大赦。

大定二十九年五月甲午，上皇考尊謚曰體道弘仁英文睿德光孝皇帝，廟號顯宗。

大安元年二月丁卯〔三〕，謚大行皇帝曰憲天光運仁文義武神聖英孝皇帝，廟號章宗。

正大元年正月戊戌，謚大行皇帝曰繼天興統述道勤仁英武聖孝皇帝，廟號宣宗。

校勘記

〔一〕十二月二十五日奉玉册玉寶恭上尊謚曰大聖武元皇帝　本書卷二太祖紀稱「天會三年三月，

上尊謚曰武元皇帝，廟號太祖」，與此異。

〔二〕歸者益衆 「益」，原作「盖」，據南監本、北監本、殿本、局本改。按，集禮卷三天會十四年奉上祖宗謚號、秦蕙田通考卷一四二尊親禮、續文獻通考卷八〇宗廟考天子宗廟引此文均作「益」。

〔三〕應變若神 集禮卷三天會十四年奉上祖宗謚號，此句下有「皇曾叔祖太師，道宣知言，智窮博識，始構經營之力，卒成奄宅之勳」二十六字。金史詳校卷三下：「案此文敍肅宗事，刊本因兩皇曾叔祖太師，止載穆宗一段，脱去此段。」

〔四〕申情見貌曰穆 「申」，世本卷一〇謚法、逸周書卷六謚法解、史記正義謚法解均作「中」。

〔五〕廟號肅宗妣曰靜宣皇后 「靜宣」，本書卷一太祖紀作「宣靖」，卷六三后妃傳上肅宗靖宣皇后傳作「靖宣」，與此異。參見本書卷一校勘記〔四〕。

〔六〕奉上尊謚册寶儀 「謚」字原脱，今據集禮卷三皇統五年增上太祖尊謚補。

〔七〕一在殿上東欄子内面西 「面西」，原作「西面」，據北監本乙正。按，集禮卷三皇統五年增上太祖尊謚亦作「面西」。

〔八〕讀册官中書令稍前 按，本書卷三六禮志九受尊號儀、卷三七禮志一〇奉册皇太后儀，集禮卷一天德貞元册禮、卷二大定七年册禮、大定十一年册禮、卷五天德二年尊奉永壽永寧宫、卷八天德四年册命儀所載無「官」字。本卷上文亦有「讀册中書令並後從」。是知，讀册官即中書令，疑「官」字衍。下文「讀册官中書令」之「官」字亦疑衍。

〔九〕十二月一日奏告如儀　文淵閣四庫本集禮卷三皇統五年十一月七日增上祖宗尊謚稱「十七日，奏准十二月八日、九日、十日行奉告禮。十二月一日，命宗本、左丞相宗憲、右丞相蕭仲恭充奏告獻官，於慶元宫奏告始祖、康宗，明德宫奏告太宗，慶元宫奏告徽宗」。本書卷四熙宗紀皇統五年「十二月戊申，增謚始祖以下十帝及太宗、徽宗」。是年十二月辛丑朔，「戊申」爲八日。是知「一日」僅指定奏告獻官，八日至十日正式行奏告禮。

〔一〇〕或十六字　本卷下文稱「或十八字」。

〔一一〕「太常卿」至「奏訖俛伏興宣徽使分左右前導」　「宣徽使」前疑脱「與」字。按，集禮卷四大定三年增上睿宗尊謚雖無「與」字，但前文明言「宣徽使、太常卿各一」，一宣徽使不得「分左右前導」，另集禮卷四大定十九年奉上孝成皇帝謚號「宣徽使」前有「與」字。

〔一二〕皇帝步詣册寶幄次　金史詳校卷三下謂「『步』上當加『執圭』」。案下有『搢圭』，知上當有『執圭』」。

〔一三〕請皇帝再拜　「請」，原作「拜」，今據集禮卷四大定三年增上睿宗尊謚改。

〔一四〕皇帝搢圭　集禮卷四大定三年增上睿宗尊謚「皇帝」前有「請」字。

〔一五〕跪捧册匣授太尉　「匣」字原脱。按，上下文皆稱「册匣」。又本卷下文皇帝「跪捧寶盝授太尉」，知授寶並不去盝，則授册亦不去匣。今據補。

〔一六〕太尉搢笏跪受訖　「太尉」二字原脱，據局本補。按，集禮卷四大定三年增上睿宗尊謚亦有「太尉」二字。

〔一七〕宣徽使奏皇帝搢圭　集禮卷四大定三年增上睿宗尊謚「皇帝」前有「請」字。

〔一八〕太子太師定國公臣完顏宗憲率百官赴衍慶宮行禮　此處爲史臣敍述體，非臣下自稱，不當有「臣」字。疑修書史臣抄集禮卷四册文語致誤。

〔一九〕奉册寶床入自殿門　「册」字原脱，據北監本、殿本、局本補。按，集禮卷四大定三年增上睿宗尊謚亦有「册」字。

〔二〇〕或十八字　本卷上文稱「或十六字」。按，集禮卷四大定三年增上睿宗尊謚亦作「或十六字」。

〔二一〕乃以明年四月一日　「四月一日」，集禮卷四大定十九年奉上孝成皇帝謚號作「四月十一日」。

〔二二〕大定二十九年四月乙丑　「四月乙丑」，本書卷八世宗紀下記此事作「三月辛卯朔」，月日與此不同。

〔二三〕大安元年二月丁卯　「二月」，本書卷一二章宗紀四記此事作「正月」。

金史卷三十三

志第十四

禮六

原廟　朝謁儀　朝拜儀　別廟

太宗天會二年〔一〕，立大聖皇帝廟于西京。熙宗天眷二年九月，又以上京慶元宮爲太祖皇帝原廟。皇統七年，有司奏「慶元宮門舊曰景暉，殿曰辰居，似非廟中之名，今宜改殿名曰世德」。是歲，東京御容殿成。世宗大定二年十二月，詔以「會寧府國家興王之地，宜就慶元宮址建正殿九間，仍其舊號，以時薦享」。

海陵天德四年，有司言：「燕京興建太廟，復立原廟。三代以前無原廟制，至漢惠帝始置廟於長安渭北，薦以時果，其後又置於豐、沛，不聞享薦之禮。今兩都告享宜止於燕京所建原廟行事。」於是，名其宮曰衍慶，殿曰聖武，門曰崇聖。

大定二年，以睿宗御容奉遷衍慶宮。

五年，會寧府太祖廟成，有司言宜以御容安置。先是，衍慶宮藏太祖御容十有二：法服一、立容一、戎衣一、佩弓矢一、坐容二、巾服一，舊在會寧府安置；半身容二、春衣容一、巾而衣紅者二，舊在中都御容殿安置，今皆在此。詔以便服容一，遣官奉安，擇日啓行。

前一日，夙興，告廟，用酒饌，差奏告官一員，以所差使充，進請御署祝板。

其日質明，有司設龍車於衍慶宮門外少西，東向。宰執率百官公服詣本宮殿下，班立，再拜。班首升殿，跪上香、奠酒，教坊樂作，少退，再拜。班首降階復位，陪位官皆再拜。奉送使副率太祝捧御容匣出，宰執以下分左右前導，出衍慶宮門外，俟御容匣升車，百官上馬後從，旗幟甲馬錦衣人等分左右導，香輿扇等前行。至都門郊外，俟御容車少駐，導從官下馬，車前立班，再拜。奉送使副側侍不拜。班首詣香輿，跪上香，俛伏，興，還班，再拜辭訖，退。使副遂行。

每程到館或廨舍內安駐。其道路儀衞，紅羅傘一，龍車一，其制以青布爲亭子狀，安車上，駕以牛。又用馳五，旗鼓共五十，捐香輿一十人，導從六十人，執扇八人，兵士百人，護衛二十人以宗室猛安謀克子孫充。所過州縣，官屬公服出郭香果奉迎，再拜，班首上香奠酒，又再拜。送至郊外，再拜乃退。

至會寧府，官屬備香輿奉迎如上儀，乘馬從至廟門外下馬，分左右導引。使副率太祝四員，捧御容入廟，於中門外東壁幄次内奉置定，再拜，訖，退，擇日奉安。至日質明，差去官與本府官及建廟官等並公服，詣幄次前排立，先再拜，跪上香，樂作，奠酒，訖，又再拜。太祝捧御容，衆官前導引，至殿下排立。御容升殿奉安，訖，再拜，班首升殿，跪上香，讀祝，奠酒，樂作，少退再拜，訖，班首降階復位，同執事官再拜，訖，退。

十五年二月，有司言東京開覺寺藏睿宗皇帝皁衣展裹真容，勑遷本京祖廟奉祀，仍易袍色。

明年四月，詔依奉安睿宗禮，奉安世祖御容於衍慶宫。前期，有司備香案、酒果、教坊樂。至日質明，親王宰執率百官公服迎引至衍慶宫，凡用甲騎百人、傘二人、扇十二人、香輿八人、綵輿十六人、從者二十四人、執事官二人、弩手控鶴各五十人、贊者二人、禮直官二人，六品以下官三十員公服乘馬前導。奉安訖，百官再拜，禮畢，退立宫門之外，迎駕朝謁。

十六年正月，有司奏：「奉勑議世祖皇帝御容當於何處安置。臣等參詳衍慶宮即漢之原廟，每遇太祖皇帝忌辰，百官朝拜。今世祖皇帝擇地修建殿位，庶可副嚴奉之意。」從之。乃勑於聖武殿東西興建世祖、太宗、睿宗殿位〔二〕。

既而復欲擇地建太宗殿于歸仁館，有司言：「山陵太祖、太宗、睿宗共一兆域，太廟世祖、太祖、太宗、睿宗亦同堂異室。今於歸仁館興建太宗殿位，似與山陵、太廟之制不同。」詔從前議，止於衍慶宮各建殿七間、閣五間、三門五間。乃定世祖殿曰廣德、閣曰燕昌，太宗殿曰丕承、閣曰光昭，睿宗殿曰天興、閣曰景福。

十九年五月六日，奏告。七日，奉安。執事禮官二人，每位香案一、祭器席一、拜褥二、盥洗一、大勺篚巾全。

前一日，太廟令率其屬掃除宮內外，又各設神座於殿上，又設親王、宰執以下百官拜位於殿庭。又設盥洗位于東階下，執罍篚者位于其後。又於神位前各設北向拜褥位，并各設香案香爐匙合香酒花果器皿物等，依前來例。又於聖武殿上設香案爐匙合香等，又於殿下各設腰輿一、舁士一十六人、繖子各二人、執扇各十二人、導從弩手各三十人。前一日，清齋，親王於本府，百官於其第。行禮官執事人等習儀，就祠所清齋。

其日質明，禮官率太廟署官等詣崇聖閣奉世祖御容，每匣用内侍二人、太祝一員，禮官、署官前導，置於聖武殿神座。禮直官引親王、宰執、百官公服於殿庭班立，七品以下班于殿門之外，贊者曰「拜」，在位官皆再拜。禮直官引班首詣盥洗，盥手訖，升殿，詣神座前跪上香，訖，少退，再拜。禮直官引班首降殿復位，贊者曰「拜」，在位官皆再拜，訖，禮官導世祖御容升腰輿〔三〕，儀衞依次序導從，至廣德殿，百官後從，至庭下班位立。禮官率太廟署官就腰輿内捧御容，於殿上正面奉安訖，百官於階下、六品已下官於殿門外，立班。贊者曰「再拜」，在位官皆再拜。禮直官引班首詣盥洗，盥手訖，升殿，執事官等從升，詣御容前，跪上香，奠酒，教坊樂作，少退再拜，訖，樂止。禮直官引班首降殿復位，贊者曰「拜」，在位官皆再拜。訖，禮官率太廟署官詣崇聖閣。

太祝内侍捧太宗御容，禮官導太宗御容置於聖武殿〔四〕，行禮畢，以次奉安於丕承殿，行禮並如上儀。

次睿宗御容奉安於天興殿〔五〕，禮亦如之。俟奉安禮畢，百官退。

二十一年閏三月，奉旨昭祖、景祖奉安燕昌閣上，肅宗、穆宗、康宗奉安閣下，明肅皇帝奉安崇聖閣下。每位設黄羅幕一、黄羅明金柱衣二、紫羅地褥一、龍牀一、踏牀二、衣全。前期奏告。四月一日奉安，五日親祀。

是年五月，遷聖安寺睿宗皇帝御容于衍慶宫，皇太子、親王、宰執奉迎安置。

朝謁儀。大定十六年四月十九日，奉安世祖御容，行朝謁之禮。皇帝前一日齋於内殿，皇太子齋於本宫，親王齋於本府，百官齋於其第。太廟令率其屬，於衍慶宫内外掃除，設親王、百官拜位於殿庭，又設皇太子拜褥於親王百官位前。宣徽院率其屬於聖武門外之東設西向御幄，靈星門東設皇太子幄次。

其日，有司列仗衛于應天門，俟奉安御容訖，有司於殿上并神御前設北向拜褥位，安置香爐香案并香酒器物等。皇太子比至車駕進發已前，公服乘馬，本宫官屬導從〔六〕，至衍慶宫門西下馬，步入幄次。親王百官於衍慶宫門外西向立班。俟車駕將至，典贊儀引皇太子出幄次，於親王、百官班前奉迎。導駕官，五品、六品、七品職官内差四十員於應天門外道南立班以俟。

皇帝服靴袍乘輦，從官繖扇侍衛如常儀。勑旨用大安輦、儀仗一千人。出應天門，閤門通喝「導駕官再拜」，訖，閤門傳勑「導駕官上馬」，分左右前導，至廟門外西偏下馬。車駕至衍慶宮門外稍西降輦。左右宣徽使前導，皇帝步入御幄，簾降。閤門先引親王、宰執、四品已上執事官，由東西偏門入，至殿庭分東西班相向立。典贊儀引皇太子入，立於褥位之西，東向。進香進酒等執事官並升階，於殿上分東西向以次立。宣徽使跪奏「請皇帝行朝謁之禮」。簾捲，皇帝出幄。宣徽使前導，至殿上褥位，北向立。典贊儀引皇太子就褥位，閤門引親王宰執四品已上職事官回班，並北向立。令中間歇空，不礙奏樂。五品以下聖武門外、八品以下宮門外陪拜。奏請，並宣徽使。皇帝再拜〔七〕，教坊樂作。皇太子已下羣官皆再拜。請皇帝詣神御前褥位，北向立，又請皇帝再拜，皇太子已下羣官皆再拜。請皇帝跪，三上香，三奠酒，俛伏，興。又請皇帝再拜，皇太子已下羣官皆再拜，訖，皇帝復位。又請皇帝再拜，皇太子已下羣官皆再拜。宣徽使奏「禮畢」。已上擬八拜，宣徽院奏過，依舊例十二拜。

典贊儀引皇太子復立於褥位之西，東向。閤門引親王宰執以下羣官，東西相向立。先引五品已下官出。宣徽使前導，皇帝還御幄，簾降。典贊儀引皇太子，閤門分引殿庭百官，以次出。宣徽使跪奏，「請皇帝還宮」。簾捲，步出廟門外，升輦還宮，如來儀。

十九年奉安禮同。

朝拜儀。初，太祖忌辰，皇帝至褥位立，再拜。稍東，西向，詣香案前，又再拜。上香訖，復位，又再拜。進食、奠茶、辭神皆再拜而退。

大定二十一年五月十二日〔八〕，睿宗忌辰，有司更定儀禮。前一日，宣徽院設御幄于天興殿門外稍西。至日質明，皇太子、親王、百官具公服于衍慶宮門外立班，奉迎。皇帝乘馬至衍慶宮門外下馬，二宣徽前導〔九〕，步入宮門稍東。皇帝乘輦，繖扇侍衞如常儀，至天興殿門外稍西。皇帝降輦，入幄次，簾降。典贊儀引皇太子、閤門引親王宰執四品已上官由偏門入，至于殿庭，左右分班立定。二宣徽使導皇帝由天興門正門入〔一〇〕，自東階升殿，詣褥位立定。皇太子已下官合班，五品以下班于殿門外。宣徽使奏「請皇帝先再拜」，「請詣侍神位立」，俟有司置香案酒卓訖，「請詣褥位」，又再拜，三上香、奠酒，復位，再拜。已上，皇太子已下皆陪拜。再奏「請詣稍東侍神位立」。典贊儀引皇太子升殿赴褥位，先兩拜，奠酒、再兩拜，降復褥位。次閤門引終獻官趙王上殿行禮。宣徽使奏「請皇帝詣褥位」，再兩拜。皇太子已下官皆再拜。禮畢，百官依前分班立。皇帝出殿門外，入幄次，簾降，更衣。次引皇太子已下官出宮門外立班〔一一〕。皇帝乘輦，至宮門稍東降輦，步出宮門外，上馬還宮，導從侍衞如來儀。皇太子已下官俟車駕行然後退。大定五年，奉旨「太祖忌辰，衍慶宮薦享止用素食，諸京凡御容所在皆同。又朔望皆行朝拜禮」。

六年，有司奏：「太祖皇帝忌辰，車駕親奠，百官陪拜。今車駕巡幸，合以宰臣爲班首，率百官詣衍慶宮行禮。」從之。

十六年，奉旨「世祖、太宗忌辰，一體奉奠」。

十八年八月，太祖忌辰，世祖、太宗同在一處致祭，有司言「歷代無一聖忌辰列聖預祭之典」。擬議間，勑遣太子，一位行禮，并就祭功臣。

二十六年，以内外祖廟不同，定擬「太廟每歲五享，山陵朔、望、忌辰及節辰祭奠並依前代典故外，衍慶宮自來車駕行幸，遇祖宗忌辰百官行禮，并諸京祖廟節辰、忌辰、朔、望拜奠，雖無典故參酌，恐合依舊，以盡崇奉之意」。從之。

別廟。大定二年，有司擬奏閔宗無嗣，合別立廟，有司以時祭享，不稱宗，以武靈爲廟號。又奏：「唐立別廟，不必專在太廟垣内。今武靈皇帝既不稱宗，又不與祫享，其廟擬於太廟東墉外隙地建立。」從之。十四年，廟成，以武靈後謚孝成，又謂之孝成廟。

十五年三月戊申，奉安武靈皇帝及悼皇后。前期一日，奏告太廟十一室及昭德皇后廟，餘如昭德過廟之儀。四月十七日，夏享太廟，同時行禮，命判宗正英王爽攝太尉，充初獻官。兵部尚書讓攝司徒，差大理卿天錫攝太常卿，充亞獻。大興少尹高居中攝光禄卿，充終獻。自是，歲常五享。

十七年十月，祫享太廟，「檢討唐禮，孝敬皇帝廟時享用廟舞、宮縣、登歌，讓皇帝廟至禘祫月一祭〔二〕，只用登歌，其禮制損益不同。今武靈皇帝廟庭與太廟地步不同，難以容設宮縣樂舞，并樂器亦是闕少，看詳恐合依唐讓皇帝祫享典故，樂用登歌，所有牲牢樽俎同太廟一室行禮。及契勘得自來祫享，遇親祠每室一犢，攝官行禮共用三犢。今添武靈皇帝別廟行禮，合無依已奏定共用三犢，或增添牛數」。奏奉勑旨，「太廟、別廟共用三犢，武靈皇帝廟樂用登歌，差官奏告，並准奏」。

大定十九年四月，升祔太廟，其舊廟遂毁。

昭德皇后廟。大定二年，有司援唐典，昭德皇后合立別廟，擬於太廟内垣東北起建，從之。三年十月七日，太廟祫享，升祔睿宗皇帝，并昭德皇后神主同時制造題寫，奉詣殿庭，謁畢祔於祖姑欽仁皇后之左，享祀畢，奉主還本廟。十二月二十一日，臘享，禮官言：「唐禮，別廟薦享皆準太廟一室之儀，伏恐今廟享畢已過質明，請別差官攝祭。」制可。後以殿制小，又於太廟之東別建一位。十二年八月，廟成，正殿三間，東西各空半間，以兩間爲室，從西一間西壁上安置祏室。廟置一便門，與太廟相通。仍以舊殿爲册寶殿，祏室奏毁。

十三年六月二十一日，奏告太廟，祭告別廟。二十三日，奉安，用前祫享過廟儀。有司言當用鹵簿，以廟相去不遠，參酌擬用清道二人，次團扇二人，次職掌八人，次衙官二十六人爲十三重，供奉官充。次腰輿，輿士一十六人，傘子二人，次團扇十四爲七重，方扇四，次排列職掌六人，燭籠十對，輦官並錦襖盤裹。仍令皇太子率百官行禮。

前一日，行事、執事官就祠所清齋一宿，仍習儀。執事者眡醴饌，太廟令帥其屬掃除廟之内外。禮直官設皇太子西向位，執事官位皇太子後，近南，西向，各依品從立。監祭殿西階下東向立。及親王百官位於廟庭，北向，西上。又設祝案於神位之右，設尊彝之位於左，各加勺、冪、坫。又設祭器，皆藉以席，左一籩實以鹿脯，右一豆實以鹿臡。又設盥洗、爵洗位于横街之南稍東。罍在洗東，加勺。篚在洗西，南肆，實以巾。執罍篚者位于其後。太廟令又設神位於室内北墉下，當户南向。設直几一、黼扆一、莞席一、繅席一、次席二、紫綾厚褥一、紫綾蒙褥一并幄帳等，諸物並如舊廟之儀。又設望燎位于西神門外之北，設燎柴于位之北，預掘瘞坎于燎所。所司陳儀衞於舊廟門之外。

奉安日未明二刻，所司進方扇燭籠於舊廟殿門外，設腰輿一、繖一於殿階之下，南向。質明，皇太子公服乘馬，本宮官屬導從，至廟門外下馬，步入廟門，至幕次。引親王、百官常服由廟門入〔一三〕，於殿庭北向西上、重行立定。次引皇太子於百官前絶席位立，贊者曰「再拜」，皆再拜。宮闈令升殿，捧昭德皇后神主置于座，贊者曰「再拜」，皆再拜。

次引内常侍北向俛伏，跪奏「請昭德皇后神主奉安于新廟，降殿升輿」，奏訖，俛伏，興。捧几内侍先捧几匱跪置於輿，又宮闈令接神主，内侍前引，跪置于輿上几後，覆以紅羅帕。内常侍已下分左右前引，皇太子步自舊廟先從行，親王次之，百官分左右後從，儀衞導從，至别廟殿下北向。内常侍於腰輿前俛伏，興，跪奏「請降輿升殿」。内侍捧几匱前，宮闈令捧接神主升殿，置于座。禮直官引皇太子以下親王百官入殿庭，北向西上、重行立，皇太子在絶席立，禮直官贊曰「再拜」，皆再拜。又贊曰「行事官各就位」。禮直官引皇太子西向位立定。禮直官少前贊曰「有司謹具，請行事」。即引皇太子就盥洗位，北向，搢笏，盥手，帨手，執笏。詣爵洗位，北向立，搢笏，洗爵，拭爵以授執事者。執笏，升，詣酒尊所，西向立，執事者以爵授皇太子，搢笏，執爵。執事者舉冪酌酒，皇太子以爵授執事者，詣神位前北向，搢笏，跪。執事者以爵授皇太子，執爵三祭酒，反爵于坫，執笏，俛伏，興，少立。

次引太祝、舉祝官詣讀祝位東北向，舉祝官跪舉祝版，太祝跪讀祝，訖，置祝于案，俛伏，興。舉祝官皆却立北向。贊者曰「再拜」，皇太子就兩拜，降階復位。舉祝、讀祝官後從，復本位。禮直官曰「再拜」，在位者皆再拜。宮闈令納神主于室，贊者曰「再拜」，皆再拜，禮畢，退。署令闔廟門，瘞祝于坎，儀物各還所司。

十一年〔一四〕，郊祀前一日朝享，與太廟同日，用登歌樂，行三獻禮，有司攝事。

二十六年，勑別建昭德皇后影廟于太廟內。有司言：「宜建殿三間，南面一屋三門，垣周以甓，外垣置靈星門一，神厨及西房各三間。然禮無廟中別建影廟之例，今皇后廟西有隙地，廣三十四步，袤五十四步，可以興建。」制可。仍於正南別創正門，門以坤儀爲名。仍留舊有便門，遇禘祫祔享由之。每歲五享并影廟行禮於正南門出入。又於廟外起齋廊房二十三間。

宣孝太子廟。大定二十五年七月，有司奏：「依唐典，故太子置廟，設官屬奉祀。擬於法物庫東建殿三間，南垣及外垣皆一屋三門，東西垣各一屋一門，門設九戟。齋房、神廚，度地之宜。」又奉旨，太子廟既安神主，宜別建影殿。有司定擬制度，於見建廟稍西中間，限以塼墉，内建影殿三間。南面一屋三門，垣周以甓，無闕角及東西門。外垣正南建三門一〔一五〕，左右翼廊二十間，神廚、齋室各二屋三間〔一六〕。是歲十月，廟成，十一日奉安神主，十四日奉遷畫像。

神主用栗，依唐制諸侯用一尺，刻謚于背。省部遣官於本廟西南隅面北設幄次，監視製造，於行禮前一日製造訖。其日晚，奉神主官奉承以箱，覆以帕，捧詣題神主幄中。次日丑前五刻，題神主官與典儀并禮官詣幄次前，題神主官詣罍洗位，盥手、帨手訖，奉神主官先以香湯奉沐，拭以羅巾。題神主官就褥位，題謚號於背云「宣孝太子神主」，墨書，用光漆模，訖，授奉神主官，承以箱，覆以梅紅羅帕，藉以素羅帕，詣座置於匱，乃下簾帷，侍衛如式。俟典儀俛伏，跪請，備腰輿傘扇詣神位。導引侍衛皆減昭德廟儀。

祭儀，有司言：「當隨祖廟四時祭享。初獻於皇孫皇族、亞獻於皇族或五品以下差。樂用登歌，今量減用二十五人，其接神用無射宫，升降徹豆則歌夾鍾。牲羊、豕各一，籩豆各八，簠簋各二，登鉶各一，其餘祭食亦量減之。」

二十六年十一月一日，奏「神主廟，牲牢樂縣官給。影廟，皇孫奉祀」。

校勘記

〔一〕太宗天會二年　據本志文例，此句上當有「原廟」二字。又，本書卷二太祖紀記此事作「三年」。

〔二〕「十六年正月」至「乃勑於聖武殿東西興建世祖太宗睿宗殿位」　本書卷七世宗紀中稱「十七年正月（中略）戊申，詔於衍慶宮聖武殿西建世祖神御殿，東建太宗、睿宗神御殿」。繫年與此異。

〔三〕禮官導世祖御容升腰輿　「禮官」，集禮卷二〇原廟上奉安記此事作「禮直官」。

〔四〕禮官導太宗御容置於聖武殿　「置」字原脱，今據集禮卷二〇原廟上奉安補。

〔五〕次睿宗御容奉安於天興殿　「天興」，原作「天慶」。按，上文「睿宗殿曰天興，閤曰景福」，下文朝拜儀睿宗忌辰，「宣徽院設御幄于天興殿門外稍西」，「至天興殿門外稍西。皇帝降輦」，皆作「天興」。今據改。

〔六〕本宮官屬導從　「宮」字原脱。按，集禮卷二一原廟下爲本志朝謁儀、朝拜儀之所本，其記此事作「本宮官屬導從」。今據補。

〔七〕奏請並宣徽使皇帝再拜　「並宣徽使」四字原作大字正文，北監本、殿本此句作「二宣徽使奏請皇帝再拜」。按，廣雅書局本、叢書集成初編本集禮卷二一原廟下「並宣徽使」四字爲小字注文，説明上文「前導」與下文之「奏請」皆爲宣徽使。今據改。

〔八〕大定二十一年五月十二日　「大定」二字原脱。按，集禮卷二一原廟下記此事之前文有「大定」二字。今據補。

〔九〕二宣徽前導　北監本、殿本、局本「宣徽」字下有「使」字，疑是。

〔一〇〕二宣徽使導皇帝由天興門正門入　「天興門」，四庫本集禮卷二一原廟下記載與此相同，廣雅書局本、叢書集成初編本作「天興殿」。

〔一一〕次引皇太子已下官出宮門外立班　「次」字原脱，今據集禮卷二一原廟下補。

〔一二〕讓皇帝廟至禘祫月一祭　按，禘祫無「月」之説，頗疑「月」爲「日」字之誤。

〔一三〕至幕次引親王百官常服由廟門入　金史詳校卷三下：「『引』上當加『禮直官』。」似是。

〔一四〕十一年　按，上文爲「十三年」，下文爲「二十六年」，疑此處敍次顛倒。

〔一五〕外垣正南建三門一　按，上文有「南面一屋三門」。秦蕙田通考卷一〇七太子廟、續文獻通考卷八六羣廟考太子廟記此事「一」字下有一「屋」字，似是。

〔一六〕神厨齋室各二屋三間　「各二屋三間」，疑當作「各一屋三間」或「二屋各三間」。

金史卷三十四

志第十五

禮七

社稷　風雨雷師　嶽鎮海瀆

貞元元年閏十二月〔一〕，有司奏建社稷壇于上京〔二〕。大定七年七月，又奏建壇于中都。

社爲制，其外四周爲垣，南向開一神門，門三間。内又四周爲垣，東西南北各開一神門，門三間，各列二十四戟。四隅連飾罘罳，無屋，於中稍南爲壇位，令三方廣闊，一級四陛。以五色土各飾其方，中央覆以黄土，其廣五丈，高五尺。其主用白石，下廣二尺，剡其上，形如鐘，埋其半。壇南，栽栗以表之。

近西爲稷壇，如社壇之制而無石主。四壝門各五間，兩塾三門，門列十二戟。壝有角樓，樓之面皆隨方色飾之。饌幔四楹，在北壝門西，北向。神厨在西壝門外，南向。廨在南圍牆内，東西向。有望祭堂三楹，在其北，雨則於是堂望拜。堂之南北各爲屋二楹，三獻及司徒致齋幕次也。堂下南北相向有齋舍二十楹。外門止一間，不施鴟尾。

祭用春秋二仲月上戊日，樂用登歌，遣官行事。太尉一，司徒一，已上奏差。亞獻太常卿一，終獻光禄卿一，省差。太常卿一，光禄卿一，郊社令一，學士院官一，請御署祝版。大樂令一，太官令二〔三〕，監祭御史二，太常博士二，廩犧令一，奉禮郎一，協律郎二，司尊罍二，奉爵酒官一，太祝七，祝史四，盥洗官二，爵洗官二，執巾篚官四，齋郎四十八，贊者一，禮直官十，已上部差。守衛十二人，各衣其方色，其服官給。舉瘞四，衣皂，軍人内差，其衣自備。

前三日質明，行事官受誓戒於尚書省、御史臺，太常寺引衆官就位，禮直官贊「揖」，對揖，訖，太尉誓曰：「某月某日上戊，祭于太社，各揚爾職。不恭其事，國有常刑。」讀訖，對拜，訖，退。凡與祭官散齋二日，致齋一日，已齋而闕者通攝行事，仍習禮於社宫。諸衛令率其屬，各以其方器服守衛社宫門。大樂工人俱清齋一宿。

前三日，陳設局設祭官公卿已下次於齋房之内。及設饌幔四於社宫西神門之外，門南，西向。

前二日，郊社令率其屬〔四〕，掃除壇之上下。大樂令設樂於壇上。郊社令爲瘞坎二於壬地，方深取足容物，南出陛。又設望瘞位於坎之北，南向。

前一日，奉禮郎帥禮直官，設祭官公卿已下褥位於西神門之内道南，執事官於道北，每等異位，俱重行，東向南上。設御史位二於壇下，一在太社東北，西向，一在太稷西北，東向，博士各在其北。設奉禮郎位於稷壇上西北，贊者一在北，東向。設協律郎位二於壇上東北隅，俱西向。設大樂令位於兩壇之間，南向。設獻官褥位於逐壇上神座前。設省牲位於西神門外。設牲榜於當門，黝牲二居前，又黝牲二少退，三牲皆用黝〔五〕。北上。設廩犧令位於牲東北，南向。設諸太祝位於牲西，各當牲後，祝史陪其後，俱東向。設太常卿省牲位於前近南，北向。又設御史位於太常卿之東，北向。太常卿帥其屬，設酒罇之位。太罇二、著罇二、犧罇二、山罍二在壇上北隅，南向。象罇二、壺罇二、山罍二在壇下北陛之西，南向。后土氏象罇二、著罇二、山罍二在太社酒罇之西，俱東南上。設太稷、后稷酒罇於壇之上下，如太社、后土之儀。設洗位二於社壇西北，南向。罍在洗東，篚在洗西，北肆。司罇罍篚冪者，各位於其後。設玉帛之篚於壇上罇坫之所。設四座，各籩十、豆十、簠二、簋二、鉶三、槃一、俎三、坫四，内籩一、豆一、簠一、簋一、俎三各設於饌幔内。

光禄卿率其屬，入實。籩之實，魚鱐、乾棗、形鹽、鹿脯、榛實、乾藤、桃、菱、芡、栗，以序爲次。豆之實，芹菹、笋菹、葵菹、菁菹、韭菹、魚醢、兔醢、豚拍、鹿臡、醓醢以序爲次。鉶實以羹，加芼滑。簠實以稻、粱，簋實以黍、稷，粱在稻前，稷在黍前。太官令入實罇罍以酒，各一罇實以玄酒。

祭日未明五刻，郊社令升設太社、太稷神座，各於壇上近南，北向。設后土氏神座於太社神座之左，后稷氏神座於太稷神座之左，俱東向。席皆以莞，加裀褥如幣之色。神位版各於座首。

前一日，諸衛之屬禁斷行人。郊社令與其屬，以罇坫罍洗篚冪入設於位，司罇罍奉禮郎及執事者升自太社壇西陛以俟。其省牲器、視滌溉，並如郊廟儀。

祭日未明十刻，太官令率宰人以鸞刀割牲，祝史以豆取毛血，各置於饌所，以盤取血置神座前，遂烹牲。未明三刻，諸祭官各服其服。郊社令、太官令入實玉幣罇罍。太官令帥進饌者實諸籩豆簠簋。未明一刻，奉禮郎、贊者先入就位。禮直官引光禄卿、御史、博士、諸太祝、祝史、司罇罍篚冪者入自西門，當太社壇北，重行南向東上立定，奉禮曰「再拜」，贊者承傳，御史以下皆再拜，訖，司罇罍篚冪者皆就位。奉盤血祝史與太祝由西陛升壇，各於罇所立，祝史以俟瘞血，太祝以俟取玉幣。大樂令帥工人入。禮直官各引祭官入，就位立定，奉禮曰「衆官再拜」，贊者曰「在位者皆再拜」，其先拜者不拜。禮直官進太尉之左曰「有司謹具，請行事」，退復位。禮直官引光禄卿就瘞血所，又引祝史奉盤血降自西陛，至瘞位，光禄卿瘞血，訖，復位。祝史以盤還饌幔，以俟奉毛血豆。奉禮曰「衆官再拜」，在位者皆再拜。諸太祝取玉幣於篚，各立於尊所。禮直官引太尉詣盥洗位。協律郎跪，俛伏，舉麾，樂作太簇宮正寧之曲。後盥洗同〔六〕。至洗位南向立，樂止。

搢笏、盥手、帨手訖，詣太社壇，樂作應鍾宮嘉寧之曲。後升壇同〔七〕。升自北陛，樂止，南向立。太祝以玉帛西向授太尉，太尉受玉帛。禮神之玉奠於神前，瘞玉加於幣，配位不用玉。玉用兩圭有邸，盛以匣。瘞玉以玉石爲之。帛用黑繒，長一丈八尺〔八〕。樂作太簇宮嘉寧之曲。太稷同〔九〕。禮直官引太尉進，南向跪奠於太社座前，俛伏，興。引太尉少退，詣褥位南向再拜。太祝以幣授太尉，太尉受幣，西向跪奠於后土神座前，俛伏，興。禮直官引太尉少退，西向再拜，訖，樂止。

禮直官引太尉降自北陛，詣太稷壇，盥洗、升奠玉幣如太社后土之儀。祝史奉毛血入，各由其陛升，毛血豆係別置一豆〔一〇〕。諸太祝迎取於壇上，俱進奠於神座前，祝史退立於罇所。太尉既升奠玉幣，太官令出帥進饌者，奉饌陳於西門外。禮直官引司徒出詣饌所，司徒奉太社之俎。諸太祝既奠毛血，禮直官太官令引太社太稷之饌入自正門，配座之饌入自左闥。

饌初入門，樂作太簇宮正寧之曲，饌至陛，樂止。祝史俱進徹毛血豆，降自西陛以出。太社太稷之饌升自北陛，配座之饌升自西陛，諸太祝迎引於壇上，各於神座前設訖，禮直官引司徒已下降自西陛，樂作，復位，樂止。諸太祝還罇所。禮直官引太尉詣罍洗位，樂作，至位，樂止。

盥手、洗爵訖，禮直官引太尉詣太社壇，升自北陛，樂作，至太社酒罇所，樂止。執罇者舉冪，執事者以爵授太尉，太尉執爵〔一二〕，太官令酌酒，訖，樂作太蔟宮皇寧之曲。太稷同〔一三〕。太尉以爵授執事者。禮直官引太尉詣太社神座前，執事者以爵授太尉，太尉南向跪奠爵，訖，以爵授執事者，俛伏，興。太尉少退，樂止。讀祝官與捧祝官進於神座前右，西向跪讀祝，讀訖，讀祝官就一拜，各還罇所。太尉拜訖，詣配位酒罇所。執事者舉冪，執事者以爵授太尉，太尉執爵，太官令酌酒，訖，樂作太簇宮昭寧之曲。太尉以爵授執事者。禮直官引太尉進后土神座前，執事者以爵授太尉，太尉西向跪奠爵，訖，以爵授執事者，俛伏，興。太尉少退，樂止。讀祝如上儀。太尉再拜，訖，禮直官引太尉降自北陛，樂作，至罍洗位，樂止。

盥手、洗爵訖，禮直官引太尉詣太稷壇，升自北陛，並如太社后土之儀。樂曲同〔一三〕。

訖，禮直官引太尉還本位。

亞、終獻，盥洗升獻並如太尉之儀。

禮直官引終獻降復位，樂止。太祝各進徹豆，樂作應鍾宮娛寧之曲，還罇所，樂止。徹者籩豆各一，少移於故處。奉禮曰「賜胙」，贊者曰「衆官再拜」，在位者皆再拜。禮直官進太尉之右，請就望瘞位，御史博士從，南向立。於衆官將拜之前，太祝執篚進於神座前取玉幣，齋郎以俎載牲體、稷黍飯、爵酒，體謂牲之左髀〔一四〕。各由其陛降壇，以玉幣饌物置於坎，訖，奉禮曰「可瘞」，坎東西各二人置土半坎，訖，禮直官進太尉之左曰「禮畢」，遂引太尉出，祭官以下以次出。禮直官引御史博士以下俱復執事位，立定。奉禮曰「再拜」，御史以下皆再拜，訖，出。工人以次出。祝版燔於齋坊。光祿卿以胙奉進，御史就位展視，光祿卿望闕再拜，乃退。

其州郡祭享，一遵唐、宋舊儀。

風雨雷師。明昌五年，禮官言：「國之大事，莫重於祭。王者奉神靈，祈福祐，皆爲民也。我國家自祖廟禘祫五享外，惟社稷、嶽鎮海瀆定爲常祀，而天地日月風雨雷師其禮尚闕，宜詔有司講定儀注以聞。」尚書省奏：「天地日月，或親祀或令有司攝事。若風雨雷師乃中祀，合令有司攝之。且又州縣之所通祀者也，合先舉行。」制可。

乃爲壇於景豐門外東南，闕之巽地，歲以立春後丑日，以祀風師。牲、幣、進熟，如中祀儀。又爲壇於端禮門外西南，闕之坤地，以立夏後申日以祀雨師，其儀如中祀，羊豕各一。是日，祭雷師於位下〔一五〕，禮同小祀，一獻，羊一，無豕。其祝稱「天子謹遣臣某」云。

嶽鎮海瀆。大定四年，禮官言：「嶽鎮海瀆，當以五郊迎氣日祭之。」詔依典禮以四立、土王日就本廟致祭，其在他界者遥祀。立春，祭東嶽于泰安州〔一六〕、東鎮于益都府〔一七〕、東海于萊州、東瀆大淮于唐州。立夏，望祭南嶽衡山、南鎮會稽山于河南府，南海、南瀆大江于萊州。季夏土王日，祭中嶽于河南府〔一八〕、中鎮霍山于平陽府。立秋，祭西嶽華山于華州、西鎮吴山于隴州，望祭西海、西瀆于河中府〔一九〕。立冬，祭北嶽恒山于定州、北鎮醫巫閭山于廣寧府，望祭北海、北瀆大濟于孟州。其封爵並仍唐、宋之舊。明昌間，從沂山道士楊道全請，封沂山爲東安王，吴山爲成德王，霍山爲應靈王，會稽山爲永興王，醫巫閭山爲廣寧王，淮爲長源王，江爲會源王〔二〇〕，河爲顯聖靈源王，濟爲清源王。

每歲遣使奉御署祝板奩薌，乘馹詣所在，率郡邑長貳官行事。禮用三獻。讀祝官一、捧祝官二、盥洗官二、爵洗官二、奉爵官一、司尊彝一、禮直官四，以州府司吏充。

前三日，應行事、執事官散齋二日，治事如故，宿於正寢，如常儀。前二日，有司設行事執事官次於廟門外。掌廟者掃除廟之内外。前一日，有司牽牲詣祠所，享官以下常服閲饌物，視牲充腯。

享日丑前五刻，執事者設祝版於神位之右，置於坫，及以血豆設於饌所。次設祭器，皆藉以席，掌饌者實之。左十籩爲三行，以右爲上，實以乾䕩、乾棗、形鹽、魚鱐、鹿脯、榛實、乾桃、菱、芡、栗。右十豆爲三行，以左爲上，實以芹菹、筍菹、韭菹、葵菹、菁菹、魚醢、兔醢、豚拍、鹿臡、醓醢。左簠二，實以粱、稻。右簋二，實以稷、黍。俎二，實以牲體。次設犧罇二、象罇二，在堂上東南隅，北向西上。犧罇在前，實以法酒。犧罇，初獻官酌。象罇，亞、終獻酌。又設太罇一、山罇一，在神位前，設而不酌。有司設燭於神位前。洗二，在東堦之下，直東霤北向，罍在洗東，加勺。篚在洗西，南肆，實以巾。執罍篚者位於其後。又設揖位於廟門外，初獻在西，東向，亞、終及祝在東，南向北上〔三〕。開瘞坎於廟内廷之壬地。

享日丑前五刻，執事官各就次。掌饌者帥其屬，實饌具畢。凡祭官各服其服，與執事官行止皆贊者引，點視陳設訖，退就次。引初獻以下詣廟南門外揖位，立定，贊禮者贊「揖」。次引祝升堂就位立。次引初獻詣盥洗位北向立，搢笏、盥手、帨手，執笏，詣爵洗位北向立，搢笏，洗爵，以爵授執事者，執笏，升堂，詣酌罇所西向立。執事者以爵授初獻。初獻搢笏執爵，執罇者舉冪，執事者酌酒。初獻以爵授執事者，執笏，詣神位前北向立，搢笏，跪，執事者以爵授初獻。初獻執爵三祭酒，奠爵訖，執笏，俛伏，興，少立。次引祝詣神位前東向立。搢笏，跪，讀祝，訖，執笏，興，退復位。初獻再拜，贊禮者引初獻復位。

次引亞獻酌獻，並如初獻之儀。次引終獻，並如亞獻之儀。

贊者引初獻官詣神位前北向立，執事者以爵酌清酒，進初獻之右，初獻跪，祭酒，啐酒，奠爵。執事者以俎進，減神座前胙肉前脚第二節，共置一俎上，以授初獻，初獻以授執事者。初獻取爵，遂飲，卒爵，執事者進受爵，復於坫。初獻興，再拜，贊者引初獻復位。贊者曰「再拜」。已飲福、受胙者不拜〔三〕。亞獻官以下皆再拜，拜訖，次引初獻已下就望瘞位，以饌物置於坎，東西廂各二人，贊者曰「可瘞」，置土半坎，又曰「禮畢」，遂引初獻官已下出。祝與執罇罍篚冪者俱復位立定，贊者曰「再拜」，再拜訖，遂出。祝板燔於齋所。

校勘記

〔一〕貞元元年閏十二月　據本志文例，此句上當有「社稷」二字。

〔二〕建社稷壇于上京　「上京」，疑當作「中都」。按，本書卷五海陵紀，貞元元年「三月辛亥，上至燕京」，「乙卯，以遷都詔中外。（中略）改燕京爲中都」。又閏十二月「癸巳，定社稷制度」，則建社稷壇當在中都。上京舊建築已被海陵毁滅，且削上京之號，絶無創建社稷壇之理。本卷下文「大定七年七月，又奏建壇于中都」，或是改建增修，待考。

〔三〕太官令二　「二」，南監本、北監本、殿本、局本並作「三」。

〔四〕郊社令率其屬　「率」，原作「牽」，據南監本、北監本、殿本、局本改。

〔五〕三牲皆用黝　「三」，北監本、殿本、局本作「二」，疑是。

〔六〕後盥洗同　秦蕙田通考卷四四社稷作小字注文。

〔七〕後升壇同　秦蕙田通考卷四四社稷作小字注文。

〔八〕「禮神之玉奠於神前」至「長一丈八尺」　秦蕙田通考卷四四社稷作小字注文。

〔九〕太稷同　秦蕙田通考卷四四社稷作小字注文。

〔一〇〕毛血豆係別置一豆　秦蕙田通考卷四四社稷作小字注文。

〔一一〕執事者以爵授太尉太尉執爵　「太尉」二字原不重。按，本卷下文「執事者以爵授太尉，太尉執爵，太官令酌酒，訖，樂作太簇宫昭寧之曲」，有「太尉」二字。今據補。下文「執事者以爵授太尉，太尉南向跪奠爵」，「執事者以爵授太尉，太尉西向跪奠爵」原亦不重「太尉」二字，同補。

〔一二〕太稷同　秦蕙田通考卷四四社稷作小字注文。

〔一三〕樂曲同　秦蕙田通考卷四四社稷作小字注文。

〔一四〕體謂牲之左髀　按，此六字原誤作正文，殿本、局本改成小字注文，今從之。

〔一五〕祭雷師於位下　「師」，原作「神」，據北監本、殿本改。按，上文分别作「風師」、「雨師」。

〔一六〕祭東嶽于泰安州　集禮卷三四嶽鎮海瀆稱「泰山爲東嶽」，金史詳校卷三下：「『嶽』下當加『泰山』。」

〔一七〕東鎮于益都府　集禮卷三四嶽鎮海瀆稱「東鎮沂山」，金史詳校卷三下：「『鎮』下當加『沂山』。」

〔一八〕祭中嶽于河南府　集禮卷三四嶽鎮海瀆稱「中嶽嵩山」，金史詳校卷三下：「『嶽』下當加『嵩山』。」

〔一九〕西瀆于河中府　集禮卷三四嶽鎮海瀆稱「西瀆大河」，金史詳校卷三下：「『瀆』下當加『大河』。」

〔二〇〕江爲會源王　宋史卷一〇二禮志五嶽瀆稱「仁宗康定元年，詔封江瀆爲廣源王」。

〔二一〕初獻在西東向亞終及祝在東南向北上　按，「南向」則不得「北上」。此處係與「初獻在西，東向」相對，當作「在東，西向」爲是。

〔二二〕贊者曰再拜已飲福受胙者不拜　「再拜」二字原脱。按，集禮卷三四嶽鎮海瀆敍此事有「再拜」二字。今據補。

金史卷三十五

志第十六

禮八

宣聖廟　武成王廟　前代帝王　諸神雜祠　祈禜　拜天

本國拜儀

宣聖廟。皇統元年二月戊午〔一〕，熙宗詣文宣王廟奠祭，北面再拜，顧儒臣曰：「爲善不可不勉。孔子雖無位，以其道可尊，使萬世高仰如此。」

大定十四年，國子監言：「歲春秋仲月上丁日，釋奠於文宣王，用本監官房錢六十貫，止造茶食等物，以大小楪排設，用留守司樂，以樂工爲禮生，率倉場等官陪位，於古禮未合也。伏覩國家承平日久，典章文物當粲然備具，以光萬世。況京師爲首善之地，四方之所觀仰，據釋奠器物、行禮次序，合行下詳定。兼兖國公親承聖教者也，鄒國公力扶聖教者也，當於宣聖像左右列之。今孟子以燕服在後堂，宣聖像側還虛一位，禮宜遷孟子像於宣聖右，與顏子相對，改塑冠冕，粧飾法服，一遵舊制。」

禮官參酌唐開元禮，定擬釋奠儀數：文宣王、兖國公、鄒國公每位籩豆各十、犧尊一、象尊一、簠簋各二、俎二、祝板各一，皆設案。七十二賢、二十一先儒，每位各籩一、豆一、爵一，兩廡各設象尊二。總用籩、豆各一百二十三，簠、簋各六，俎六，犧尊三，象尊七，爵九十四。其尊皆有坫。罍二，洗二，篚勺各二，冪六。正位并從祀藉罇、罍、俎、豆席，約用三十幅，尊席用葦，俎、豆席用莞。牲用羊、豕各三，酒二十瓶。

禮行三獻，以祭酒、司業、博士充。分奠官二，讀祝官一，太官令一，捧祝官二，罍洗官一，爵洗官一，巾篚官二，禮直官十一，學生以儒服陪位。

樂用登歌，大樂令一員，本署官充，樂工三十九人。迎神，三奏姑洗宮來寧之曲，辭曰：「上都隆化，廟堂作新。神之來格，威儀具陳。穆穆凝旒，巍然聖真。斯文伊始，羣方所視。」〔二〕初獻盥洗，姑洗宮靜寧之曲，辭曰：「偉矣素王，風猷至粹。垂二千年，斯文不墜。涓辰維良，爰修祀事。沃盥于庭，嚴禋禮備。」升階，南呂宮肅寧之曲，辭曰：「巍乎聖師，道全德隆。修明五常，垂教無窮。增崇儒宮，遹追遺風。嚴祀申虔，登降有容。」奠幣，姑洗宮和寧之曲，辭曰：「天生聖人，賢於堯、舜。仰之彌高，磨而不磷。新廟告成，宮牆數仞。遣使陳祠，斯文復振。」降階，姑洗宮安寧之曲，辭曰：「禀靈尼丘，垂芳闕里。生民以來，孰如夫子。新祠歸然，四方所視。酹觴告成，祇循典禮。」兗國公酌獻，姑洗宮輯寧之曲，辭曰：「聖師之門，顔惟居上。其殆庶幾，是宜配饗。桓圭衮衣，有嚴儀象。載之神祠，增光吾黨。」鄒國公酌獻，姑洗宮泰寧之曲，辭曰：「有周之衰，王綱既墜。是生真儒，宏才命世。言而爲經，醇乎仁義。力扶聖功，同垂萬祀。」亞、終獻，姑洗宮咸寧之曲，辭曰：「於昭聖能，與天立極。有承其流，皇仁帝德。豈伊立言，訓經王國。焕我文明，典祀千億。」送神，姑洗宮來寧之曲，辭曰：「吉蠲爲饎，孔惠孔時。正辭嘉言，神之格思。是饗是宜，神保聿歸。惟時肇祀，太平極致。」

承安二年，春丁，章宗親祀，以親王攝亞、終獻，皇族陪祀，文武羣臣助奠。上親爲贊文，舊封公者升爲國公，侯者爲國侯，郕伯以下皆封侯。

宣宗遷汴，建廟會朝門内，歲祀如儀，宣聖、顔、孟各羊一、豕一，餘同小祀，共用羊八，無豕。

其諸州釋奠並遵唐儀。

武成王廟。泰和六年，詔建昭烈武成王廟于闕庭之右，麗澤門内。其制一遵唐舊，禮三獻，官以四品官已下，儀同中祀，用二月上戊。

七年，完顏匡等言：「我朝創業功臣，禮宜配祀。」於是，以秦王宗翰同子房配武成王，而降管仲已下。又躋楚王宗雄、宗望、宗弼等侍武成王坐，韓信而下降立於廡。又黜王猛、慕容恪等二十餘人，而增金臣遼王斜也等〔三〕。其祭，武成王、宗翰、子房各羊一、豕一，餘共用羊八，無豕。

宣宗遷汴，於會朝門内闕庭之右營廟如制，春秋上戊之祭仍舊。

諸前代帝王。三年一祭，於仲春之月祭伏犧於陳州，神農於亳州，軒轅於坊州，少昊於兗州，顓頊於開州，高辛於歸德府，陶唐於平陽府，虞舜、夏禹、成湯於河中府，周文王、武王於京兆府。

泰和三年，尚書省奏：「太常寺言：『開元禮祭帝嚳、堯、舜、禹、湯、文、武、漢祖祝板請御署。開寶禮犧、軒、顓頊、帝嚳、陶唐、女媧、成湯、文、武請御署，自漢高祖以下二十七帝不署。』平章政事鎰、左丞匡、太常博士溫迪罕天興言：『方嶽之神各有所主，有國所賴，請御署固宜。至于前古帝王，寥落杳茫，列于中祀亦已厚矣，不須御署。』參知政事即康及鉉以爲三皇、五帝、禹、湯、文、武皆垂世立教之君，唐、宋致祭皆御署，而今降祝板不署，恐於禮未盡。不若止從外路祭社稷及釋奠文宣王例，不降祝板，而令學士院定撰祝文，頒各處爲常制。」勑命依期降祝板，而不請署。

長白山〔四〕。大定十二年，有司言：「長白山在興王之地，禮合尊崇，議封爵，建廟宇。」十二月，禮部、太常、學士院奏奉勑旨封興國靈應王，即其山北地建廟宇。

十五年三月，奏定封册儀物，冠九旒，服九章，玉圭，玉册，函，香、幣，册、祝。遣使副各一員，詣會寧府。行禮官散齋二日，致齋一日。所司於廟中陳設如儀。廟門外設玉册、衮冕幄次，牙杖旗鼓從物等視一品儀。禮用三獻，如祭嶽鎮。

其册文云：「皇帝若曰：自兩儀剖判，山嶽神秀各鍾于其分野。國將興者，天實作之。對越神休，必以祀事。故肇基王迹，有若岐陽。望秩山川，於稽虞典。厥惟長白，載我金德，仰止其高，實惟我舊邦之鎮。混同流光，源所從出。秩秩幽幽，有相之道。列聖蕃衍熾昌，迄于太祖，神武徵應，無敵于天下，爰作神主。肆予沖人，紹休聖緒，四海之内，名山大川靡不咸秩。矧王業所因，瞻彼旱麓，可儉其禮？服章爵號非位於公侯之上，不足以稱焉。今遣某官某，持節備物，册命兹山之神爲興國靈應王，仍勑有司歲時奉祀。於戲！廟食之享，亘萬億年。維金之禎，與山無極，豈不偉歟。」自是，每歲降香，命有司春秋二仲擇日致祭。

明昌四年十月〔五〕，備衮冕、玉册、儀物，上御大安殿，用黄麾立仗八百人，行仗五百人，復册爲開天弘聖帝。

大房山。大定二十一年，勑封山陵地大房山神爲保陵公，冕八旒、服七章、圭、册、香、幣，使副持節行禮，並如册長白山之儀。其册文云：「皇帝若曰：古之建邦設都，必有名山大川以爲形勝。我國既定鼎於燕，西顧郊圻，巍然大房，秀拔混厚，雲雨之所出，萬民之所瞻，祖宗陵寢於是焉依。仰惟嶽鎮古有秩序，皆載祀典，矧兹大房，禮可闕歟？其爵號服章俾列于侯伯之上，庶足以稱。今遣某官某，備物册命神爲保陵公。申勑有司，歲時奉祀。其封域之内，禁無得樵採弋獵。著爲令。」是後，遣使山陵行禮畢，山陵官以一獻禮致奠。

混同江。大定二十五年，有司言：「昔太祖征遼，策馬徑渡，江神助順，靈應昭著，宜修祠宇，加賜封爵。」迺封神爲興國應聖公，致祭如長白山儀，册禮如保陵公故事。

其册文云：「昔我太祖武元皇帝，受天明命，掃遼季荒茀，成師以出，至于大江，浩浩洪流，不舟而濟，雖穆滿渡江而鼉梁，光武濟河而水冰，自今觀之無足言矣。執徐之歲，四月孟夏，朕時邁舊邦，臨江永歎，仰藝祖之開基，佳江神之効靈，至止上都，議所以尊崇之典。蓋古者五嶽視三公，四瀆視諸侯，至有唐以來，遂享帝王之尊稱，非直後世彌文，而崇德報功，理亦有當然者。矧茲江源，出於長白，經營帝鄉，實相興運，非錫以上公之號，則無以昭答神休。今遣某官某，持節備物，册命神爲興國應聖公。申命有司，歲時奉祀。於戲！嚴廟貌，正封爵，禮亦至矣。惟神其衍靈長之德，用輔我國家彌億年，神亦享廟食於無窮，豈不休哉。」

嘉蔭侯。大定二十五年，勑封上京護國林神爲護國嘉蔭侯，毳冕七旒，服五章，圭同信圭，遣使詣廟，以三獻禮祭告。其祝文曰：「蔚彼長林，實壯天邑，廣袤百里，惟神主之。廟貌有嚴，侯封是享，歆時蠲潔，相厥滋榮。」是後，遇月七日，上京幕官一員行香，著爲令。

瀘溝河神。大定十九年，有司言：「瀘溝河水勢泛決嚙民田，乞官爲封册神號。」禮官以祀典所不載，難之。已而，特封安平侯，建廟。二十七年，奉旨，每歲委本縣長官春秋致祭，如令。

昭應順濟聖后。大定十七年，都水監言：「陽武上埽黄河神聖后廟，宜依唐仲春祭五龍祠故事。」二十七年春正月，尚書省言：「鄭州河陰縣聖后廟，前代河水爲患屢禱有應，嘗加封號廟額。今因禱祈，河遂安流，乞加褒贈。」上從其請，特加號曰昭應順濟聖后，廟曰靈德善利之廟。每歲委本縣長官春秋致祭，如令。

鎮安公。舊名旺國崖，太祖伐遼嘗駐蹕於此。大定八年五月，更名靜寧山，後建廟。明昌六年八月〔六〕，以冕服玉册，册山神爲鎮安公。

册文曰：「皇帝若曰：古之名山，咸在祀典。軒皇之世，神靈所奉者七千。虞氏之時，望秩每及於五載。蓋惟有益于國，是以必報其功。逮乎後王，申以徽册，至于嶽鎮之外，亦或封爵之加。故太白有神應之稱，而終南有廣惠之號。禮由義起，事與時偕，載籍所傳，于今猶監。朕修和有夏，咸秩無文，眷茲靜寧，秀峙朔野，緼澤布氣，幽贊乎坤元，導風出雲，協符乎乾造。一方之表，萬物所瞻，南直都畿，北維障徼，連延廣厚，寶藏攸興，盤固高明，諺宮斯奠。昔有遼嘗恃以富國，迄大定更爲之錫名。洪惟世宗，功昭列聖，亦越顯考，德利生民。爰即歲時，駕言臨幸，兵革不試，遠人輯寧。雨暘常調，品彙蕃廡，此上帝無疆之貺，亦英靈有相之符。比即輿情，載修故事。顧先皇帝駐蹕之地，揖累世承平之風。迓續遺休，式甄神祐。肆象德以畀號，仍班台而闡儀。宇像一新，采章具舉。今遣使某、副某，持節備物，册命神爲鎮安公，仍勑歲時奉祀。於戲！容典焜燿，精明感通，惟永億年，翊我昌運。神其受職，豈不偉歟。」

瑞聖公。即麻達葛山也，章宗生於此。世宗愛此山勢衍氣清，故命章宗名之。後更名胡土白山，建廟。明昌四年八月〔七〕，以冕服玉册，封山神爲瑞聖公。建廟，命撫州有司，春秋二仲，擇日致祭爲常。

其册文曰：「皇帝若曰：國家之興，命曆攸屬。天地元化，惟時合符。山川百神，無不受職。粹精薦瑞，明聖繼生。著丕應於殊禎，啓昌期於幽贊。裒對信猶之典，咸修望秩之文。嘉乃名山，奠茲勝地，下綿乾分，上直樞輝。盤析木之津，達中原之氣。廓除氛祲，函毓泰和。仰惟光烈昭垂，徽音如在，即高明而清暑，克靜壽以安仁。周廬安寧，厚澤浹洽。朕祗循祖武，順講時巡，感美號以興懷，佩聖謨而介福。言念誕彌之初度，抑由翊衞之效靈。然猶祀秩無章，神居不屋，非所以盡報功崇德之義，副追始樂原之心。爰飾名稱，載新祠宇。勒忱辭於貞琰，涓良日於元龜，彰服采以辨威，潔庪縣而致祭。闡揚茂實，敷繹多儀。今遣使某、副某，持節備物，册命神爲瑞聖公，仍勑有司歲時奉祀。於戲！尚其聰明，歆此誠意，孚休惟永，亦莫不寧。」

貞獻郡王廟〔八〕。明昌五年正月，陳言者謂「葉魯、谷神二賢創製女直文字，乞各封贈名爵，建立祠廟。令女直、漢人諸生隨拜孔子之後拜之」。有司謂葉魯難以致祭，若金源郡貞獻王谷神則既已配享太廟矣，亦難特立廟也。有旨，令再議之。禮官言：「前代無創製文字入孔子廟故事，如於廟後或左右置祠，令諸儒就拜，亦無害也。」尚書省謂「若如此，恐不副國家厚功臣之意」。遂詔令依蒼頡立廟于盩厔例，官爲立廟于上京納里渾莊，委本路官一員與本千户春秋致祭，所用諸物從宜給之。

祈禜。大定四年五月，不雨。命禮部尚書王競祈雨北嶽，以定州長貳官充亞、終獻。又卜日於都門北郊，望祀嶽鎮海瀆，有司行事，禮用酒脯醢。後七日不雨，祈太社、太稷。又七日祈宗廟，不雨，仍從嶽鎮海瀆如初祈。其設神座，實樽罍，如常儀。其樽罍用瓢齊，擇甘瓠去柢以爲尊。祝板惟五岳、宗廟、社稷御署，餘則否。後十日不雨，乃徙市，禁屠殺，斷繖扇，造土龍以祈。雨足則報祀，送龍水中。

十七年夏六月，京畿久雨，遵祈雨儀，命諸寺觀啓道場祈禱。

拜天。金因遼舊俗，以重五、中元、重九日行拜天之禮。重五於鞠場，中元於内殿，重九於都城外。其制，刳木爲盤，如舟狀，赤爲質，畫雲鶴文。爲架高五六尺，置盤其上，薦食物其中，聚宗族拜之。若至尊則於常武殿築臺爲拜天所。

重五日質明，陳設畢，百官班俟於毬場樂亭南。皇帝靴袍乘輦，宣徽使前導，自毬場南門入，至拜天臺，降輦至褥位。皇太子以下百官皆詣褥位。宣徽贊「拜」，皇帝再拜。上香，又再拜。排食拋盞畢，又再拜。飲福酒，跪飲畢，又再拜。百官陪拜，引皇太子以下先出，皆如前導引。

皇帝回輦至幄次，更衣，行射柳、擊毬之戲，亦遼俗也，金因尚之。凡重五日拜天禮畢，插柳毬場爲兩行，當射者以尊卑序，各以帕識其枝，去地約數寸，削其皮而白之。先以一人馳馬前導，後馳馬以無羽横鏃箭射之，既斷柳，又以手接而馳去者，爲上。斷而不能接去者，次之。或斷其青處，及中而不能斷，與不能中者，爲負。每射，必伐鼓以助其氣。

已而擊毬，各乘所常習馬，持鞠杖。杖長數尺，其端如偃月。分其衆爲兩隊，共爭擊一毬。先於毬場南立雙桓，置板，下開一孔爲門，而加網爲囊，能奪得鞠擊入網囊者爲勝。或曰：「兩端對立二門，互相排擊，各以出門爲勝。」毬狀小如拳，以輕韌木枵其中而朱之。皆所以習蹻捷也。

既畢賜宴，歲以爲常。

本國拜儀。金之拜制，先袖手微俯身，稍復却，跪左膝，左右搖肘，若舞蹈狀。凡跪，搖袖，下拂膝，上則至左右肩者，凡四。如此者四跪，復以手按右膝，單跪左膝而成禮。國言搖手而拜謂之「撒速」。

承安五年五月，上諭旨有司曰：「女直、漢人拜數可以相從者，酌中議之。」禮官奏曰：「周官九拜，一曰稽首，拜中至重，臣拜君之禮也。乞自今，凡公服則用漢拜，若便服則各用本俗之拜。」主事陳松曰：「本朝拜禮，其來久矣，乃便服之拜也。可令公服則朝拜，便服則從本朝拜。」平章政事張萬公謂拜禮各便所習，不須改也。司空完顏襄曰：「今諸人袵髮皆從本朝之制，宜從本朝拜禮，松言是也。」上乃命公裳則朝拜，諸色人便服則皆用本朝拜。

校勘記

〔一〕皇統元年二月戊午　按，皇統元年二月庚午朔，無「戊午」，「戊午」在三月。本書卷一〇五孔璠傳記此事作「三月戊午」，似是。

〔二〕羣方所視　按，「視」與上文「新」、「陳」、「真」不叶，疑是「親」字之誤。

〔三〕而增金臣遼王斜也等　「斜也」，原作「賽也」。按，本書卷七六杲傳，「杲本名斜也」，「正隆例封遼王」，卷五九宗室表同。卷七三阿离合懣傳，「子賽也」，未見封遼王之記載。今據改。

〔四〕長白山　據本志文例，此句上當有「諸神雜祠」四字。

〔五〕明昌四年十月　按，本書卷一〇章宗紀二作明昌四年十二月甲寅。

〔六〕明昌六年八月　按，本書卷一〇章宗紀二，明昌六年九月「甲申，册靜寧山神爲鎮安公」，月份與此異。

〔七〕明昌四年八月　按，本書卷一〇章宗紀二，明昌六年九月甲申，册「忽土白山神爲瑞聖公」，年月與此異。

〔八〕貞獻郡王廟　按，本書卷七三完顏希尹傳，「完顏希尹本名谷神」，「金人初無文字，（中略）太祖命希尹撰本國字，備制度」，「正隆二年，例降金源郡王。大定十五年，謚貞憲」。卷三一禮志四功臣配享稱「開府儀同三司金源郡貞憲王完顏谷神希尹」。大金故左丞相金源郡貞憲王完顏公神道碑亦作「貞憲」。與此異。

金史卷三十六

志第十七

禮九

國初即位儀。收國元年春正月壬申朔，諸路官民耆老畢會，議創新儀，奉上即皇帝位。阿离合懣、宗翰乃陳耕具九，祝以闢土養民之意。復以良馬九隊，隊九疋，別爲色，并介胄弓矢矛劍奉上。國號大金，建元收國。

天會元年九月六日，皇弟諳板孛極烈即皇帝位。己未，告祀天地。丙寅，大赦，改元。

受尊號儀。皇統元年正月二日，太師宗幹率百僚上表，請上皇帝尊號，凡三請，詔允。七日，遣上京留守奭告天地社稷，析津尹宗强告太廟。十日，帝服衮冕御元和殿，宗幹率百僚恭奉册禮。册文云云，「臣等謹奉玉册、玉寶，上尊號曰崇天體道欽明文武聖德皇帝」。是日，皇帝改服通天冠，宴二品以上官及高麗、夏國使。十二日，恭謝祖廟，還御宣和門，大赦，改元。

大定七年，恭上皇帝尊號。前三日，遣使奏告天地宗廟社稷〔一〕。前二日，諸司停奏刑罰文字。百官習儀於大安殿庭。兵部帥其屬，設黄麾仗於大安殿門之内外。宣徽院帥儀鸞司，於前一日設受册寶壇於大安殿中間，又設御榻於壇上，又設册寶幄次於大安殿門外，及設皇太子幕次於殿東廊，又設羣官次于大安門外。大樂令與協律郎前一日設宫縣于殿庭，又設登歌樂架于殿上，立舞表于殿下。符寶郎其日俟文武羣官入，奉八寶置于御座左右，候上册寶訖，復舁寶還所司。

其日質明，奉册太尉、奉寶司徒、讀册中書令、讀寶侍中以次應行事官，並集於尚書省，俟册寶興，乘馬奉迎。册寶至應天門，下馬由正門步導入，至大安殿門外，置册寶於幄次。舁册寶床弩手人等分立於左右。文武羣官並朝服入次。攝太常卿與大樂令帥工人入就位，協律郎各就舉麾位。舁册寶案官由西偏門先入，置案於殿東西間褥位，置訖，各退于西階册寶位後。捧册官、捧寶官、舁册匣官、舁寶盝官由西偏門先入，至殿西階下册寶褥位之西，東向立，俟閤門報。

通事舍人引攝侍中版奏「中嚴」，訖〔二〕，典儀、贊者各就位。閤門官引文武百僚分左右入，於殿階下塼道之東西，相向立。符寶郎奉八寶由西偏門分入，升置殿上東西間相向訖，分左右立於寶後。通事舍人引攝侍中版奏「外辦」，扇合，服袞冕以出，曲直華蓋、侍衞警蹕如常儀。殿上鳴鞭，訖，殿下亦鳴鞭。初索扇，協律郎跪，俛伏，興，舉麾。工鼓柷，奏乾寧之曲〔三〕。出自東房，即座，儀使副添香〔四〕，爐煙升，扇開，簾捲。協律郎偃麾，戞敔，樂止。

太常博士、通事舍人自册寶幄次分引册，太常卿前導，吏部侍郎押册而行，奉册太尉、讀册中書令、舉册官於册後以次從之。次太常博士、通事舍人二員分引寶，禮部侍郎押寶而行，奉寶司徒、讀寶侍中、舉寶官於寶後以次從之。由正門入，宮縣奏歸美揚功之曲〔五〕。太常卿於册床前導，至第一墀香案南，藉册寶褥位上少置。太常卿與舉册寶官退於册寶稍西，東向立。應博士、舍人立於其後，舁册寶床䈂手、繖子官等又於其後，皆東向。太尉、司徒、中書令、侍中皆於册後，面北以次立。吏部侍郎、禮部侍郎次立於其後。立定，樂止。

閤門舍人分引東西兩班羣官合班，轉北向立，中間少留班路。俟立定，太常博士、通事舍人四員分引太尉、司徒、中書令、侍中、吏部禮部侍郎以次各復本班，訖，博士、舍人退以俟。初引時，樂奏歸美揚功之曲，至位立定，樂止。典儀曰「拜」，贊者承傳，太尉以下應在位官皆舞蹈，五拜。班首出班起居訖，又贊「再拜」，如朝會常儀。

太常博士、通事舍人四員再引太尉、司徒、中書令、侍中、吏禮部侍郎復進至册寶所稍南，立定。舁册寶床弩手、繖子官並進前，舉册寶床興。太常博士、通事舍人二員分引册，太常卿前導，吏部侍郎押册而行，奉册太尉、讀册中書令、舉册官於册後以次從之。册初行，樂奏肅寧之曲〔六〕。次通事舍人、太常博士又二員分引寶，禮部侍郎押寶而行，奉寶司徒、讀寶侍中、舉寶官於寶後以次從之，詣西階下，至册寶褥位少置，册北，寶南。樂止。舁册寶床弩手、繖子官等退於後稍西，東向立。

捧册官與舁册官並進前，取册匣升。太常博士、通事舍人分引册，太常卿側身導册先升，奉册太尉、讀册中書令、舉册官、捧册官於册後以次從升。册初行，樂奏肅寧之曲。進至殿上，博士舍人分左右於前楹立以俟〔七〕，讀册中書令於欄子外前楹稍西立以俟，舉册官、捧册官立於其後。奉册太尉從升，至褥位，搢笏，少前跪置，訖，執笏，俛伏，興，樂止，退於前楹稍西立以俟〔八〕。太常博士立於後。太常卿少退東向立。舁册官立於其後，皆東向。捧册官先入，舉册官次入，讀册中書令又次入。捧册官四員皆搢笏雙跪捧。舉册官二員亦搢笏，兩邊單跪對舉。中書令執笏進，跪稱「中書令臣某讀册」。讀訖，俛伏，興。中書令俟册興，先退。通事舍人引，降自東階，復本班。訖，太常卿降復寶床前、舁册官並進，與捧册官等取册匣興，置於殿東間褥位案上，西向。捧舉册官等降自東階，還本班。舁册官亦退。太常博士引奉册太尉降自西階，東向立以俟。

次捧寶官與舁寶官俟讀册中書令讀訖出，並進前，取寶盝升。太常博士通事舍人分引寶，太常卿側身導寶，先升。奉寶司徒、讀寶侍中、舉寶官、捧寶官於寶後以次從升。寶初行，樂奏肅寧之曲〔九〕，進至殿上，博士舍人俱退不升，並於前楹稍西立俟。讀寶侍中於欄子外前楹間稍西立以俟。舉寶官、捧寶官立於其後。奉寶司徒從升，至褥位，搢笏，少前跪置，訖，執笏，俛伏，興，樂止。司徒退於前楹西，立以俟。太常卿少退，東向立。舁寶官立於其後，皆東向。捧寶官先入，舉寶官次入，讀寶侍中又次入。捧寶官四員皆搢笏雙跪捧。舉寶官二員亦搢笏兩邊單跪對舉。侍中執笏進，跪稱「侍中臣某讀寶」，讀訖，俛伏，興。侍中俟寶興先退，通事舍人引，降自西階，復本班，訖，舁寶官進前，與捧寶、舉寶官等取寶盝興，置於殿之西間褥位案上，東向。捧寶舉寶官等與太常卿俱降自西階，及吏部侍郎皆復本班。舁寶官亦退。太常博士引奉寶司徒次奉册太尉，東向立定。

博士舍人贊引太尉司徒進，詣第一墀香案南褥位立定，博士舍人稍退。典儀曰「拜」，贊者承傳，在位官皆再拜，訖，博士舍人二員引太尉詣東階升，宮縣奏純誠享上之曲〔一〇〕，至階，止。閤門使二員引太尉進至前，立定，樂止。閤門使揖贊太尉拜跪賀，殿下閤門揖百僚躬身，太尉稱「文武百僚具官臣等言」，致賀詞，云云。俛伏，興，退至階上。博士舍人分引太尉降。至東階初降，宮縣作肅寧之曲，復香案南褥位立定，樂止。博士舍人少退。典儀曰「拜」，贊者承傳，太尉、司徒及在位羣官俱再拜舞蹈，三稱萬歲，又再拜。訖，通事舍人引攝侍中升自東階，進詣前楹間，躬承旨，退臨階西向，稱「有制」。典儀曰「拜」，贊者承傳，太尉、司徒及在位羣官俱再拜，躬身，宣詞，云云。宣訖，通事舍人引侍中還位。典儀曰「拜」，贊者承傳，階上下應在位羣官俱再拜舞蹈，三稱萬歲，又再拜。訖，博士舍人分引太尉、司徒就百僚位。初引，宮縣作肅寧之曲，至位立定，樂止。閤門舍人分引應北面位羣官，各分班東西相向立定。通事舍人引攝侍中升自東階〔一一〕，當前楹間，跪奏「禮畢」，俛伏，興，引降還位。扇合，簾降。協律郎俛伏，興，舉麾，工鼓柷，奏乾寧之曲。降座，入自東房〔一二〕，還後閤，進膳，侍衛警蹕如儀。扇開，樂止。捧册官帥舁册床人，捧寶官帥舁寶床人，皆升殿取匣、盝，蓋訖，置於床前。引進司官前導，通事舍人贊引，詣東上閤門上進。通事舍人分引文武百僚等以次出，歸幕次，賜食，以俟上壽。

上册寶禮畢，有司供辦御床及與宴羣官位，並如曲宴儀。

攝太常卿與大樂令帥工人入，并協律郎各就舉麾位，俟舍人報。通事舍人引三師以下文武百僚親王宗室等分左右入，至殿階下稍南，東西相向立。通事舍人先引攝侍中版奏「中嚴」，少頃，又奏「外辦」。扇合，鳴鞭。協律郎跪，俛伏，興，工鼓柷，宮縣奏乾寧之曲。服通天冠、絳紗袍，即座，簾捲。内侍贊「扇開」，殿上下鳴鞭，戛敔，樂止。儀使副等添香〔一三〕，爐煙升。通事舍人引班首已下合班，樂奏肅寧之曲，至北向位，重行立定，中間少留班路。通事舍人引攝侍中詣東階升，至殿上少立。閤門舍人引禮部尚書出班前，北向俛伏，跪奏，稱「禮部尚書臣某言，請允羣臣上壽」，俛伏，興，躬身。通事舍人引攝侍中少退。舍人贊「禮部尚書再拜」，訖，贊「祗候」，復本班。内侍局進御床入。次良醖令於殿下横階南酌酒，訖，典儀曰「拜」，贊者承傳，在位官皆再拜，隨拜三稱「萬歲」，訖，平立。

太常博士、通事舍人分引攝上公由東階升。初升，宮縣奏肅寧之曲。殿上，舍人少退，二閤使揖上公進，至進酒褥位，樂止。宣徽使以爵授上公，上公搢笏，受爵，詣榻前跪進。受爵訖，上公執盤授宣徽使，訖，二閤使揖上公入欄子内，贊「拜」，跪。殿下，閤門揖百僚皆躬身。通事舍人揖攝侍中進詣前楹間，躬承旨，退臨階西向稱「有制」，典儀曰「拜」，贊者承傳，上公及在位羣官皆再拜，隨拜三稱「萬歲」，訖，躬身，宣曰：「得公等壽酒，與公等内外同慶。」閤門舍人贊宣諭訖，上公與百僚皆舞蹈五拜，訖，閤門舍人引百僚分班東西序北向立。

博士舍人再引上公自東階升，宫縣奏肅寧之曲，至進酒褥位，樂止。上公搢笏，宣徽使授上公盤，上公詣欄子内褥位，跪舉酒，宫縣奏景命萬年之曲，飲訖，樂止。上公進受虚爵訖，復褥位，以爵授宣徽使，訖，二閤使揖上公退，内侍局舁御床出。博士舍人並進前分引，降自東階，宫縣作肅寧之曲。閤門舍人分引東西兩班，隨上公俱復北向位，立定，樂止。典儀曰「拜」，贊者承傳，在位官皆再拜，三稱「萬歲」，訖，平立。殿上，通事舍人揖攝侍中進詣前楹間，躬承旨，退臨階西向，閤門官先揖百僚躬身，侍中稱「有制」，典儀曰「拜」，贊者承傳，在位官皆再拜，訖，躬身，宣曰「延王公等升殿」，典儀曰「拜」，贊者承傳，在位官皆再拜，訖，搢笏，舞蹈，又再拜。訖，太常博士、通事舍人引王公以下合赴宴羣官，分左右升殿，不與宴羣官分左右捲班出，宫縣奏肅寧之曲。百僚至殿上坐後立，樂止。

内侍局進御床入。依尋常宴會，再進第一爵酒，登歌奏聖德昭明之曲，飲訖，樂止。執事者行羣官酒，宫縣作肅寧之曲，文舞入，觴行一周，樂止。尚食局進食，執事者設羣官食，宮縣奏保大定功之舞，三成，止，出。又進第二爵酒，登歌奏天贊堯齡之曲，飲訖，樂止。執事者行羣官酒，宮縣作肅寧之曲，武舞入，觴行一周，樂止。尚食局進食，執事者設羣官食，宮縣奏萬國來同之舞，三成，止，出。又進第三爵酒，登歌奏慶雲之曲〔一四〕，飲訖，樂止。執事者行羣官酒，宮縣作肅寧之曲，觴行一周，樂止。尚食局進食，執事者設羣官食，宮縣奏肅寧之曲，食畢，樂止。閤門官分揖侍宴羣官起，立於席後。通事舍人引攝侍中詣榻前，俛伏，興，跪奏「侍中臣某言，禮畢」。俛伏，興。閤門舍人分引羣官俱降東西階，内侍局舁御床出，宮縣作肅寧之曲，至北向位立定，樂止。典儀曰「拜」，贊者承傳，在位官皆再拜，訖，搢笏，舞蹈，又再拜，訖，再分班東西序立。扇合，簾降，殿上下鳴鞭。協律郎俛伏，跪，舉麾，興，工鼓柷，奏乾寧之曲。降座，入自東房〔一五〕，還後閤，侍衛如來儀。内侍贊「扇開」，戛敔，樂止。通事舍人引攝侍中版奏「解嚴」，所司承旨放仗，在位羣官皆再拜以次出。

元日、聖誕上壽儀。皇帝陞御座，鳴鞭、報時畢，殿前班小起居，各復侍立位。舍人引皇太子并臣僚使客合班入，至丹墀，舞蹈五拜，平立。閤使奏諸道表目，皇太子以下皆再拜。引皇太子升殿褥位，搢笏，捧盞盤，進酒，皇帝受置於案。皇太子退復褥位，轉盤與執事者，出笏，二閤使齊揖入欄子内，拜跪致詞云：「元正啓祚，品物咸新，恭惟皇帝陛下與天同休。」若聖節則云：「萬春令節，謹上壽巵，伏願皇帝陛下萬歲萬歲萬萬歲。」祝畢，拜，興，復褥位，同殿下臣僚皆再拜。宣徽使稱「有制」，在位皆再拜，宣答曰：「履新上壽，與卿等内外同慶。」聖節則曰：「得卿壽酒，與卿等内外同慶。」詞畢，舞蹈五拜，齊立。皇太子搢笏，執盤，臣僚分班，教坊奏樂。皇帝舉酒，殿上下侍立臣僚皆再拜。皇太子受虛盞，退立褥位，轉盤盞與執事者，出笏，左下殿，樂止，合班，在位臣僚皆再拜。

分引與宴官上殿。次引宋國人從至丹墀，再拜，不出班奏「聖躬萬福」，再拜，喝「有敕賜酒食」，又再拜，各祗候，平立，引左廊立。次引高麗、夏人從，如上儀，畢，分引左右廊立。御果床入，進酒。皇帝飲，則坐宴侍立臣皆再拜。進酒官接盞還位，坐宴官再拜，復坐。行酒，傳宣，立飲，訖，再拜，坐。次從人再拜，坐。三盞，致語，揖臣使并從人立。誦口號畢，坐宴侍立官皆再拜，坐，次從人再拜，坐。食入。七盞，曲將終，揖從人立，再拜畢，引出。聞曲時，揖臣使起，再拜，下殿。果床出。至丹墀，合班謝宴，舞蹈五拜，各祗候，分引出。

大定六年正月，上御大安殿，受皇太子以下百官及外國使賀，賜宴，文武五品以上侍坐者有定員，爲常制。十七年，詔以皇族袒免以上親，雖無官爵封邑，若與宴當有班次。

禮官言：「按唐典，皇家周親視三品，大功親、小功尊屬視四品，小功親、緦麻尊屬視五品，緦麻袒免以上視六品。」上命以此制爲班次。

朝參、常朝儀。天眷二年五月，詳定常朝及朔、望儀，准前代制，以朔日、六日、十一日、十五日、二十一日、二十六日爲六參日。後又定制，以朔、望日爲朝參，餘日爲常朝。

凡朔、望朝參日，百官卯時至幕次，皇帝辰刻視朝，供御弩手、傘子直於殿門外，分兩面排立。司辰入殿報時畢，皇帝御殿坐，鳴鞭。閤門報班齊。執擎儀物內侍分降殿階兩傍，面南立。宿衞官自都點檢至左右親衞，祇應官自宣徽閤門祇候〔一六〕，先兩拜，班首少離位，奏「聖躬萬福」，兩拜。弩手、傘子先於殿門外東西向排立，俟奏「聖躬萬福」時，即就位北面山呼聲喏，起居畢，即相向對立。擎御傘直立左班內侍上。都點檢以次陞殿，副點檢在少南，東西相向立。左右衞在殿下，東西相向立。閤門乃引親王班，贊班首名以下再拜，訖，班首少離位，奏「聖躬萬福」，歸位再拜畢，先退。

次引文武百僚班首以下應合朝參官，并府運六品以上官，皆左入，至丹墀之東，西向鞠躬畢，閤門通唱，復引至丹墀。閤門贊班首名以下起居，舞蹈五拜，又再拜，畢，領省宰執陞殿奏事。殿中侍御史對立於左右衞將軍之北少前，修起居東西對立於殿欄子內副階下〔一七〕，餘退，右出。

初，帝就坐，置寶匣於殿堦上東南角。後定制，師傅起居畢，御案始東入，置定，捧案內侍東西分下，侍殿隅。直日主寶捧寶當殿叩欄奏「封全」，符寶郎及當監印郎中各一員，監當手分令史用印，訖，主寶吏封授主寶，俟奏事畢進封，訖，內侍徹案。

若常朝，則親王班退，引七品以上職事官，分左右班入丹墀，再拜。班首稍前起居畢，復位，再拜。宰執升殿，餘官分班退。

大定二年五月，命臺臣定朝參禮。五品已上官職趨朝朝服，入局治事則展皂。自來朝參，除殿前班外，若遇朔望，自七品已上職事官皆赴。其餘朝日，五品已上職事官得赴，六品已下止於本司局治事。如左右司員外郎、侍御史、記注院等官職，雖不係五品，亦赴朝參。若拜詔，則但有職事并七品已上散官，皆赴。朝參，吏員、令譯史、通事、檢法各於本局待，官員朝退，赴局簽押文字，不得於宮內署押。七品已下流外職，遇朝日亦不合入宮。如左右司都事有須合取奏事，乃聽入宮。七品已上職事官，如遇使客朝辭見日，依朔望日，皆赴。若元日、聖節、拜詔、車駕出獵送迎、詣祖廟燒飯，但有職事并七品已上散官，皆赴。凡親王宗室已命官者年十六以上，皆隨班赴起居。

大定五年，右諫議大夫移剌子敬言，「猛安謀克不得與州鎮官隨班入見，非軍民一體之意」。上是其言，責宣徽院令隨班入見。

凡班首遇朝參，有故不赴，以次押班。

凡五品以上及侍御史、尚書諸司郎中、太常丞、翰林修撰起居注、殿中侍御史、補闕、拾遺赴召，或假一月以上若除官出使之類，皆通班入見謝、辭，餘官於殿門外見〔一八〕。謝班皆舞蹈七拜，辭班四拜，門見謝、辭並再拜。

肆赦儀。大定七年正月十一日，上尊册禮畢。十四日，應天門頒赦。十一年制同。

前期，宣徽院使率其屬，陳設應天門之内外，設御座于應天門上，又設更衣御幄於大安殿門外稍東，南向。閤門使設捧制書箱案於御坐之左。少府監設鷄竿於樓下之左，竿上置大盤，盤中置金鷄，鷄口銜絳幡，幡上金書「大赦天下」四字，卷而銜之。盤四面近邊安四大鐵鐶，盤底四面近邊懸四大朱索，以備四伎人攀緣。又設捧制書木鶴仙人一，以紅繩貫之，引以轆轤，置於御前欄干上〔一九〕。又設承鶴畫臺於樓下正中〔二〇〕，臺以弩手四人對舉。大樂署設宫縣於樓下，又設鼓一於宫縣之左稍北，東向。兵部立黄麾仗於門外。刑部、御史臺、大興府以囚徒集於左仗外。御史臺、閤門司設文武百官位於樓下，東西相向。又設典儀位於門下稍東，西向。宣徽院設承受制書案於畫臺之前。又設皇太子侍立褥位於門下稍東，西向。又設皇太子致賀褥位於百官班前。又設協律郎位於樓上前楹稍東，西向。尚書省委所司設宣制書位於百官班之北稍東〔三一〕，西向。司天臺設鷄唱生於東闕樓之上〔三二〕。尚衣局備皇帝常服，如常日視朝之服。尚輦設輦於更衣御幄之前。

躬謝禮畢，皇帝乘金輅入應天門，至幄次前，侍中俛伏，跪奏「請降輅入幄」，俛伏，興。皇帝降輅入幄，簾降。少頃，侍中奏「中嚴」。又少頃，俟典贊儀引皇太子就門下侍立位，通事舍人引羣官就門下分班相向立，侍中奏「外辦」。皇帝服常朝服，尚輦進輦，侍中奏「請升輦」，繖扇侍衛如常儀，由左翔龍門踏道升應天門，至御座東，侍中奏「請降輦升座」，宮縣樂作。所司索扇，五十柄。扇合，皇帝臨軒即御座，樓下鳴鞭，簾捲扇開，執御繖者張於軒前以障日，樂止。東上閤門使捧制書置於箱，閤門舍人二員從，以俟引繩降木鶴仙人。通事舍人引文武羣官合班北向立，宮縣樂作。凡分班、合班則樂作，立定即止。典儀曰「再拜」，在位官皆再拜，訖，分班相向立。侍中詣御座前承旨，退，稍前南向，宣曰：「奉勑樹金雞。」通事舍人於門下稍前東向，宣曰：「奉勑樹金雞。」退復位。

金雞初立，大樂署擊鼓，樹訖鼓止。竿木伎人四人，緣繩爭上竿，取雞所銜絳幡，展示訖，三呼「萬歲」。通事舍人引文武羣官合班北向立。樓上乘鶴仙人捧制書，循繩而下至畫臺，閤使奉承置於案。閤門舍人四員舉案，又二員對捧制書，閤使引至班前，西向稱「有制」，典儀曰「拜」，在位官皆再拜，訖，以制書授尚書省長官，稍前搢笏，跪受，訖，以付右司官，右司官搢笏，跪受，訖，長官出笏，俛伏，興，退復位。右司官捧制書詣宣制位，都事對捧，右司官宣讀，至「咸赦除之」，所司帥獄吏引罪人詣班南，北向，躬稱「脱枷」，訖，三呼「萬歲」，以罪人過。右司官宣制訖，西向，以制書授刑部官。跪受訖，以制書加於笏上，退以付其屬，歸本班。典儀曰「拜」，在位官皆再拜，舞蹈，又再拜。

典贊儀引皇太子至班前褥位立定，典儀曰「拜」，皇太子已下羣官皆再拜。典贊儀引皇太子稍前〔三〕，俛伏，跪致詞，俛伏，興，典儀曰「再拜」，皇太子已下羣官皆再拜，搢笏，舞蹈，又再拜。侍中於御座前承旨，退臨軒宣曰「有制」。典儀曰「再拜」，皇太子已下羣官皆再拜。侍中宣答，宣訖歸侍位，典儀曰「再拜」，皇太子已下羣官皆再拜，搢笏，舞蹈，又再拜，訖，典贊儀引皇太子至門下褥位，通事舍人引羣官分班相向立。侍中詣御座前，俛伏，跪奏「禮畢」，俛伏，興，退復位。所司索扇，宮縣樂作，扇合，簾降，皇帝降座，樂止。樓下鳴鞭，皇帝乘輦還内，繖扇侍衛如常儀。侍中奏「解嚴」。通事舍人承勑，羣臣各還次，將士各還本所。

臣下拜赦詔儀。宣赦日，於應天門外設香案，及設香輿於案前，又於東側設卓子，自皇太子、宰臣以下序班定。閤門官於箱内捧赦書出門置於案。閤門官案東立，南向稱「有勅」，贊皇太子、宰臣、百僚再拜，皇太子少前上香訖，復位，皆再拜。閤門官取赦書授尚書省都事，都事跪受，及尚書省令史二人齊捧，同升於卓子讀，在位官皆跪聽，讀訖，赦書置於案，都事復位。皇太子、宰臣、百僚以下再拜，搢笏，舞蹈，執笏，俛伏，興，再拜。拱衞直以下三稱「萬歲」，訖，退。其降諸書，禮亦准此，惟不稱「萬歲」。

其外郡，尚書省差官送赦書到京府節鎮，先遣人報，長官即率僚屬吏從，備旗幟音樂綵輿香輿，詣五里外迎。見送赦書官，即於道側下馬，所差官亦下馬，取赦書置綵輿中，長官詣香輿前上香，訖，所差官上馬，在香輿後，長官以下皆上馬後從，鳴鉦鼓作樂導至公廳，從正門入，所差官下馬。執事者先設案并望闕褥位於庭中，香輿置於案之前，又設所差官褥位在案之側，又設卓子於案之東南。所差官取赦書置於案，綵輿退。所差官稱「有勅」，長官以下皆再拜。長官少前上香，訖，退復位，又再拜。所差官取赦書授都目，都目跪受，及孔目官二員，三人齊捧赦書，同高几上宣讀〔三四〕，在位官皆跪聽。讀訖，都目等復位。長官以下再拜，舞蹈，俛伏，興，再拜。公吏以下三稱「萬歲」。禮畢。明日，長官率僚屬，音樂送至郭外。

校勘記

〔一〕遣使奏告天地宗廟社稷　集禮卷二帝號下大定七年册禮，謂大定七年「正月八日，遣皇子判大興尹許王告天地，判宗正英王文告太廟」，未言奏告「社稷」。似此時未奏告社稷。

〔二〕通事舍人引攝侍中版奏中嚴訖　按，受尊號儀至此句以上，係據集禮卷二帝號下大定七年册禮編寫。自此句以下，多採自集禮卷一帝號上天德貞元册禮，遂與上文不合。本書卷四〇樂志下殿庭樂歌首爲大定七年正月上册寶樂歌，皆與集禮卷二帝號下大定七年册禮合，而與此文不同。據集禮卷二帝號下大定七年册禮，「吏部侍郎王𤲞等提點編排儀仗册寶，用天德、貞元制度。曲直華蓋，依皇統、貞元例，（中略）奏定行禮節次，與天德儀同，亦有更異」。集禮卷二帝號下大定七年册禮儀節多省略，故參用天德、貞元儀制補之，而未能改變不同處，並因省文而有脱誤。

〔三〕奏乾寧之曲　「乾寧之曲」，集禮卷二帝號下大定七年册禮作「泰寧之曲」。

〔四〕儀使副添香　「儀使」，集禮卷二帝號下大定七年册禮作「儀鸞使」。按，本書卷五六百官志二有「儀鸞使」。

〔五〕宫縣奏歸美揚功之曲　「歸美揚功」，集禮卷二帝號下大定七年册禮作「天保報上之曲」。

〔六〕樂奏肅寧之曲　「肅寧之曲」，集禮卷二帝號下大定七年册禮作「和寧之曲」。

〔七〕博士舍人分左右於前楹立以俟　集禮卷二帝號下大定七年册禮「立」字前有「稍東」二字。

〔八〕退於前楹稍西立以俟　「稍西」，集禮卷二帝號下大定七年册禮作「稍東」。

〔九〕樂奏肅寧之曲　「肅寧之曲」，集禮卷二帝號下大定七年册禮作「和寧之曲」。

〔一〇〕宮縣奏純誠享上之曲　純誠享上之曲見於集禮卷一帝號上天德貞元册禮。此處似亦混入集禮卷一帝號上天德貞元册禮之文。

〔一一〕通事舍人引攝侍中升自東階　「升」，原作「并」，據局本改。

〔一二〕入自東房　「東房」，集禮卷二帝號下大定七年册禮作「西房」。

〔一三〕儀使副等添香　按，金史詳校卷三下：「『儀』下當加『鸞』。」本書卷五六百官志二有「儀鸞使」。

〔一四〕「宮縣奏景命萬年之曲」至「登歌奏慶雲之曲」　按，景命萬年之曲、聖德昭明之曲、保大定功之舞、天贊堯齡之曲、萬國來同之舞等樂舞名見於集禮卷一帝號上天德貞元册禮，非大定七年册禮樂舞名。本書卷四〇樂志下殿庭樂歌載大定七年册禮樂舞名爲萬壽無疆之曲、王道昌明之曲、功成治定之舞、天子萬年之曲、四海會同之舞、嘉禾之曲。

〔一五〕入自東房　「東房」，集禮卷二帝號下大定七年册禮作「西房」。

〔一六〕祗應官自宣徽閤門祗候　按，集禮卷四〇朝會下朔望常朝儀爲本志朝參常朝儀之所本，其文「宣徽」下有「使」字。據文義，此處亦當有「至」字，即爲「宣徽使至閤門祗候」。

〔一七〕修起居東西對立於殿欄子內副階下　按，集禮卷四〇朝會下朔望常朝儀，「脩起居注遇視朝，起居畢，分班升殿陛，於殿欄子外副階下東西對立」。此處「居」下脱一「注」字，「内」係「外」字之誤。

〔一八〕皆通班入見謝辭餘官於殿門外見　「謝辭」，原作「辭謝」；「餘」，原作「除」。按，下文言「謝班皆舞蹈七拜，辭班四拜，門見謝、辭並再拜」，知「辭謝」是誤倒。集禮卷四〇朝會下朔望常朝儀亦作「謝辭」。今乙正。又上文言「凡五品以上及侍御史」等，「或假一月以上若除官出使之類，皆通班入見謝、辭」，知是「餘官」於殿門外見。集禮卷四〇朔望常朝儀亦作「餘」。今改正。

〔一九〕置於御前欄干上　「欄干」，南監本、北監本、殿本、局本作「欄子」。集禮卷二四赦詔御樓宣赦作「欄干」。然本書除此處外，僅卷三七一處作「欄干」（集禮仍作「欄子」），其餘均作「欄子」，似作「欄子」爲是。

〔二〇〕又設承鶴畫臺於樓下正中　「承」，原作「捧」。按，集禮卷二四赦詔御樓宣赦爲本志肆赦儀之所本，其文「捧」作「承」。今據改。

〔二一〕尚書省委所司設宣制書位於百官班之北稍東　「宣」字原脱。按，下文有「右司官捧制書詣宣制位」，集禮卷二四赦詔御樓宣赦記此事亦有「宣」字。今據補。

〔二二〕司天臺設鷄唱生於東闕樓之上　「設」字原脱。按，集禮卷二四赦詔御樓宣赦記此事有「設」字。今據補。

〔三〕典贊儀引皇太子稍前　「贊」字原脱，據廣雅書局本、叢書集成初編本集禮卷二四赦詔御樓宣赦補。

〔四〕同高几上宣讀　疑此處有誤。按，集禮卷二四赦詔外路迎拜赦詔，此句作「同陞棹子上讀」，與上文「又設卓子於案之東南」相合。

金史卷三十七

志第十八

禮十

册皇后儀。天德二年十月九日，册妃徒單氏爲皇后。前一日，儀鸞司設坐勤政殿，南向。設羣臣次於朝堂。大樂令展宮縣於殿庭，設協律郎舉麾位於樂縣西北，東向。閤門設百官班位於庭，並如常朝之儀。又設典儀位於班位之東北，贊者二人在南少却，俱西向。設册使副位於殿門外之東，又設册使副受命位於百官班前。又設册寶幄次二於殿後東廂，俱南向。

其日，諸衞勒所部，略列黄麾細仗於庭。符寶郎奉八寶置於左右。吏部侍郎奉册，禮部侍郎奉寶匣，皆置於床，訖，出就門外班。大樂令、協律郎、樂工、典儀、贊者各入就位。羣官等依時刻集朝堂，俱就次，各服朝服。侍中約刻板奏「請中嚴」，通事舍人引羣官入，就庭東西相向立，以北爲上。又引册使副立於東偏門，西向。門下侍郎引主節奉節立於殿下東廊横街北〔一〕。中書令、中書侍郎帥舉捧册官，奉册床立於節南。侍中、門下侍郎帥舉捧寶官，奉寶床立於册床之南，俱西面。

侍中版奏「外辦」。殿上索扇。協律郎舉麾，宫縣作。皇帝服通天冠、絳紗袍，出自東房，曲直華蓋、警蹕侍衞如常儀。即座，南向坐，簾捲，樂止。通事舍人引册使副入，宫縣作。使副就受命位，侍中、中書令、門下侍郎、中書侍郎、舉捧官依舊西面立，羣臣合班，横行北面，如常朝之儀，立定。典儀曰「再拜」，贊者承傳，班首已下羣官在位者皆再拜。班首問起居，又再拜。閤門官引攝侍中出班承制，降詣使副東北，西向稱「有制」。使副稍前，鞠躬再拜，攝侍中宣制曰：「命公等持節授后册寶。」宣制訖，又俱再拜，侍中還班。門下侍郎引主節詣册使所，主節以節授門下侍郎，門下侍郎執節西向授太尉，太尉受付主節，主節立於使副之左右。門下侍郎退還班位。中書侍郎引册床，門下侍郎引寶床，立於册使東北，西向，以次授與太尉，太尉皆捧受，册床置於北，寶床置於南。侍中、中書令、禮儀使、舉捧册寶官及舁床者，退於東西塼道之左右，相向立。門下侍郎、中書侍郎退還班位。典儀曰「再拜」，贊者承傳，羣官在位者皆再拜，訖，分班東西相向立〔二〕。舉捧舁册寶床者進，册床先行，讀册官次之，寶床次行，讀寶官次之。舉舁官各分左右〔三〕，通事舍人引册使隨之以行，持節者前導。太尉初行，宮縣樂作，出殿門，樂止。攝侍中出班升殿，奏「侍中臣言禮畢」〔四〕。殿上索扇，簾降，宮縣作。降座，入自東房，樂止。通事舍人引羣官在位者以次出。俟太尉、司徒復命，禮畢，還內。

先是，有司預設太尉、司徒本品革車鹵簿於門外至殿門左右排列。俟使副出，鼓吹振作。禮儀使、舉捧官、執節者并擡舁人，以册寶少駐於泰和門，太尉、司徒及讀册寶官暫歸幕次。內侍、閤門引入泰和殿，俟至殿下位，鼓吹止。

有司預供張，泰和殿設皇后座於扆前，殿上垂簾。又設東西房於座之左右稍北。又設受册位於殿庭西階之南，東向。又設內命婦次於殿之左右。大樂令設宮縣於庭，協律郎設舉麾位於殿上。又設册寶次於門外。又設行事官次於門左右。又設外命婦次於門之內。

其日，諸衞於殿門外略設黃麾細仗。有司設二步障於殿之西階。簾前設扇，左右各十。紅繖一，在西階欄干外〔五〕。又設舉册寶案位於使副之前，北向。又設宣徽使位於北廂，南向。司贊設內外命婦以下陪列位於殿庭塼道之左右，每等重行異位北向，內命婦在後。又設司贊位於東階東南，贊者二人在南少退，俱西向。

質明，執事官大樂令等各就位。皇后常服，乘龍飾肩輿，至泰和殿後閣，近仗導衞如常儀。宣徽使奏「中嚴」。册使副入門，宫縣作，俟册使庭中立，樂止。册在北，寶在南，使副立於床後。禮儀使帥持節者立於前，舉捧册寶官立於册寶床左右，讀册寶官各立於其後。

宣徽使奏「外辦」。内侍、閤門官引后出後閤，宫縣作。簾捲，皇后降自西階，左右步障繖扇從，至階下，望勤政殿御閤所在立，樂止。册使進，立於右，宣曰「有制」，閤門使、内侍贊「再拜」。册使宣曰：「制遣太尉臣某、司徒臣某，恭授后册寶。」閤門使、内侍贊「再拜」。册使少退。中書令、侍中及舉捧官率擡舁人奉册寶以次進於前，宫縣作。册寶床自東階升，並置於殿之前楹間，册床在北，寶床在南，中留讀册寶官立位，並去帕及蓋，擡舁人執之，退立於西朵殿。舉擡官分左右相向立，讀册寶官各立於床之東，西向，立既定，樂止。閤門使、内侍贊「再拜」，捧謝表官以表授左立内侍，内侍以授后，受訖，以付右立内侍，内侍持表立於右。閤門使贊「再拜」，訖，册使退，宫縣作。持表内侍以表付閤門官，隨册使行。册使副至門，鼓吹振作如來儀，入西偏門，鼓吹止。册使副至御閤所在，俛伏，跪奏：「太尉臣某、司徒臣某，奉制授册寶，禮畢。」俛伏，興，退。持表閤門官進表，近侍接入，進讀，訖，退。

初，册使退，及門樂止。閤門、内侍引后自西階升殿，宫縣作。繖扇止於簾外，退於左右朵殿前。步障止於階下，卷之。后於座前南向立，樂止。中書令詣册床南立，北向，稱「中書令臣某，謹讀册」。讀畢，降自東階，立於欄外第一墀上，西向。次侍中詣寶床南立，北向，揖稱「侍中臣某，讀寶」〔六〕。讀畢降階，立於中書令之北，西向。内侍、閤門引升座，宫縣作，坐定，樂止。舉捧官以次招擡舁人持帕蓋覆匣床，奉置殿之左右，册床在東，寶床在西。置訖，舉捧官以次降階，立於中書令、侍中之後，立定，合班北向，閤門贊「再拜」，拜訖，降東階，退出殿門。其擡舁人置册寶床於東西訖，各由朵殿下階，於侍中等班後直出殿門，以俟復入，擡舁入宫。

受册表謝訖，内侍跪奏「禮畢」。閤門引内外命婦陪列者以次進，就北向位。班首初行，宫縣作，至位樂止。閤門曰「再拜」，命婦皆再拜。閤門引班首自西階升，樂作，至階樂止，進當座前，北向躬致稱賀，訖，降自西階，樂作，至位樂止。閤門曰「再拜」，舍人承傳，命婦等皆再拜。閤門使前承令，降自西階，詣命婦前西北，東向，稱「有教旨」。命婦等皆拜〔七〕，閤門使宣曰：「祗奉聖恩，授以册寶，榮幸之至，競厲增深。所賀知。」舍人曰「再拜」，命婦皆再拜，訖，内侍引内命婦還宮。班首初行，樂作，出門，樂止。内侍引外命婦出次。宣徽使奏稱「禮畢」。降坐，宫縣作，入東房，樂止。歸閤，宫縣作，至閤，樂止。更常服。内侍承教旨，宣外命婦入會，並如常儀。會畢，閤門引外命婦降階，横班北向，舍人曰：「再拜」，訖，以次出。還宮，如來儀。中書、門下侍郎復以引進司帥擡舁人進册寶入内，付與都點檢司，退。

別日，會羣官，會妃主宗室等，賜酒，設食，簪花，教坊作樂，如内宴之儀。

十一日，朝永壽、永寧兩宮。皇后既受册，越二日，内侍設座於所御殿，南向。其日夙興，宣徽使版奏「中嚴」。質明，諸侍衛宮人俱詣寢殿奉迎，宣徽使版奏「外辦」。后首飾褘衣御車，内侍前導，降自西階以出，侍衛如常儀。至太后之裏門外，降車，障扇侍衛如常儀，入立於西廂，東向。將至，宣徽使版奏「請中嚴」，既降車，宣徽使版奏「外辦」。太后常服，宣徽使引升座，南向。宣徽使引后進，升自西階，北面再拜，進跪致謝詞。存撫賜酒食，並如家人之儀。禮畢，宣徽使贊「再拜」，訖。宣徽使引降自西階以出。出門，宣徽使奏「禮畢」，降座入宮。

奉册皇太后儀。天德二年正月，詔有司：「擇日奉册唐殷國妃〔八〕、岐國太妃，仍別建宮名。合行典禮，禮官檢詳條具以聞。」

其日質明，有司各具繖扇，侍衛如儀，及兵部約量差軍兵，并文武百官詣兩宮迎請，引導皇太后入內，並赴受册殿，入御幄，侍衛如式。次奉册太尉等俱以册置於案，奉寶司徒等俱以寶置於案，皆盛以匣，覆以帕，詣別殿門外幄次。教坊提點率教坊入。侍衛官各就列。皇帝常服乘輿，至別殿後幄次。通事舍人引宣徽使版奏「中嚴」，復位，少頃，又奏「外辦」。幄簾卷，教坊樂作，扇合，兩宮皇太后出自後幄，並即御座，南向，扇開，樂止。分左右少退。通事舍人引文武百僚班左入，依品，重行西向，立定〔九〕。通事舍人喝「起居」，班依常朝例起居，七拜，訖，引文武百僚班分東西相向立。

通事舍人、太常博士贊引，太常卿前導，押册官押册而行，奉册太尉、讀册中書令、舉册官等以次從之。次押寶官押寶而行，奉寶司徒、讀寶侍中、舉寶官等以次從之。俱自正門入，教坊樂作，至殿庭西階下少東，北向，於褥位少置，樂止。册北，寶南。通事舍人、太常博士贊引，太常卿前導，押册官押册升，樂作，奉册太尉等從之，進至兩宮皇太后座前褥位，樂止。兩宮册寶齊上〔一〇〕，齊讀。舉册官夾侍。奉册太尉各搢笏，北向跪，俛伏，興，退立。讀册中書令俱進，向册前跪奏稱「攝中書令具官臣某，謹讀册」。舉册官單跪對舉，中書令各搢笏，讀訖，執笏，俛伏，興，搢笏，捧册興，於位東迴册函北向，並進，跪置於御座前褥位。中書令舉册官俱降，還位。奉册太尉並降階，東向以俟。

押寶官押寶升，樂作，奉寶司徒等從之，進至兩宮皇太后座前褥位，樂止。舉寶官夾侍。奉寶司徒各搢笏，北向跪，俛伏，興，退立。讀寶侍中俱進，當寶前跪奏稱「攝侍中具官臣某，謹讀寶」。舉寶官單跪對舉，侍中各搢笏，讀訖，執笏，俛伏，興，搢笏，捧寶興，於位東迴寶函北向〔一二〕，並進，跪置於御座前褥位册之南。通事舍人、太常博士贊引太尉、司徒以次應行事官俱降自西階，復本班序立。

宣徽使一員詣皇帝御幄前，俛伏，跪奏「臣某謹請皇帝詣兩宮皇太后前，行稱賀之禮」，俛伏，興。贊引皇帝再拜，又奏「請北向跪」，皇帝賀曰「嗣皇帝臣某言云云」，俛伏，興，又再拜，訖，又奏「請皇帝少立」，內侍承旨退，西向稱「兩宮皇太后旨云云」，皇帝再拜。宣徽使前引，皇帝歸幄，常服乘輿還內，侍衛如來儀。

應階下文武百僚重行立定，通事舍人喝「拜」，在位皆再拜。通事舍人引太師詣西階升，俛伏，跪奏稱：「文武百僚具官臣某等稽首言，皇太后殿下顯對册儀，永安帝養。仰祈福壽，與天同休。」俛伏，興，降自西階，復位立定。通事舍人贊，在位官皆再拜，舞蹈，三稱「萬歲」，又再拜。宣徽使升自東階，取旨退，臨階西向稱「兩宮皇太后旨」，通事舍人贊，在位官皆再拜，畢，宣曰：「公等忠敬盡心，推崇協力。膺茲令典，感愧良深。」宣訖，還位。

通事舍人贊「謝宣諭，拜」。在位官皆再拜，舞蹈，三稱「萬歲」，又再拜。通事舍人分引應北向官各分班東西立。宣徽使升自東階，奏稱「具官臣等言，禮畢」，降還位。扇合，皇太后並興，教坊樂作，降座，還殿後幄次，扇開，樂止。通事舍人引宣徽使奏「解嚴」。中書侍郎等各帥捧册床官升殿，跪捧册並置於床，次門下侍郎等各帥捧寶床官升殿，跪捧寶並置於床，訖，通事舍人引詣東上閤門，投進所司。文武百僚以次出。皇太后常服乘輿，各還本宮，引導如來儀。文武百僚詣東上閤門拜表賀皇帝，退。

禮畢，各赴本宮，受内外命婦稱賀。所司預於殿内設皇太后御座，司賓引内外命婦於殿庭北向依序立。尚儀奏請，皇太后常服即座。司贊曰「再拜」，命婦皆再拜。司賓引班首詣西階升，跪賀稱：「妾某氏等言，伏惟皇太后殿下，天資聖善，昭受鴻名，凡在照臨，不勝欣抃。」興，降階復位。司贊曰「再拜」，内外命婦皆再拜。尚宮承旨，降自西階，於命婦之北東向立，司贊曰「再拜」，在位者皆再拜，尚宮乃宣答曰「膺茲典禮，感愧良深」。司贊曰「再拜」，在位者皆再拜，退。

赴别殿賀皇帝，亦如賀皇太后之儀，惟不致詞，不宣答。

册皇太子儀。大定八年正月，册皇太子，禮官擬奏，皇太子乘輿至翔龍門，東宮官導從，不乘馬。冊皇太子前三日，遣使同日奏告天地宗廟。

冊前一日，宣徽院帥儀鸞司，設御座於大安殿當中，南向。設皇太子次於門外之東，西向。又設文武百僚、應行事官、東宮官等次於門外之東、西廊。又設冊寶幄次於殿後東廂，俱南向。又設受冊位於殿庭橫階之南。工部官與監造冊寶官公服，自製造所導引冊寶床，由宣華門入，約宣徽院同進呈畢，赴幄次安置。太樂令帥其屬，展樂縣於庭。

其日，兵部帥其屬，設黃麾仗於大安殿門之內外。其日質明，文武百僚、應行事官並朝服入次。東宮官各朝服，自東宮乘馬導從，至左翔龍門外下馬，入就次。通事舍人分引百官入立班，東西相向。次引侍中、中書令、門下侍郎、中書侍郎及捧舁冊寶官，詣殿後幄次前立。少頃，奉冊寶出幄次，由大安殿東降，至庭中褥位，權置訖，奉引冊寶官立於其後。皇太子服遠游冠、朱明衣出次，執圭，三師、三少已下導從，立於門外。侍中奏「中嚴」。符寶郎奉八寶由東西偏門分入，升置御座之左右。侍中奏「外辦」。內侍承旨索扇，扇合，皇帝服通天冠、絳紗袍以出，曲直華蓋侍衞如常儀，鳴鞭，宮縣樂作。皇帝出自東序，即御座，爐煙升，扇開簾捲，樂止。典贊儀引皇太子入門，宮縣樂作，至位樂止。師、少已下從入，立於皇太子位東南，西向。典儀贊「皇太子再拜」，搢圭，舞蹈，又再拜，奏「聖躬萬福」，又再拜，引近東，西向立。師、少已下并奉引冊寶官等，各赴百官東班，樂作，至位樂止。通事舍人引百官俱横班北向。典儀贊「拜」，在位官皆再拜，搢笏，舞蹈，又再拜，起居，又再拜，畢，百官各還東西班。師、少已下并行事官各還立位。典贊儀引皇太子復受册位，樂作，至位樂止。侍中承旨，稱「有制」，皇太子已下應在位官皆再拜，躬身，侍中宣制曰「册某王爲皇太子」。又再拜。通事舍人、太常博士引中書令詣讀册位，中書侍郎引册匣置於前，捧册官西向跪捧，皇太子跪，讀畢，俛伏，興。皇太子再拜。中書令詣捧册位，奉册授皇太子，搢圭，跪受册，以授右庶子，右庶子跪受，皇太子俛伏，興，右庶子以册，興，置於床，中書令已下退復本班。

次通事舍人、太常博士引侍中詣奉寶位，門下侍郎引寶盝立於其右，侍中奉寶授皇太子，搢圭，跪受，以授左庶子，左庶子跪受，皇太子俛伏，興，左庶子以寶興，置於床，侍中已下退復本班。典儀贊「再拜」，畢，引皇太子退，初行，樂作，左右庶子帥其屬，舁册寶床匣以出，出門，樂止。侍中奏「禮畢」，内侍承旨索扇，扇合，簾降，鳴鞭，樂作，皇帝降座，入自西序還後閤，侍衞如來儀，扇開，樂止。侍中奏「解嚴」。所司承旨，放仗衞以次出。皇太子入次，改服公服，還東宫，導從如來儀。

册後二日，兵部設黄麾仗於仁政殿門之内外，陳設並如大安殿之儀。百官服朝服。皇太子公服至次，改服遠游冠、朱明衣。通事舍人引百官入至階下立班，東西相向。典贊儀引皇太子執圭出次〔一二〕，立於門外。侍中奏「中嚴」，少頃，又奏「外辦」。皇帝出自東序，即座，簾捲。通事舍人引百官俱横班北向，典儀贊「拜」，在位官皆再拜，搢笏，舞蹈，又再拜，起居，又再拜，訖，分班。皇太子捧表入，至拜表位立，俟閤門使將至，單跪捧表，閤門使接表，皇太子俛伏，興，典儀贊「再拜」，搢圭，舞蹈，又再拜。俟讀表畢，侍中承旨退稱「有制」，典儀贊「再拜」，興，躬身，侍中宣訖，典儀贊「再拜」，搢圭，舞蹈，又再拜。引皇太子退。侍中奏「禮畢」。扇合，鳴鞭，入西序，還後閤，侍衞如來儀。侍中奏「解嚴」。放仗，百官以次出。後二日，百官奉表稱賀，如常儀。

正旦生日皇太子受賀儀。大定二年，世宗命有司議親王百官及妃主命婦見皇太子禮。有司按唐、宋舊儀，擬親王宗室賀皇太子，依册畢受賀禮。然唐禮元正復有降階見伯叔、答羣官再拜之文，又無妃主命婦見太子之禮。稽諸令文，應致恭之官相見，或貴賤殊隔，或長幼親戚，任從私禮。自今若在東宫候皇太子，便服，則當從私禮接見。若三師以下，遇皇太子誕日，在御前，則候皇太子先進酒畢，百官望皇太子再拜〔一三〕，班首跪進酒，又再拜。若賜酒，即當殿跪飲畢，又再拜。以爲定制，命班行之。

十二月晦，皇太子奏狀曰：「按禮文，親王并一品宗室皆北面拜伏，臣但答揖而已。

雖曰尊宗子，而在長幼惇敘之間誠所未安。當時遽蒙頒降，未獲謙讓。明日元正，有司將舉此禮，伏望聖慈許臣答拜，庶敦親親友愛之義。」上從其請，命尚書省頒下所司。

若皇太子生日，則公服，左上露臺欄子外，先再拜，二閤使齊揖入欄子內，拜跪，祝畢，就拜，興，復位，再拜，又再拜，接臺進酒，退跪，候飲畢，接盞，復位，轉臺與執事者，再拜。宣徽使以酒進，皇帝親賜酒，接盞稍退跪飲，畢，宣徽使接盞，復位再拜，復揖入欄子內，跪搢笏，受賜物畢，出笏，興，復位，再拜，退更衣，入殿稍東，西向立。皇妃等進勸生日酒，皇太子跪，皇妃等亦跪，飲畢，各再拜。

羣官致賀，則其日質明，皆公服集於門外，少詹事奏「請內嚴」，又奏「外備」。典儀引升座。文武宮臣入就庭下重行北向立，典儀曰「再拜」，在位官皆再拜，班首少前跪奏「元正首祚」，生日則云「慶誕令辰」，「伏惟皇太子殿下福壽千秋」。賀畢復位，典儀曰「再拜」，宮臣皆再拜，坐受，分東西序立。次引東宮三師於殿上，三少於殿柱外，北向東上立。皇太子詣南向褥位，典儀曰「再拜」，師、少皆再拜，班首同前稱賀，復位。執事者酌酒一巵，班首奉進，樂作，飲訖，樂止。回勸師、少畢，各復位。典儀贊師、少再拜，皇太子答拜。師、少出，皇太子就坐。次引親王入欄子內，一品宗室於欄子外，餘宗室序班庭下，拜致賀、進酒如上儀。皇太子答拜畢，就坐。復引隨朝三師三公宰執於殿上，三品以上職事官於露階上，四品以下於庭下，北向，每等重行以東爲上，立。皇太子詣褥位。典儀曰「再拜」，上下皆再拜，畢，班首少前致賀，復位，執事者酌酒一巵，班首奉進，樂作，飲畢，樂止。如有進獻如常儀。回勸三師、三公，餘殿上羣官則令執事者以盤行酒，飲畢，典儀曰「再拜」，上下皆再拜，乃答拜，引羣官以次出。少詹事跪奏「禮畢」。自是歲賀爲定制。

皇太子與百官相見儀。三師、三公欄子内北向躬揖，班首稍前問候，皇太子離位稍前，正南立，答揖。宰執及一品職事官扣欄子北向躬揖，答揖同前。二品職事官欄子外稍南躬揖，皇太子起揖。三品職事官露階稍南躬揖，皇太子坐揖。四品以下職事官庭下躬揖，跪問候，皇太子坐受。太子太師、太傅、太保與隨朝三師同。東宮三少與隨朝二品同。詹事已下，並在庭下面北，每品重行以東爲上，再拜，班首稍前問候(一四)，又再拜，皇太子坐受。大定二年所定也。

七年，定制，皇太子赴朝，許與親王、宰執相見，餘官宗室並迴避。後亦許與樞密使副、御史大夫、判宗正、東宮三師相見。

九年，定制，凡皇太子出，於都門三里外設褥位，三公、宰執以下公服重行立，皇太子便服，三公、宰執以下鞠躬，班首致辭云「青宮萬福」，再拜，皇太子答拜，退。迎、送皆同。

校勘記

〔一〕門下侍郎引主節奉節立於殿下東廊横街北　按，集禮卷五皇太后皇后天德二年册徒單氏爲本志册皇后儀之所本，其文「横街」作「横階」。

〔二〕分班東西相向立　「立」，原作「位」，據南監本、北監本、殿本、局本改。按，廣雅書局本、叢書集成初編本集禮亦作「立」。

〔三〕舉舁官各分左右　「舉舁官」，集禮卷五皇太后皇后天德二年册徒單氏記此事作「舉捧官」，似是。

〔四〕奏侍中臣言禮畢　疑此處「臣」下脱「某」字。按，本書卷三〇禮志三朝享儀，「侍中於輅前奏稱『侍中臣某言』」。卷三六禮志九受尊號儀，「侍中執笏進，跪稱『侍中臣某讀寶』」。又稱「通事舍人引攝侍中詣榻前，俛伏，興，跪奏『侍中臣某言，禮畢』」。「臣」下均有「某」字。

〔五〕在西階欄干外　「欄干」，南監本、北監本、殿本、局本作「欄子」。四庫本集禮作「欄干」，廣雅書局本、叢書集成初編本集禮作「欄子」。本書除卷三六一處及此處作「欄干」外，其餘均作「欄子」。參見本書卷三六校勘記〔一九〕。

〔六〕北向揖稱侍中臣某讀寶　局本「讀寶」上有一「謹」字，證之上文「謹讀册」，有「謹」字爲是。

〔七〕命婦等皆拜　廣雅書局本、叢書集成初編本集禮「拜」字上有「再」字。

〔八〕擇日奉册唐殷國妃　本書卷七六宗幹傳稱「天眷二年，進太師，封梁宋國王」。卷四熙宗紀亦謂宗幹於天眷二年七月辛丑「進封梁宋國王」。本書卷五海陵紀稱，天德二年正月「尊嫡母徒單氏及母大氏皆爲皇太后。名徒單氏宮曰永壽，大氏宮曰永寧」，是知此處所稱「唐殷國妃」爲宗幹夫人徒單氏。集禮卷九親王稱「皇統五年十二月二十九日，奏定大國從上添唐、殷、商、周爲二十四，餘仍舊」。大國之號雖有「唐殷」，但不見追封宗幹爲「唐殷國王」之記載。

〔九〕重行西向立定　上文稱「兩宮皇太后（中略）南向」，則文武百僚自應「北向」。此處言「西向」似有誤。

〔一〇〕兩宮册寶齊上　「寶」，原作「實」，據南監本、北監本、殿本、局本改。按，集禮卷五皇太后皇后天德二年尊奉永壽永寧宮爲本志奉册皇太后儀之所本，其文作「册寶」。

〔一一〕於位東迴寶函北向　「函」，原作「西」，據集禮卷五皇太后皇后天德二年尊奉永壽永寧宮改。

〔一二〕典贊儀引皇太子執圭出次　「贊」字原脱。按，集禮卷八皇太子大定八年册命儀爲本志册皇太子儀之所本，其文有「贊」字。今據補。

〔一三〕百官望皇太子再拜　按，集禮卷八皇太子雜録爲此儀文所本，其大定二年十一月七日擬到元正誕日皇太子受百官慶賀禮作「百官望皇帝再拜」。

〔一四〕班首稍前問候　「班首」二字原脱。按，上文有「班首稍前問候」。又集禮卷八皇太子雜録記此事亦有「班首」二字。今據補。

金史卷三十八

志第十九

禮十一

外國使入見儀　曲宴儀　朝辭儀　新定夏使儀

外國使入見儀。皇帝即御座，鳴鞭、報時畢，殿前班小起居畢，至侍立位。引臣僚左右入，至丹墀〔一〕，小起居畢，宰執上殿〔二〕，其餘臣僚分班出。閤門使奏使者入見牓子。先引宋使副，出笏，捧書左入，至丹墀北向立。閤使左下接書，捧書者單跪授書，拜，起立。閤使左上露階，右入欄內，奏「封全」，轉讀畢，引使副左上露階，齊揖入欄內，揖使副鞠躬，使少前拜跪，附奏畢，拜起，復位立。待宣問宋皇帝時並鞠躬，受勑旨，再揖鞠躬〔三〕，使少前拜跪，奏畢，起復位〔四〕，齊退，却引使副左下，至丹墀北嚮立。禮物右入左出，盡，揖使副傍折通班，再引至丹墀，舞蹈，五拜，不出班奏「聖躬萬福」，再拜。揖使副鞠躬，使出班謝面天顏，復位，舞蹈，五拜。再揖副使鞠躬〔五〕，使出班謝遠差接伴、兼賜湯藥諸物等，復位，舞蹈，五拜。各祗候，引右出，賜衣。次引宋人從入，通名已下再拜不出班，又再拜，各祗候，亦引右出。

次引高麗使左入，至丹墀北嚮略立，引使左上露階，立定。揖橫使鞠躬，正使少前拜跪，附奏畢，拜起，復位立。閤使宣問高麗王時並鞠躬，受勑旨畢，再揖橫使鞠躬，正使少前拜跪，奏畢，拜起，復位，齊退，却引左下，至丹墀，面殿立定。禮物右入左出，盡，揖使傍折通班，畢，引至丹墀，通一十七拜，各祗候，平立，引左階立。

次引夏使見如上儀，引右階立。

次再引宋使副左入，至丹墀，謝恩，舞蹈，五拜，各祗候，平立。次引高麗、夏使並至丹墀。三使並鞠躬，有勑賜酒食，舞蹈，五拜，各祗候，引右出。次引宰執下殿，禮畢。

曲宴儀。皇帝即御座，鳴鞭、報時畢，殿前班小起居，到侍立位。引臣僚并使客左入，傍折通班，至丹墀舞蹈，五拜，不出班奏「聖躬萬福」，又再拜。出班謝宴，舞蹈，五拜，各上殿祗候。分引預宴官上殿，其餘臣僚右出。次引宋使從人入，至丹墀再拜，不出班奏「聖躬萬福」，又再拜。有勑賜酒食，又再拜，引左廊立。次引高麗、夏從人入，分引左右廊立。果床入，進酒。皇帝舉酒時，上下侍立官並再拜，接盞，畢，候進酒官到位，當坐者再拜，坐，即行臣使酒。傳宣，立飲畢，再拜，坐。次從人再拜，坐。至四盞，餅茶入，致語。聞鼓笛時，揖臣使并人從立，口號絶，坐宴并侍立官並再拜，坐，次從人再拜，坐。食入，五盞，歇宴。教坊謝恩畢，揖臣使起，果床出。皇帝起入閣，臣使下殿歸幕次。賜花，人從隨出戴花畢，先引人從入，左右廊立，次引臣使入，左右上殿位立。皇帝出閣坐，果床入，坐立並再拜，坐，次從人再拜，坐。九盞，將曲終，揖從人至位再拜，引出。聞曲時，揖臣使起，再拜，下殿。果床出。至丹墀謝宴，舞蹈，五拜。分引出。

朝辭儀。皇帝即御座，鳴鞭、報時畢，殿前班小起居，至侍立位。引臣僚合班入，至丹墀，小起居，引宰執上殿，其餘臣僚分班出。閤使奏辭牓子。先引夏使左入，傍折通班畢，至丹墀再拜，不出班奏「聖躬萬福」，又再拜。揖使副鞠躬，使出班，戀闕致詞，復位，又再拜，喝「各好去」，引右出。次引高麗使，如上儀，亦引右出。次引宋使副左入，傍折通班畢，至丹墀，依上通六拜，各祗候，平立。閤使賜衣馬，鞠躬，聞勑，再拜。賜衣馬畢，平身，搢笏，單跪，受別録，物過盡，出笏，拜起，謝恩，舞蹈，五拜。有勑賜酒食，舞蹈，五拜。引使副左上露階，齊揖入欄内，揖鞠躬，大使少前拜跪受書，起復位。揖使副齊鞠躬，受傳達畢，齊退，引左下至丹墀，鞠躬，喝「各好去」，引右出。次引宰執下殿，禮畢。

熙宗時，夏使入見，改爲大起居。定制以宋使列於三品班，高麗、夏列於五品班。皇統二年六月，定臣使辭見，臣僚服色拜數止從常朝起居，三國使班品如舊。俟殿前班及臣僚小起居畢，宰執升殿，餘臣分班畢，乃令行入見及朝辭之禮。凡入見則宋使先，禮畢夏使入，禮畢而高麗使入。其朝辭則夏使先，禮畢而高麗使入，禮畢而宋使入。夏、高麗朝辭之賜，則遣使就賜於會同館。惟宋使之賜則庭授。

舊高麗使至闕皆有私進禮，大定五年，上以宋、夏使皆無此禮，而小國獨有之，不可，遂命罷之。

六年，詔外國使初見、朝辭則於左掖門出入，朝賀、賜宴則由應天門東偏門出入。

大定二十九年三月，章宗以在諒闇，免宋使朝辭，太常寺言：「若不面授書及傳達語言，恐後別有違失。」遂令宋使先辭靈幄，然後詣仁政殿朝辭，授書。時右丞相襄言：「伏見熙宗聖誕七月七日，以景宣忌辰避之〔六〕，更爲翌日，復用正月十七日受外國賀。今聖誕節若依期，令外方人使過界，恐爲雨潦所滯，設能到闕，或值陰雨亦難行禮，乞以正月十一日或三月十五日爲聖節，定宋人過界之期。」平章政事張汝霖、參知政事劉瑋等言：「帝王當示信，以雨潦路阻輒改之，或恐失信。且宋帝生日亦五月也，是時都在會寧，上國遣使賜生日，萬里渡越江、河，尚不避霖潦，如期而至。今久與宋好，不可以小阻示以不實。彼若過界，多作程頓亦不至留滯，縱使雨水愆期而入見，猶勝更用他日也。」御史大夫唐括貢、中丞李晏〔七〕、刑部尚書兼右諫議大夫完顏守貞等亦皆言不可〔八〕，上初從之，既而竟用襄議，令有司移報，使明知聖誕之實，特改其日以示優待行人之意。

承安三年正月，上諭旨有司曰：「比聞宋國花宴，殿上不設餚饌，至其歇時乃備於廊下。今花宴上賜食甚爲拘束，若依彼例可乎？且向者人使見辭，殿上亦嘗有酒禮，今已移在館宴矣。」有司奏曰：「曲宴之禮舊矣。彼方，酒一行、食一上必相須成禮。而國朝之例，酒既罷而食始進。至於花宴日，宋使至客省幕次有酒禮，而我使至其幕則有食而無酒，各因其舊，不必相同。古者宴禮設食以示慈惠，今遽更之，恐遠人有疑，失朝廷寵待臣子之意。」乃命止如舊。

正大元年十月，夏國遣使修好。二年九月，夏國和議定，以兄事金，各用本國年號，定擬使者見辭儀注云。蓋夏人自天會議和，臣屬於金八十餘年，無兵革事。及貞祐之初，小有侵掠，以至搆難十年，兩國俱敝，至是，始以兄弟之國成和。十月，遣禮部尚書奧敦良弼、大理卿裴滿欽甫、侍御史烏古孫弘毅爲報成使。三年十月，夏人告哀，遣中大夫完顏履信爲弔祭使〔九〕。夏人以兵事方殷，各停使聘。四年，遣王立之來聘，未復命而夏亡。

新定夏使儀注。夏國使、副及參議各一，謂之使。都管三。上節、中節各五，下節二十四，謂之三節人從。報至行省，差接伴使與書表人迓於境。入界，則先具驛程腰宿之次。始至京兆行省，翌日賜宴，至河南行省亦然，謂之來宴。將至京，遣内侍一人以油絹複韜三銀盒，貯湯藥二十六品，逆於近境尉氏縣賜之。至恩華館舊名燕賓館，承安三年更名。更衣，由宣照門入，預差館伴使、副使二員，書表四人，牽攏官三十人以俟。來使三節人從至會同館，謂之聚廳，先以館伴使名銜付之，而使者亦以其銜呈，然後使、副、都管、上中節人從以次見館伴使。接伴使初相見之儀亦然。次以館伴所書表見人使，館伴所牽攏官與下節人互相參見〔一〇〕，畢，乃請館伴、接伴人，使、副，各公服齊出幕次，對行上廳欄子外，館伴在北，對立。先接伴揖，次來使副與館伴互展狀，揖，各傳示，再揖。各就位，請收笏坐，先湯，次酒三盞，置果殽。茶罷，執笏，近前齊起，欄子外館伴在南，對立。先館伴揖，次展接伴辭狀，相別揖，各傳示，再揖，通揖分位。

是日，皇帝遣使撫問。天使至館，轉銜如館伴初見之儀。館伴與天使、來使副各公服，齊行至位，對立。請來使副升拜褥望闕立，次請天使升拜褥稍前立。來使副鞠躬，天使言「有勑」，乃再拜鞠躬。天使口宣辭畢，復位。來使再拜，舞蹈，三拜，復位立。來使與天使各展狀，相見揖，次館伴揖。來使令人傳示，請館伴、天使與來使對行上廳，各赴椅子立，通揖。謹收笏坐，湯酒殺茶並如前，畢，執笏，近前，齊請起，至拜褥，依前對立。請來使副升褥位，進表謝撫問，再拜，副使平立，使跪奉表，天使近前搢笏受之，出笏復位，來使就拜，退，復對立。來使令人傳示館伴，依例書送天使土物，畢，展天使辭狀，相別揖，次館伴揖，各請分位。是後，每旦暮傳示，并牽攏官聲喏如儀。

到館之明日，遣使賜酒果，天使初至轉銜後，望拜傳宣皆如撫問之儀。使副單跪，以酒果過其側，拜、舞蹈如儀。上廳湯酒茶畢，詣拜褥位，跪進謝賜酒果表，贈天使土物皆如撫問使禮，押酒果軍亦有土物之贈。乃命閤門副使至館習儀，初轉銜前後皆如館伴相見之儀。湯茶罷，館伴閤副傳示使副，來日入見，例當習儀。來使副回傳示，習儀畢。第二盞後，當面勸習儀承受人酒一盞，先揖，飲酒，再拜退。三盞果茶罷，執笏近前齊起，欄子外南爲上，對立。以來日入見，故但揖而不展辭狀，分位。乃以入見牓子付閤門持去，以付禮進司。來使副以書送土物於引進使，及交進物軍員人等，閤門副及習儀承受人各贈土物。

第三日，入見。其日質明，都管、三節人從皆裹帶，館伴與來使副各公服，齊請赴馬臺，館伴牽攏官喝「排馬」，來使牽攏官喝「牽馬」，各上馬張蓋。都管馬上奉書在使前，至中門外，以外爲上，對立。先來使牽攏官兩聲喏，次館伴牽攏官亦然，齊揖，各傳示，再揖，請行。至左掖門外五百步，館伴與使副乃左右易位而行。揖畢，去門百步去傘下馬，出笏，對行。凡後入稱賀、曲宴皆同是儀。來使人從持物者不得入門，牽攏官權收之。客省令二人傳示，館伴與來使各令人回傳示。至客省幕前，館伴所書表在上立，齊揖，乃入幕。先館伴所書表傳示，次來使書表傳示，依前欄子外立，先揖，當面勸酒一盞，再揖，退。引館伴來使入客省幕，內爲上，對立揖畢，請分位立。先館伴揖，次展客省起居狀，揖，各傳示，再揖，通揖。請赴位立，再揖，請收笏坐。先湯，次酒三盞，各有果殽。第二盞酒畢，客省乃傳示來使，請都管、上中節勸酒。回傳示畢，引都管、上中節於幕次前堦下排立，先揖，飲酒，再揖，引退。第三盞酒畢，茶罷，執笏，近前齊起，幕次前立，通揖畢，各歸本幕次。

俟殿上小起居畢，宰執升殿，餘臣分班退，閤使奏來使見牓子。乃先請館伴入班。俟閤門招引，乃請客省與來使副對立於幕前，外爲上。使者奉書，揖畢對行，至三門外，與引揖閤副揖。使奉書，副出笏後隨，左上露臺殿簷柱外，奉書單跪，舊儀於丹墀內奉書。閤使接書，使副就拜，立。閤使右入欄子內，奏「封全」，轉讀畢，故事皆不讀。引使副入殿欄子內，揖使副鞠躬再拜，引少前跪奏：「弟大夏皇帝致問兄大金皇帝，聖躬萬福。」再拜，興，復位。皇帝乃宣問夏皇帝，使副鞠躬受旨，畢，引使少前跪奏：「弟大夏皇帝聖躬萬福。」拜，復位，立。齊退，左下階，至丹墀北向立。以禮物右入左出，盡，揖使副傍折通班。再引至丹墀，舞蹈，五拜，不出班代奏「聖躬萬福」，畢，再拜。引使副前，雙跪，皇帝遣人勞問〔一二〕，復位，謝恩，舞蹈，五拜。再揖使副出班，謝面天顏，復位，舞蹈，五拜。再揖閤副鞠躬〔一三〕，引使出班，謝遠差接伴兼賜湯藥諸物，復位，舞蹈，五拜。喝「各祗候」，引右出，至三門階下，與閤副揖別，與客省同行至幕次前對揖，各歸幕次。

引都管、上中節左入，丹墀立，下節於門外階下立，齊鞠躬通名，先再拜，不出班奏「聖躬萬福」，再拜。下節鞠躬聲喏，初一拜呼「萬歲」，次一拜呼「萬歲」，臨起呼「萬萬歲」，喝「各祗候」，平立，引右出。乃賜使者衣，拜舞皆如賜酒果之儀，畢，使者與天使對立。次請都管、三節人從望闕立，天使稍前立，都管人從鞠躬，天使傳勑，拜謝如使儀，就拜畢，謝恩再拜。下節鞠躬聲喏，如入見儀。乃再引入，賜以酒食，閤門招、客省皆如入見儀。至丹墀，謝賜衣物，再拜，舞蹈，三拜，鞠躬。贊「有勑賜酒食」，舞蹈，五拜。喝「各祗候」，引右出，如前儀，歸幕。乃請出，館伴與使副幕前對立揖，各傳示，再揖，請行。至元下馬所，復左右易位而行，揖畢，各收笏，上馬至館。又左右易位入門，內爲上，對立。先來使牽攏官，次館伴牽攏官，各聲喏，再拜揖，畢，請分位。乃以押伴使賜宴於館〔一三〕。

押伴至館，轉名銜回畢，與館伴、來使公服，齊詣褥位對立，押伴稍前立。先請押伴、館伴上褥位，望闕拜，謝坐，再拜，舞蹈，三拜，起。先請押伴上副階上立，乃引使副上褥位，望闕亦謝坐，儀同上。乃與館伴對行上廳。押伴在副階上，與使副展參狀。來使副先令人報上聞，押伴回傳示，再揖。請押伴先入，於卓前椅位立。館伴與使副對揖，各就位立，通揖，請端笏坐，湯入，乃於拜席上排立都管人從。湯盞出，揖起，押伴等離位立。都管人從鞠躬拜，下節人聲喏，如入見儀。呼「萬歲」，畢，喝「押伴及使副皆就坐」。引三都管、上中節分左右上廳，南入，北爲上，下節在西廊下立。候押伴等初盞畢，樂聲盡，坐。至三盞下，食畢，四盞下，酒畢。押伴傳示來使，面勸都管、上中節酒一盞，來使答上聞，以都管、上中節於副階下排立，先揖，飲，傳台旨勸，再揖，退。至五盞下，酒畢，茶入。都管人從於拜席上排立，待茶罷，揖押伴等起，離位立，都管人從鞠躬，喝「謝恩」，拜，下節聲喏如上儀，就位立。請押伴等齊下廳，赴拜褥對立。先請使副就褥位，謝恩，再拜，舞蹈，三拜，復位。乃請押伴、館伴就褥位，謝如上儀，復位。

第四日，命押宴官、賜宴官就館宴。先賜宴天使轉銜如前儀，各公服，請館伴、天使與來使就褥位對立。先請使副就褥位，望闕立。次請賜宴天使就褥位稍前，使副鞠躬，天使傳宣，使副拜謝，皆如前儀。使副與天使互展狀，起居，揖。次館伴揖。使副令人傳示館伴，依例請賜宴天使茶酒，館伴暫歸幕。來使副與天使主賓對行上廳，於西間内各詣椅位揖，收笏坐。先湯，次酒三盞，果殽。茶罷，執笏，近前請起，賜宴天使暗退。請押宴使至褥位立，次請館伴齊就褥位，望闕再拜，平身，搢笏，鞠躬三舞蹈，跪左膝三叩頭，出笏就拜，興，再拜復位，對立。請押宴上廳。次請來使副詣褥位，謝坐，再拜，舞蹈，三拜，請分階升廳，欄子外，内爲上，對立。先館伴揖，次互展押宴起居狀，相見，揖。各傳示，再揖。通揖，請就位，詣椅位立。通揖，請端笏坐，以御宴不敢用踏床。湯入，都管、三節人從於拜席上排立。湯盞出，押宴離位立揖，都管人從鞠躬，下節人從聲喏，呼「萬歲」，如入見儀，喝「各就坐」。請押宴等坐。

引都管、上中節分左右上廳，北入，南爲上，立。下節於西廊下南入，北爲上，立。候押宴等初盞畢，樂聲盡，坐。至五盞後食，六盞、七盞雜劇。八盞下，酒畢。押宴傳示使副，依例請都管、上中節當面勸酒。使者答上聞，復引都管、上中節於欄子外階下排立，先揖，飲酒，再揖，退。至九盞下，酒畢，教坊退。乃請賜宴天使於幕次前。候茶入，乃於拜席排立都管、三節人從。茶盞出，揖起，押宴官等離位立，揖，都管人從鞠躬，喝「謝恩」，拜，下節聲喏，呼「萬歲」，如入見儀，且鞠躬〔一四〕，喝「各祗候」。請押宴等官齊出，分階下廳，與天使對行至拜褥前立。請使副就位望闕謝恩，再拜，舞蹈，三拜，畢，依位立。請押宴、館伴齊詣褥位謝恩。來使乃進謝御宴表，先再拜，平身立。使跪奉表〔一五〕，天使近前搢笏受表，出笏復位。使就拜，退復位，立。

使副上聞，依例書送天使土物，領畢，天使即以物報之，然後展天使辭狀，再揖，次館伴揖，通揖，請分位。是日，來使於宴下監酒等官及教坊人等皆有所贈。

第五日，稱賀。比至客省幕次對立，皆如入見儀。至收笏坐，先湯，次酒三盞，畢，客省傳示來使，辭曰：「請都管、上中節當面勸酒。」回傳示畢，引都管、上中節於幕次前階下排立，先揖，飲酒，再揖，引退。至三盞酒畢，茶罷，出笏近前，齊請出幕次前，外爲上，對立，通揖，分位，各歸幕次。候閤門招引時，請客省與使副幕次前，外爲上，對立揖。對行至門外階下，與引揖閤副揖。引使副左入，與臣僚合班，至丹墀北嚮立定。同臣僚先再拜，平身，搢笏，鞠躬，三舞蹈，跪左膝三叩頭，出笏就拜，興，再拜，平立。俟進酒致辭畢，再拜，宣徽使稱「有制」，又再拜，宣答畢，先再拜，舞蹈，平立，分班。俟皇帝舉酒時，再拜，合班又再拜，上殿，夏使副在御座右第二行北端立。

次引都管、上中節左入，至丹墀立，下節門外階下排立，齊鞠躬，通名畢，先再拜，鞠躬，不出班奏「聖躬萬福」。喝「拜」，又再拜，下節聲喏呼「萬歲」，如前儀。喝「各祗候」，畢，平立，再鞠躬，喝「賜酒食」，聲喏再拜呼「萬歲」，如前儀。引左廊立。待床入，進酒。皇帝飲酒時，上下侍立皆再拜。俟進酒官至位，合坐官再拜，皆坐。即行臣使酒，普傳宣，立飲，再拜，復坐。次人從鞠躬聲喏再拜呼「萬歲」之儀如前。皆坐。至第三盞，傳宣立飲，畢，再拜，復坐。次人從如前，畢，坐。俟致語，聞鼓笛時，揖臣使皆立，俟口號絶，臣使再拜，坐，次人從如前儀，復坐。次至五盞，將曲終，人從立，再如前儀，畢，先引出。臣使起再拜，退至丹墀，合班，謝宴，再拜，舞蹈，三拜，喝「各祇候」。引出，至三門階下，與閤門副使相揖别，與客省同行，至幕次前對立，先揖，各傳示，再揖，請分位，就幕次。少頃，請館伴與使副出幕次，外爲上，對立，先揖，各傳示，再揖，引行，至元下馬處，請左右易位，對立揖，收笏上馬，至館，聲喏相揖分位，與初入見還禮同。

第六日，賜分食，并賜酒果禮。天使至館，與第二日賜酒果禮同。是日，支押分食酒果軍土物，并在館隨局分官員承應人例物。凡裏外門將軍、監厨直長、館都監、監酒食官、承應班祇候、衆厨子、館子、巡護軍、館伴所牽攏官，皆溥及之。

第七日，曲宴禮，如前儀。

第八日，奏辭之儀。至小起居畢，閤使先奏來使辭牓子。引使者左入，傍折通班，至丹墀再拜，不出班奏「聖躬萬福」，又再拜。揖副鞠躬，使出班戀闕致詞〔一六〕，復位，再拜，喝「各好去」，引右出，次引宰執下殿，禮畢。

第九日，聚廳，送至恩華館，更衣而行。

凡使將至界，報至則差接伴使，至則差館伴使，去則差送伴使，皆有副，皆差書表以從。凡行省來宴、回宴之押宴官，皆從行省定差，就借以文武高爵長官之職，以爲轉銜之光。來回之賜宴天使，皆以閤門祇候往，詔書、口宣皆禀命於都省，以翰林院定撰焉。

夏使至，或許貿易於市二日。使至，所差者館伴使、副各一，監察、奉職、省令史各一，書表四，總領提控官、酒食官、監厨、稱肉官各一，牽攏官三十，尚食局直長、知書、都管、接手、湯藥直長、長行各一，厨子五，奉飲直長一、長行二，奉珍二，儀鸞直長一、長行十，把内外門官二，館外巡防軍三十，把館甲軍六十二，雜役軍六十，過位不通漢語軍十，凡雜役皆衣皂，過食司吏八十，街市厨子四十，方脉雜科醫各一，醫獸一，鞍馬二十四疋，後止備八疋，押馬官一員。又差説儀承受禮直官一員。凡在館鋪陳繖絡器皿什物，户部差官與東上直閤同點檢。所經橋道皆先期命工部修治之。凡賜衣，使副各三對，人從衣各二對，使副幣帛百四十段，舊又賜貂裘二，無則使者代以銀三錠，副代以帛六十疋，後削之。惟生皫則代以綾羅三十九疋、帛六十二疋、布四疋。金帶三，金鍍銀束帶三，金塗銀鬪裝鞍轡三，金塗銀渾裹書匣、間金塗銀裝釘黑油詔匣及包書、詔匣複各一。朝辭，賜人從銀二百三十五兩，絹二百三十五疋。
賜宋、高麗使之物，其數則無所考。

校勘記

〔一〕引臣僚左右入至丹墀　「至」字原脱。按，下文曲宴儀、朝辭儀皆有「至丹墀」之文。又集禮卷三九朝會上人使辭見儀爲本志外國使入見儀之所本，其文亦作「至丹墀」。今據補。

〔二〕小起居畢宰執上殿　「畢」，南監本、北監本、殿本、局本作「引」。集禮卷三九朝會上人使辭見儀亦作「引」。本志下文朝辭儀有「引宰執上殿」之語，又在熙宗時夏使入見一節，稱「俟殿前班及臣僚小起居畢，宰執升殿」。此處「畢」或可作「引」。下同，不另出校。

〔三〕再揖鞠躬　據上文「揖使副鞠躬」，疑此處「鞠躬」上脱「使副」二字。

〔四〕奏畢起復位　集禮卷三九朝會上人使辭見儀「起」上有「拜」字。

〔五〕再揖副使鞠躬　「副使」，南監本、北監本、殿本、局本作「使副」。文淵閣四庫本集禮卷三九朝會上人使辭見儀亦作「使副」。本卷上下文均作「揖使副鞠躬」，僅此一處作「揖副使鞠躬」。疑此處「副使」爲「使副」之誤。

〔六〕以景宣忌辰避之　「宣」，原作「宗」。按，本書卷四熙宗紀，熙宗，「景宣皇帝子」，「本七月七日生，以同皇考忌日」，萬壽節「改用正月十七日」。又集禮卷二三聖節云，熙宗「七月七日是生辰，緣係景宣皇帝忌辰，以此改正月十七日爲萬壽節」。所述與此正合。今據改。

〔七〕中丞李晏　「李晏」，原作「李宴」。按，「李宴」之名他處不見。本書卷八三張浩傳附子張汝霖傳記此事作「中丞李晏」，又卷九六李晏傳亦作「李晏」。今據改。

〔八〕刑部尚書兼右諫議大夫完顏守貞　「守貞」，原作「居貞」。按，「完顏居貞」之名他處不見。本書卷八三張浩傳附子張汝霖傳記此事原作「刑部尚書兼右諫議大夫完顏守道」，而卷八八完顏守道傳載守道大定二十六年致仕，惟卷七三完顏希尹傳附孫守貞傳云，「章宗即位，召爲刑部尚書，兼右諫議大夫」，與此官名相合。今據改。

〔九〕遣中大夫完顏履信爲弔祭使　本書卷六二交聘表下，正大三年十一月作「遣中奉大夫完顏履信、（中略）爲弔祭夏國使」。所載「中奉大夫」與此異。

〔一〇〕次以館伴所書表見人使館伴所牽攏官與下節人互相參見　「人使」，北監本、殿本、局本作「又使」。按，本書卷五六百官志二，客省使等官員雖有「掌接伴人使見辭之事」等職責，然據文義作「又使」並斷至下句，亦通。

〔一一〕皇帝遣人勞問　「人」，原作「入」，據道光四年殿本、局本改。

〔一二〕再揖閤副鞠躬　「閤副」，本卷上下文均作「使副」。疑此處「閤副」或爲「使副」之誤。

〔一三〕乃以押伴使賜宴於館　「館」，原作「管」，據局本改。

〔一四〕且鞠躬　「且」，北監本、殿本、局本作「齊」。

〔一五〕使跪奉表　「奉」，原作「捧」，據南監本、北監本、殿本、局本改。按，「奉表」與下文「天使近前搢笏受表」相應，「捧」與「受」意不合，當以「奉」字爲是。

〔一六〕揖副鞠躬使出班戀闕致詞　「揖副」，局本「副」字上有「使」字。按，本卷朝辭儀有「揖使副鞠躬，使出班，戀闕致詞」。疑此處「副」字前脱一「使」字。

金史卷三十九

志第二十

樂上

雅樂　散樂　鼓吹樂　本朝樂曲　郊祀樂歌

傳曰：「王者功成作樂，治定制禮。」豈二帝三王之彌文哉，蓋有天下者，將一軌度、正民俗、合人神、和上下，舍禮樂何以焉。

金初得宋，始有金石之樂，然而未盡其美也。及乎大定、明昌之際，日修月葺，粲然大備。其隸太常者，即郊廟、祀享、大宴、大朝會宮縣二舞是也。隸教坊者，則有鐃歌鼓吹，天子行幸鹵簿導引之樂也。有散樂。有渤海樂。有本國舊音，世宗嘗寫其意度爲雅曲，史録其一，其俚者弗載云。

雅樂。凡大祀、中祀、天子受册寶、御樓肆赦、受外國使賀則用之。

初，太宗取汴，得宋之儀章、鐘磬、樂簴，挈之以歸。皇統元年，熙宗加尊號，始就用宋樂，有司以鐘磬刻「晟」字者犯太宗諱，皆以黄紙封之。大定十四年，太常始議「歷代之樂各自爲名，今郊廟社稷所用宋樂器犯廟諱，宜皆刮去，更爲製名」。於是，命禮部、學士院、太常寺撰名，乃取大樂與天地同和之義，名之曰「太和」。

文、武二舞。皇統年間，定文舞曰仁豐道洽之舞，武舞曰功成治定之舞。貞元儀又改文舞曰保大定功之舞，武舞曰萬國來同之舞〔一〕。大定十一年又有四海會同之舞〔二〕，於是一代之制始備。

明昌五年，詔用唐、宋故事，置所，講議禮樂。有司謂：「雅樂自周、漢以來止存大法，魏、晉而後更造律度，訖無定論。至後周保定中，得古玉斗于地中，以造尺律，其後牛弘以爲不可，止用蘇綽鐵尺，至隋亦用之。唐興，因隋樂不改，及黄巢之亂，樂縣散失，太常博士殷盈孫以周法鑄鎛鐘、編鐘，處士蕭承訓等校石磬，合而奏之。至周顯德以黍定律，議者謂比唐樂高五律。宋初亦用王朴所制樂，時和峴以周顯德律音近哀思，乃依西京銅望臬、石尺重造十二管，取聲下王朴一律。景祐初，李照取秦累尺成律，以其聲猶高，更用太府布帛尺，遂下太常樂三律。皇祐中，阮逸、胡瑗改造止下一律〔三〕，或謂其聲弇鬱不和，依舊用王朴樂。元豐間，楊傑參用李照鐘磬加四清聲，下王朴樂二律，以爲新樂。元祐間，范鎮又造新律，下李照樂一律，而未用。至崇寧間，魏漢津以范鎮知舊樂之高，無法以下之，乃以時君指節爲尺，其所造鐘磬即今所用樂是也。然以王朴所制聲高，屢命改作，李照以太府尺制律，人習舊聽疑於太重。其後范鎮等論樂，復用李照所用太府尺，即周、隋所用鐵尺，牛弘等以謂近古合宜者也。今取見有樂，以唐初開元錢校其分寸亦同，則漢津所用指尺殆與周、隋、唐所用之尺同矣。漢津用李照、范鎮之説，而恥同之，故用時君指節爲尺，使衆人不敢輕議。其尺雖爲詭説，其制乃與古同，而清濁高下皆適中，非出於法數之外私意妄爲者也。蓋今之鐘磬雖崇寧之所製，亦周、隋、唐之樂也。閲今所用樂律，聲調和平，無太高太下之失，可以久用。唯辰鐘、辰磬自昔數缺，宜補鑄辰鐘十五，辰磬二十一，通舊各爲二十四簴。」上曰：「嘗觀宋人論樂，以爲律主於人聲，不當泥於其器，要之在聲和而已。」於是，命禮部符下南京，取宋舊工，更鑄辰鐘十有二。又以舊鐘姑洗、夷則皆高五律，無射高二律，別鑄以補之，乃協。又琢辰磬各十有二，以其半少劣，擇其諧者而用之。

初，正隆間，海陵營太廟于汴，貞祐南遷，宣宗修之，以祔諸帝神主。其地，故宋景靈宮之址也，掘其下，得編鐘十三，編磬八，皆刻「大晟」字，時朝廷多故，禮器散亡，竟亦不能備也。

大定十一年，太常議：「按唐會要舊制，南北郊宮縣用二十架，周、漢、魏、晉、宋、齊六朝及唐開元、宋開寶禮，其數皆同。宋會要用三十六架，五禮新儀用四十八架，其數多，似乎太侈。今擬太常因革禮，天子宮縣之樂三十六簴，宗廟與殿庭同，郊丘則二十簴。宜用宮縣二十架，登歌編鐘、編磬各一簴。又按周禮大司樂，『凡樂，圜鐘爲宮，黃鐘爲角，太蔟爲徵，姑洗爲羽。雷鼓、雷鼗、孤竹之管、雲和之琴瑟〔四〕、雲門之舞，冬日至於地上之圜丘奏之〔五〕，若樂六變，則天神皆降，可得而禮矣』。六變，謂六成也。唐、宋因之。蓋圜鐘，夾鐘也，用爲宮者以上應房、心，有天帝明堂之象也。宮聲三奏，角徵羽各一奏，合陽之奇數，欲神聽之也。凡樂起於陽，至少陰而止，圜鐘自卯至申其數有六，故六變而樂止，則天神皆降，可得而禮也。樂曲之名，唐以『和』，宋以『安』，本朝定樂曲以『寧』爲名，今止有太廟祫享樂曲，而郊祀樂曲未備。皇統九年拜天用乾寧之曲，今圜丘降神固可就用。今太廟祫享，皇帝升降行止奏昌寧之曲，迎俎奏豐寧之曲，酌獻、舞出入奏肅寧之曲，飲福奏福寧之曲，宋開寶禮亦可就用。餘有郊祀曲名，皇帝入中壝、奠玉幣、迎俎、酌獻、舞出入樂曲，宜皆以『寧』字製名。」遂命學士院撰焉。皇帝入中壝奏昌寧之曲，降神、送神奏乾寧之曲，昊天上帝奏洪寧之曲，皇地祇奏坤寧之曲，配位奏永寧之曲，飲福奏福寧之曲，升降、望燎、出入大小次，並與入中壝同，餘載儀注及樂章。又命太常議文武二舞所當先後，太常議：「按唐、宋郊廟之禮，並先文後武，本朝自行禘祫之禮亦然。惟唐韋萬石建議謂先儒相傳，以揖讓得天下則先奏文，以征伐得天下則先奏武。當時雖從，尋復改之。其以開元禮先文後武爲定。方丘如圜丘之儀，社稷則用登歌。」

宗廟。皇帝入門，宮縣以無射宮，升殿，登歌以夾鐘，皆奏昌寧之曲。迎神、送神奏來寧之曲，九成。天德二年，晨祼畢，還小次，方奏迎神曲。大定十一年，朝享，奏依開元、開寶禮，至版位即奏。黃鐘宮三、大呂角二、太蔟徵二、應鐘羽二，曲詞皆同。進俎，奏豐寧之曲。酌獻，宮縣奏無射大元之曲〔六〕。

諸室之曲：德帝曰大熙，安帝曰大安，獻祖曰大昭〔七〕，昭祖曰大成，景祖曰大昌，世祖曰大武，肅宗曰大明，穆宗曰大章，康宗曰大康，太祖曰大定，太宗曰大惠，熙宗曰大同，睿宗曰大和，昭德皇后廟曰儀坤，世宗曰大鈞，顯宗曰大寧，章宗曰大隆，宣宗曰大慶。

皇帝還板位及亞終獻，皆奏無射宮肅寧之曲。飲福，登歌奏夾鐘宮福寧之曲。徹豆，奏豐寧之曲，皆用無射宮。大定十二年制，祫禘時享有司攝事，初獻盥洗，奏無射宮肅寧之曲。升階，登歌奏夾鍾宮嘉寧之曲。餘並與親享同。其別廟昭德皇后、宣孝太子所用，並載儀注、樂章。

舊制，太廟、皇考廟樂工各三十九人。大定二十九年，升祔顯宗，有司以爲「宋之太廟、別廟，堂上樂各四十八人，今之樂工少十八人，擬令皇考廟舊樂工皆充兩廟堂上樂，以應前代九十六人之數」。尚書省議「古樂工無定數」，遂奏太廟、別廟通以百人爲定。明昌六年，敕設宮縣，樂工一百五十六人。

承安三年，勑「祭廟用教坊奏古樂，非禮也。其自今召百姓材美者，給以食直，教閱以待用」。泰和元年，命宮縣樂工月給錢粟二貫石，遇正樂工闕，驗色收補。四年，尚書省奏：「宮縣樂工總用二百五十六人，而舊所設止百人，時或用之即以貼部教坊閱習。自明昌間，以渤海教坊兼習，而又創設九十二人。且宮縣之樂須行大禮乃始用之，若其數復闕，但前期遣漢人教坊及大興府樂人習之，亦可備用。」遂詔罷創設者。

宣宗南遷，祔諸帝主於汴京太廟。禮官言：「祔享禮畢，車駕還宮，至承天門外，百官奉迎，宮縣奏采茨。」以樂簴未備，遂止用教坊樂。哀宗遷蔡，天興二年七月丁巳，太祖、太宗及后妃御容至自汴京，奉安於乾元寺。左宣徽使温敦七十五奏當用樂。上曰：「樂須太常，奈何？」七十五曰：「市有優樂，可假用之。」權左右司員外郎王鶚奏曰：「世俗之樂，豈可施于帝王之前。」遂止。

樂舞名數。太廟登歌，鐘一簴，磬一簴，歌工四，籥二，塤二，箎二，笛二，巢笙二，和笙二，簫二，七星匏一，九耀匏一，閏餘匏一，搏拊二，柷一，敔一，麾一，一弦琴、三弦琴、五弦琴、七弦琴、九弦琴各二，瑟四。別廟登歌並同。親祠則用金鐘、玉磬，攝祭則用編鐘、編磬。

宮縣樂三十六簴：編鐘十二簴，編磬十二簴，大鐘、鎛鐘、特磬各四簴。建鼓、應鼓、鞞鼓各四，路鼓二，路鼗二，晉鼓一，巢笙、竽笙各十，簫十，籥十，箎十，笛十，塤八，一絃琴三，三絃、五絃、七絃、九絃琴各六，瑟十二，柷一，敔一，麾一。文舞所執籥、翟各六十四，武舞所執朱干、玉戚各六十四，引舞所執旌二，纛二，牙杖二，單鼗二，單鐸二，雙鐸二，金鐃二，金錞二，金鉦二，相鼓二，雅鼓二。

有司攝祭，宮縣二十簴：編鐘四，編磬四，辰鐘十二。建鼓四，路鼓四，路鼗二，晉鼓一，巢笙、竽笙、簫、塤、箎、笛各八，一絃琴三，三絃、五絃、七絃、九絃琴各六，瑟八，柷、敔各一，麾一。登歌及二舞引舞所執與親祠同。

皇帝受册寶〔八〕。前期，大樂令與協律郎設樂縣於殿廷。又設舉麾位二，一於殿西階，一於樂縣西北。又設登歌樂架於殿上。至日，侍中奏「外辦」，宮縣樂作，皇帝乃出，即坐，樂止。奉寶入門，樂作，置褥位上，樂止。初引時宮縣樂作，至位立定，樂止。寶初行，樂作，至御前置訖，樂止。皇帝受寶訖，樂作，侍中奏「稱賀」，樂止。皇太子升殿，登歌樂作，復位，樂止。侍中奏「禮畢」，宮縣樂作，皇帝還幕次，樂止。

御樓宣赦。前期，大樂署設宮縣於樓下，又設鼓一於宮縣之左。至日，金鷄初立，大樂署擊鼓，；立訖，鼓止。侍中奏「外辦」，大樂令撞黄鐘之鐘，右五鐘皆應，昌寧之樂作，皇帝乃出。宣讀訖，百官舞蹈，禮畢，大樂令撞蕤賓之鐘，左五鐘皆應，昌寧之樂作，皇帝降座，樂止。凡皇帝出入升降及分班合班，皆樂作，坐、立定乃止。

其册命中宫、皇太子、太孫，受外國使賀，宴外國使，皆用宮縣。

散樂。元日、聖誕稱賀，曲宴外國使，則教坊奏之。

其樂器名曲不傳。皇統二年宰臣奏：「自古並無伶人赴朝參之例，所有教坊人員只宜聽候宣喚，不合同百寮赴起居。」從之。章宗明昌二年十一月甲寅，禁伶人不得以歷代帝王爲戲及稱萬歲者，以不應爲事重法科。泰和初，有司又奏太常工人數少，即以渤海、漢人教坊及大興府樂人兼習以備用。

鼓吹樂，馬上樂也。天子鼓吹、横吹各有前、後部，部又各分二節。金初用遼故物，其後雜用宋儀。海陵遷燕及大定十一年鹵簿，皆分鼓吹爲四節，其他行幸惟用兩部而已。

前部第一：

鼓吹令二人

掆鼓十二　金鉦十二

大鼓百二十　長鳴百二十

鐃鼓一十二　歌二十四

拱辰管二十四　簫二十四

笳二十四　大橫吹一百二十

前部第二：

節鼓二　笛二十四

簫二十四　篳篥二十四

笳二十四　桃皮篳篥二十四

掆鼓十二　金鉦十二

小鼓百二十　中鳴百二十

羽葆鼓十二　歌二十四

拱辰管二十四　簫二十四

後部第一：

鼓吹丞二人

掆鼓三　金鉦三

羽葆鼓十二　歌二十四

拱辰管二十四　簫二十四

笳二十四　節鼓二

鐃鼓十二　歌十六
簫二十四　笳二十四
小橫吹百二十
後部第二：
笛二十四　簫二十四
篳篥二十四　笳二十四
桃皮篳篥二十四

本朝樂曲。

世宗大定九年十一月庚申，皇太子生日，上宴于東宮，命奏新聲，謂大臣曰：「朕製此曲，名君臣樂，今天下無事，與卿等共之，不亦樂乎。」辭律不傳。

十三年四月乙亥，上御睿思殿，命歌者歌女直詞，顧謂皇太子曰：「朕思先朝所行之事，未嘗暫忘，故時聽此詞，亦欲令汝輩知女直醇質之風。至於文字、語言或不通曉，是忘本也。」

二十五年四月，幸上京，宴宗室于皇武殿，飲酒樂，上諭之曰：「今日甚欲成醉，此樂不易得也。昔漢高祖過故鄉，與父老歡飲，擊筑而歌，令諸兒和之。彼起布衣，尚且如是，況我祖宗世有此土，今天下一統，朕巡幸至此，何不樂飲。」于時宗室婦女起舞，進酒畢，羣臣故老起舞，上曰：「吾來故鄉數月矣，今迴期已近，未嘗有一人歌本曲者，汝曹來前，吾爲汝歌。」乃命宗室子敍坐殿下者皆上殿，面聽上歌。曲道祖宗創業艱難，及所以繼述之意。上既自歌，至慨想祖宗音容如覩之語，悲感不復能成聲，歌畢，泣下數行。右丞相元忠暨羣臣宗戚捧觴上壽，皆稱萬歲。於是諸老人更歌本曲，如私家相會，暢然歡洽。上復續調歌曲，留坐一更，極歡而罷。其辭曰：

猗歟我祖，聖矣武元。誕膺明命，功光于天。拯溺救焚，深根固蔕。克開我後，傳福萬世。無何海陵，淫昏多罪。反易天道，荼毒海内。自昔肇基，至于繼體。積累之業，淪胥且墜。望戴所歸，不謀同意。宗廟至重，人心難拒。勉副樂推，肆予嗣緒。二十四年，兢業萬幾。億兆庶姓，懷保安綏。國家閑暇，廓然無事。乃眷上都，興帝之第。屬茲來游，惻然予思。風物減耗，殆非昔時。于鄉于里，皆非初始。雖非初始，朕自樂此。雖非昔時，朕無異視。瞻戀慨想，祖宗舊宇。屬屬音容，宛然如睹。童嬉孺慕，歷歷其處。壯歲經行，恍然如故。舊年從游，依俙如昨，懽誠契闊，旦暮之若。于嗟闊别兮，云胡不樂。

郊祀樂歌。

皇帝入中壝，宮縣黄鐘宮昌寧之曲：凡步武同〔九〕。

衮服穆穆，臨于中壝。瞻言圜壇，皇皇后帝。禋祀肇稱，馨香維德。爰暨百神，於昭受職。

降神，宮縣乾寧之曲、仁豐道洽之舞。圜鐘爲宮，黄鐘爲角，太蔟爲徵，姑洗爲羽。圜鐘三奏，黄鐘、太蔟、姑洗皆一奏，詞並同：

我金之興，皇天錫羨。惟神之休，爰茲郊見。有玉其禮，有牲其薦。將受厥明，來寧來燕。

皇帝盥洗，宮縣黄鐘宮昌寧之曲：

因天事天，惇宗將禮。爰飭攸司，奉時罍洗。挹彼注茲，陋陞壇陛。先事而虔，神勞豈弟。

皇帝升壇，登歌大吕宮昌寧之曲：

相在國南，崇崇其趾。烝哉皇王，維時涖止。至誠通神，克禋克祀。於萬斯年，昊天其子。

昊天上帝，奠玉幣，登歌大吕宮洪寧之曲：

穆穆君王，有嚴有翼。珮環鏘然，圜壇是陟。嘉德升聞，馨非黍稷。高明降監，百神受職。

皇地祇，坤寧之曲：

肅敬明祇，躬行奠贄。其贄維何？黄琮制幣。從祀羣靈，咸秩厥位。惟皇能饗，允集熙事。

配位太祖皇帝，永寧之曲：

肇舉明禋，皇天后土。皇祖武元，爰作神主。功昭耆定，歌以大吕。綏我思成，有秩斯祜。

司徒迎俎，宫縣黄鐘宫豐寧之曲：

穆穆皇皇，天子躬祀。羣臣相之，罔不敬止。俎豆畢陳，物其嘉矣。馨香始升，明神燕喜。

昊天上帝，酌獻，登歌大吕宫嘉寧之曲：

郊禋展敬，昭事上靈。太尊在席，有酯斯馨。酌言獻之，靈其醉止。福禄來宜，以荅明祀。

皇地祇，泰寧之曲：

衮服穆穆，臨彼泰折。於昭神宫，埋幣瘞血。爰稱匏爵，斟言薦潔。方輿常安，扶我帝業。

配位太祖皇帝，燕寧之曲：

烝哉高后，肇迪丕基。功與天合，配天以推。薦時清旨，孔肅其儀。來寧來燕，福禄綏之。

文舞退，武舞進，宮縣黄鐘宮咸寧之曲：

奉祀郊丘，雲門變舞。進秉朱干，停揮翟羽。於昭睿文，復肖聖武。無疆維烈，天子受祜。

亞終獻，宮縣黄鐘宮咸寧之曲、功成治定之舞：

掃地南郊，天神以竢。於皇君王，克禋克祀。交於神明，玄酒陶器。誠心靖純，非貴食味。

皇帝飲福，登歌大吕宮福寧之曲：

所以承天，無過乎質。天其祐之，惟精惟一。泰尊爰挹，馨香薦德。惠我無疆，子孫千億。

徹豆，登歌大吕宮豐寧之曲：

大禮爰陳，爲豆孔碩。肅肅其容，於顯百辟。皇靈降監，馨聞在德。明禋斯成，孚休罔極。

送神，宮縣圜鐘宮乾寧之曲：

赫赫上帝，臨監禋祀。居然來歆，昭荅祖配。圜壇四成，神安其位。升歌贊送，天人悅喜。

方丘樂歌。

迎神，鎮寧之曲。林鐘宮再奏，太蔟角再奏，姑洗徵再奏，南呂羽再奏，詞同：

至哉坤儀，萬彙資生。稱物平施，流謙變盈。禮修泰折，祭極精誠。皇皇靈睠，永奠寰瀛。

初獻盥洗，太蔟宮肅寧之曲：

禮有五經，無先祭禮。即時伸虔，惟時盥洗。品物吉蠲，威儀濟濟。錫之純嘏，來歆愷悌。

初獻升壇，應鐘宮肅寧之曲：

無疆之德，至哉坤元。沉潛剛克，資生實蕃。方丘之儀，惟敬無文。神其來思，時歆薦殷。

初獻奠玉幣，太蔟宮億寧之曲：

禮行方澤，文物備舉。惟皇地祇，昭假來下。奠瘞玉帛，純誠內著。神保是享，陟降斯祐。

司徒捧俎，太蔟宮豐寧之曲：

四階秩儀，壇於方澤。昭事皇祇，即陰以塴。潔肆於祊，孔嘉且碩。神其福之，如幾如式。

正位酌獻，太蔟宮溥寧之曲：

蕩蕩坤德，物無不載。柔順利貞，含洪光大。籩豆既陳，金石斯在。四海永寧，福禄攸介。

配位酌獻，配太宗也。太蔟宮保寧之曲：

詞闕。

亞終獻升壇，太蔟宮咸寧之曲：

卓彼嘉壇，奠玉方澤。百辟祗肅，八音純繹。祀事孔明，柔祇感格。

徹豆，應鐘宮豐寧之曲：

修理方丘，吉蠲是宜。籩豆靜嘉，登於有司。芬芬馨香，來享來儀。郊儀將終，聲歌徹之。

送神，林鐘宮鎮寧之曲：

因地方丘，濟濟多儀。樂成八變，靈祇格思。薦餘徹豆，神貺昭垂。億萬斯年，永祐丕基。

詣望燎位〔一〇〕，太蔟宮肅寧之曲。詞同升壇。

校勘記

〔一〕貞元儀又改文舞曰保大定功之舞武舞曰萬國來同之舞　按，集禮卷一帝號上天德貞元册禮，天德儀與此同，；貞元儀文舞曰萬國來同之舞，武舞曰保大定功之舞，與此異。

〔二〕大定十一年又有四海會同之舞　按，集禮卷二帝號下大定七年册禮有「奏四海會同之曲」。本書卷四〇樂志下，殿庭樂歌大定七年條下有「奏四海會同之舞」。繫年與此異。又，集禮卷二帝號下大定十一年册禮，文舞曰功成治定之舞，武舞曰四海會同之舞。

〔三〕止下一律　「止」，原作「上」，今據前後文義並參考宋史卷一三一樂志六改。

〔四〕雲和之琴瑟　「琴」字原脱，今據周禮大司樂補。

〔五〕冬日至於地上之圜丘奏之　「冬日至於」，原作「冬至日至」，今據周禮大司樂改。

〔六〕酌獻宮縣奏無射大元之曲　據本書卷四〇樂志下宗廟樂歌，大元之曲爲始祖室酌獻時所奏，此處脱載室次。

〔七〕獻祖曰大昭　「獻祖」，原作「獻帝」。按，本書卷一世紀，安帝之子爲獻祖；又本書卷四〇樂志下宗廟樂歌有云「獻祖，大昭之曲」。今據改。

〔八〕皇帝受册寶　按，下文僅言受寶，無受册之事。

〔九〕凡步武同　原作大字正文，今據殿本、局本改作小字注文。

〔一〇〕詣望燎位　按，集禮卷一〇皇帝夏至日祭方丘、卷一一皇帝祭皇地祇於方丘，有「望瘞」，無「望燎」。

金史卷四十

志第二十一

樂下

宗廟樂歌　殿庭樂歌　鼓吹導引曲　采茨曲

禘祫親饗〔一〕，皇帝入門，宮縣無射宮昌寧之曲：出、入步武同。惟時升平，禮儀肇興。鳴鑾至止，穆穆造庭。百辟卿士，恪謹迎承。恭款祖考，神宇攸寧。

皇帝升殿，登歌夾鐘宮昌寧之曲：升階及將還板位，皆同登歌。笙鏞既陳，罍樽在户。升降有容，惟規惟矩。恭敬明神，上儀交舉。永言保之，承天之祜。

皇帝盥洗，宫縣無射宫昌寧之曲：

惟水之功，潔淨精微。洗爵奠斝，于德有輝。皇皇穆穆，宗廟之威。宜其感格，福祉交歸。

皇帝降階，宫縣無射宫昌寧之曲：

於皇神宫，象天清明。有來肅肅，相維公卿。禮儀卒度，君子攸寧。孔時孔惠，綏我思成。

迎神，宫縣來寧之曲。黄鐘宫三奏，大吕角二奏，大蔟徵二奏，應鐘羽二奏，詞同：

八音克諧，百禮具舉。明德維清，至誠永慕。神之格思，雲軿風馭。來止來臨，千祀燕處。

司徒引俎，宫縣無射宫豐寧之曲：

維牲維犧，齊明致祠。我將我享，吉蠲奉之。博碩肥腯，神嗜爲宜。千秋歆此，永綏黔黎。

始祖酌獻，宫縣無射宫大元之曲：

惟酒既清，惟殽既馨。苾芬孝祀，在廟之庭。羞於皇祖，來燕來寧。象功昭德，先祖是聽。

德皇帝，大熙之曲：

萬方欣戴，鴻業創基。瑶源垂裕，綿瓞重熙。式崇毖祀，爰考成規。籩豆有楚，益臻皇儀。

安皇帝，大安之曲：

爰圖造邦，載德其昌。皇儀允穆，誕集嘉祥。明誠昭格，積厚流光。秖嚴清廟，鐘石琅琅。

獻祖，大昭之曲：

惟聖興邦，經始之初。鳩民化俗，還定攸居。迪德純儉，志規遠圖。時哉顯祀，精誠有孚。

昭祖，大成之曲：

天啓璇源，貽慶定基。率義爲勇，施德爲威。耀武拓境，功烈巍巍。永昌皇祚，均福黔黎。

景祖，大昌之曲：

丕顯鴻烈，基緒隆昌。聖期誕集，邦宇斯張。尊嚴廟祏，昭格休祥。煌煌縟典，億載彌光。

世祖，大武之曲：

桓桓伐功，天監其明。惟威震疊，惟德綏寧。神策無遺，鴻圖以興。曾孫孝祀，遹昭厥成。

肅宗，大明之曲：

於皇神人，武烈文謨。左右世祖，懷柔掃除。威震遐邇，化漸蟲魚。垂光綿永，成帝之孚。

穆宗，大章之曲：

烝哉文祖，欽聖弘淵。慈愛忠信，典策昭然。歆此明祀，繁祉綿綿。時純熙矣，流慶萬年。

康宗，大康之曲：

惟明惟聽，曄曄神功。儀刑世業，昭格上穹。持盈孝孫，薦芳斯豐。錫我祉福，皇化益隆。

太祖，大定之曲：

功超殷、周，德配唐、虞。天人協應，平統寰區。開祥垂裕，肇基永圖。明明天子，敬承典謨。

太宗，大惠之曲：

巍巍德鴻，無爲端扆。祚承神功，究馴俗孅。清宮緝熙，孝祡時祀。欽奠羞誠，犧樽嘉旨。

熙宗，大同之曲：

昭顯令德，神基丕承。對越在天，享用躋升。於穆清廟，來燕來寧。神其醉止，惟欽克誠。

睿宗，大和之曲：

皇祖開基，周武、殷湯。猗歟聖考，嗣德彌光。啓佑洪緒，長發其祥。嚴恭廟享，萬世烝嘗。

世宗，大鈞之曲：

神之來思，肅登于堂。祼圭有瓚，秬鬯芬芳。巍巍先功，啓祐無疆。萬年肆祀，孝心不忘。

顯宗，大寧之曲：

於皇神宮，有嚴惟清。吉蠲孝祀，惟神之寧。對越在天，綏我思誠。敷祐億年，邦家之慶。

章宗，大隆之曲：

兩紀踐祚，萬方寧康。文經天地，武服遐荒。禮備制定，德隆業昌。居歆典祀，億載無疆。

宣宗，大慶之曲：

猗歟聖皇，三代之英。功光先后，德被羣生。牲粢惟馨，鼓鐘其鏗。神兮來思，歆于克誠。

文舞退，武舞進，宮縣無射宮肅寧之曲：

明明先皇，神武維揚。開基垂統，萬世無疆。干戚象功，威儀有光。神保是饗，昭哉降康。

亞終獻，無射宮肅寧之曲：

涓辰之休，昭祀惟恭。威儀陟降，惟禮是從。籩豆靜嘉，於論鼓鐘。惟皇受祉，監斯德容。

皇帝飲福，登歌夾鐘宮福寧之曲：

犧牲充潔，粢盛馨香。來格來享，精神用彰。飲此純禧，簡簡穰穰。文明天子，萬壽無疆。

徹豆，登歌夾鐘宮豐寧之曲：

孝祀肅睦，明德以薦。樂奏九成，禮終三獻。百辟卿士，進徹以時。小大稽首，神保聿歸。

送神，宮縣黃鐘宮來寧之曲：

潔茲牛羊，清茲酒醴。三獻攸終，神既燕喜。神之去兮，載錫繁祉。萬壽無疆，永保禋祀。

郊祀前，朝享太廟樂歌。

皇帝入門，宮縣無射宮昌寧之曲：

郊將升禋，廟當告虔。錫鑾戾止，孝寔奉先。祀事斯舉，有序無愆。祗見祖考，神意懽然。

皇帝升殿，登歌夾鐘宮昌寧之曲：

皇皇天子，升自阼階。奠見祖禰，肅然有懷。百禮已洽，八音克諧。既昌且寧，萬福沓來。

迎神，宮縣來寧之曲。黃鐘宮三奏〔二〕，大呂角二奏，太蔟徵二奏，應鐘羽二奏，詞同：

以實應天，報本反始。潔粢豐盛，禮先肆祀。風馬雲車，神之弔矣。來止來宜，而燕翼子。

皇帝盥洗，宮縣無射宮昌寧之曲：

有水于罍，有巾于篚。帨手拭爵，圭衮有煒。玄酒大羹，德馨維菲。萬年昌寧，皇皇負扆。

皇帝陞階，宮縣無射宮昌寧之曲：降階，同。

巍巍京師，有嚴神宮。聖主戾止，多士雲從。來享來獻，肅肅其容。將昭大報，庸示推崇。

司徒奉俎，宮縣無射宮豐寧之曲：

陳其犧牲，惟純與精。苾芬孝祀，於昭克誠。不疾瘯蠡，或剝或亨。洋洋在上，以交神明。

始祖酌獻，宮縣大元之曲：

猗歟初基，兆我王迹。其命維新，貽謀丕赫。緜緜瓜瓞，國步日闢。堂構之成，焜煌今昔。

獻祖，大昭之曲：

以聖繼興，成王之孚。民從其化，咸奠攸居。清廟觀德，猗歟偉歟。金石備樂，以奉神娛。

昭祖，大成之曲：

東夷不庭，皇祖震怒。神武削平，貽厥聖緒。猶室有基，垣墉乃樹。億萬斯年，天保孔固。

景祖，大昌之曲：

於皇藝祖，其智如神。修法施令，百度惟新。疆宇日廣，海隅咸賓。功高德厚，耀耀震震。

世祖，大武之曲：

於皇先王，昭假于天。長駕遠馭，麾斥無前。王業猶生，孫謀有傳。圓壇展禮，敢先告虔。

肅宗，大明之曲：

猗歟前人，簡惠昭融。相我世祖，成茲伐功。敷佑來葉，帝圖其隆。將修熙事，先款神宮。

穆宗，大章之曲：

仁慈忠信，惟祖之休。功光岐下，迹掩商丘。言瞻清廟，懷想前修。神其來格，歆茲庶羞。

康宗，大康之曲：

猗歟前王，惠我無疆。儀刑典法，日靖四方。永言孝思，於乎不忘。昭告大祀，祇率舊章。

太祖，大定之曲：

天生聰明，俾乂蒸人。惟此二國，爲我敺民。撻彼威武，萬邦咸賓。明昭大報，推而配神。

太宗，大惠之曲：

維清緝熙，於昭明德。我其收之，駿奔萬國。南郊肇修，大典增飾。清廟吉蠲，純禧申錫。

睿宗，大和之曲：

維時祖功，肇開神基。昭哉聖考，其德增輝。上動天監，明命攸歸。謀貽翼子，無疆之辭。

文舞退，武舞進，宮縣肅寧之曲：

先皇開基，比迹殷湯。功加天下，武德彌光。容舞象成，干戈戚揚。於昭報本，懷哉不忘。

亞終獻，宮縣肅寧之曲：

於皇宗祊，朝獻維時。芬芬酒醴，棣棣威儀。誠則有餘，神之格思。神孫千億，神其相之。

皇帝飲福，登歌夾鐘宮福寧之曲〔三〕：

皇皇穆穆，丕承丕基。躬親于禋，載肅載祇。對越在天，神歆其誠。于以飲酒，如川之增。

徹豆，登歌夾鐘宮豐寧之曲：

物維其時，既豐且旨。苾苾德馨，或將或肆。神之居歆，洽于百禮。於萬斯年，穰穰介祉。

送神，宮縣黃鐘宮來寧之曲：

濟濟多儀，皇皇雅奏。獻終反爵，薦餘徹豆。神監昭回，有秩斯祐。無疆之福，申錫厥後。

昭德皇后别廟，郊祀前薦享，登歌樂曲。

初獻盥洗，夷則宫肅寧之曲：

神無常享，時歆精誠。惟誠惟潔，感通神明。先事盥滌，注茲清泠。巾篚既奠，尊彝薦馨。

初獻升、降殿，中吕宫嘉寧之曲：

有來肅肅，登降以敬。粲粲袨服，鏘鏘佩聲。金石節奏，既協且平。其儀不忒，乃終有慶。

司徒奉俎，奏夷則宫豐寧之曲：

馨我黍稷，潔我牲牷。降升有節，薦是吉蠲。工祝致告，威儀肅然。神之弔矣，元吉其旋。

酌獻，奏夷則宫儀坤之曲：

俔天之妹，坤德利貞。圜丘有事，先薦以誠。我酒既旨，我殽既盈。神其居歆，福禄來成。

徹豆，奏中吕宫豐寧之曲：

明昭祀事，舊典無違。樂既云闋，神其聿歸。禮之克成，神保斯饗。於萬斯年，迓續丕貺。

祫禘有司攝事。

初獻盥洗，宮縣無射宮肅寧之曲：

祀事之大，齊栗爲先。潔精以獻，沃盥于前。既灌以升，乃薦豆籩。神其感格，歆于吉蠲。

升自西階，登歌奏夾鐘宮嘉寧之曲：餘並同親祀。

國有太宮，合食以禮。躋階肅肅，降陛濟濟。鏘然純音，節乃容止。神之格思，永綏福履。

時享，攝事登歌樂章。

初獻盥洗，無射宮肅寧之曲：

酌彼行潦，維挹其清。潔齊以祀，祀事昭明。顯允辟公，沃盥乃升。神之至止，歆于克誠。

初獻升殿，夾鐘宮嘉寧之曲：餘同親祀，惟不用宮縣。

濟濟在庭，祇薦有序。雍容令儀，旋規折矩。爰徂于基，鳴珮接武。敬恭神明，來寧來處。

昭德皇后時享，登歌樂章。

初獻盥洗，無射宮肅寧之曲：

時祀有章，禮備樂舉。爰潔其盥，亦豐其俎。俯仰升降，中規中矩。神其來格，百福是與。

初獻升殿，夾鐘宮嘉寧之曲：三獻及司徒降，同。

假哉神宮，神宮有侐。惟時吉蠲，登降翼翼。歌鐘鏘煌，笙磬翕繹。於昭肅恭，靈鼈來格。

司徒奉俎，無射宮豐寧之曲：

宮庭枚枚，鐘磬喤喤。既儀圭鬯，既奠膋薌。齊莊奉饋，籩豆大房。靈之右饗，流慶無疆。

酌獻，無射宮儀坤之曲：

於皇坤德，作合乾儀。塗山懿範，京室芳徽。容聲如在，典祀惟時。神其克享，薦祉來宜。

亞終獻，無射宮儀坤之曲：

嘉羞實俎，高張在庭。申獻合禮，終獻改申爲三。坤德儀刑。神其是聽，用鬯清明。清明既鬯，來享來寧。

徹豆，夾鐘宮豐寧之曲：

禮成於終，神心禔禔。膋蕭發馨，樂闋獻已。徒馭孔多，靈輿載轙。青玄悠悠，歸且億矣。

宣孝太子別廟，登歌樂章。

初獻升殿，夾鐘宮承安之曲：

有腯斯牲，有馨斯齊。美哉洋洋，升降以禮。禮容既莊，樂亦諧止。神之格思，式歆明祀。

酌獻，無射宮和寧之曲：

於惟光靈，孝德昭宣。高麗有奕，來寧來燕。於薦惟祫，既時既蠲。從我烈祖，載享億年。

亞終獻，和寧之曲：

金石和奏，豆籩惟豐。祠宮奉事，齊敬精衷。笙吟伊浦，鶴駐緱峯。是保是饗，靈德無窮。

徹豆，夾鐘宮和安之曲：

寢成奕奕，今茲其時。明稱肇祀，將禮之儀。侯安以懌，羞嘉且時。樂闋獻已，神其饗思。

大定三年十月，追上睿宗册寶，應鐘宮顯寧之曲：

天開休運，積仁而昌。命茲昭考，敢忘顯揚。上儀肇舉，涓日之良。來格來享，惠我無疆。

大定十九年，升祔熙宗册寶樂曲：

恢大帝業，敉寧多方。懿德茂烈，金書發揚。肇舉上儀，涓擇吉日。鴻名赫赫，與天無極。

上册寶，宮縣靜寧之曲：

日卜其吉，承祀孔肅。廣號追崇，孝心克篤。於乎悠哉，來思晬穆。寶册既陳，委於宗祝。

皇帝降殿，宫縣鴻寧之曲：

繼世隆昌，臨朝靜默。追謚鴻名，發輝潛德。玉質金章，煌煌簡册。涓辰展儀，永傳無極。

殿庭樂歌。

大定七年正月，上册寶，皇帝將升御座，宫縣奏太簇宫泰寧之曲：降座，同〔四〕。

德隆帝位，承天而興。侯邦來庭，民居安寧。歸美以報，傳之無極。鴻名徽稱，壽時萬億。

册寶入門，奏天保報上之曲：

四方既平，功歸聖明。定功巍巍，丕享鴻名。股肱良哉，揄揚元首。儲精優游，南山等壽。

奉册寶官將復班位，奏歸美揚功之曲：

聖德高明，萬邦咸休。錙銖唐、虞，糠粃商、周。維時羣臣，對斆稽首。天子明明，令聞不朽。

冊寶初行，奏和寧之曲：冊寶將升殿，皇太子自侍立位至降階，曲並同。

四方攸同，昭哉成功。時和年豐，諸福來崇。英聲昭騰，和氣充塞。於乎皇王，維壽時億。

皇太子升殿賀，奏同心戴聖之曲：

穆清皇風，遐方來同。於昭于天，物和歲豐。丕受鴻名，對揚偉蹟。純耋穰穰，敷錫罔極。

上壽，皇帝將升御座，宮縣和寧之曲。同前。

舉酒，萬壽無疆之曲：

四海太平，吾皇之功。羣臣對揚，誕受鴻名。霞觴瓊腴，君王樂豈。皇天垂休，萬壽無極。

皇太子升階、降階，及與宴官升殿，並奏和寧之曲。同前。

進第一爵，登歌奏王道昌明之曲〔五〕：

對天鴻休，于以鋪張。巍巍煌煌，超冠百王。皇圖皇綱，時維明昌。祉福無疆，于民敷揚。

行羣官酒，宮縣和寧之曲。文舞入〔六〕，設羣官食，奏功成治定之舞，三成止：

聖德高明，如天强名。多方治平，功大有成。流于聲音，形于蹈舞。頒觴羣臣，以昭禮遇。

進第二爵，登歌奏天子萬年之曲：

惟明后，馭寰瀛。躋升平，飛英聲。功三王，德五帝。游巖廊，億萬歲。

行羣官酒，宮縣和寧之曲。武舞入，設羣官食，奏四海會同之舞，三成止：

地平天成，時和歲豐。迓衡弗迷，率惟敉功。受天之祜，四方來荷。於萬斯年，不遐有佐。

進第三爵，登歌嘉禾之曲：

景命赫斯歸吾皇，仁風洋洋被遠荒。琛贄旅庭趨明光，氣和薰蒸爲嘉祥。殊本合穗真異常，庾如坻京歲且穰。猗歟鴻休超前王，播爲聲詩傳無疆。行羣官酒、設羣官食、羣官降階，宮縣並奏和寧之曲，皇帝將降御座，奏泰寧之曲，並用太蔟宮。

大定十一年十一月，行册禮，皇帝升御座，宮縣泰寧之曲：

皇皇穆穆，衮服玉趾。如日之升，如山仰止。九賓在列，媚茲天子。願言無疆，介以繁祉。

冊寶入門，奏天保報上之曲：

穆穆元聖，天迪子保。相維臣工，以奏丕號。揚于路朝，玉牒神寶。於萬斯年，吾君壽考。

奉冊寶官將復班位，奏歸美揚功之曲：

玉冊玉寶，尊聖天子。丕揚鴻名，昭受帝祉。閎休對天，其隆孰比。臣下同心，翼戴歸美。

皇太子升殿賀，奏同心戴聖之曲：

大矣我后，徽冊膺受。歡趨彤庭，拜手稽首。休明御辰，無疆萬壽。靈貺沓來，天地長久。

舉酒，奏萬壽無疆之曲：

聖德懋昭，民歸天祐。煌煌金書，典冊光受。備樂在庭，八音諧奏。羣公奉觴，天子萬壽。

進第一爵，登歌王道昌明之曲：

明明我皇，道光化溥。百度惟新，禮修樂舉。藻飾太平，爛然可覩。超躋三王，暉映千古。

設羣官食，奏和寧之曲、功成治定之舞：

穆穆我君，威折羣醜。輝光日新，仁洽九有。容典葳蕤，超前絶後。端拱深嚴，寶册膺受。

第二爵，登歌奏天子萬年之曲：

典禮修，惟明后。揚鴻名，燦瓊玖。羅華紳，爲萬壽。歌南山，堅且久。

行羣官酒，奏和寧之曲、四海會同之舞：

道隆政平，天開有德。萬國和寧，來王來極。昭受鴻名，俯徇列辟。錫飲行觴，歡心各得。

第三爵，登歌奏嘉禾之曲：

衆瑞畢至昭升平，爰生嘉禾迺合穗。膴膴大田無南東，稼茂如雲成豐歲。既刈既穫百室盈，擊壤歌沸野老聲。陶唐之民玆其比，帝力何有若自遂。

大定十八年十二月，上「受命寶」，皇帝將升御座，宮縣奏泰寧之曲：並大呂宮。

上帝有赫，懷此明德。畀之神寶，庸鎮萬國。臨軒是膺，登降維則。羣臣拜首，年卜萬億。

　寶入門，奏天保報上之曲：

受命大寶，昭荅眷佑。珍符明貺，人爲天授。文物具舉，韶、濩迭奏。羣臣上之，天子萬壽。

　羣臣合班，奏歸美揚功之曲：

德冒生民，明明元后。端冕臨軒，神寶是受。羣工來賀，咸拜稽首。無疆無期，享祚長久。

　皇太子升殿，并自侍立位降階，宮縣稱觴介壽之曲：

上儀昭舉，膺時瑞玉。羣辟在列，蹌蹌肅肅。袞衣桓圭，歸美稽首。升降惟時，天子萬壽。

　舉酒，登歌奏萬壽無疆之曲：

上帝眷命，純休茲至。誕膺洪寶，光臨大器。稱觴對揚，嵩嶽萬歲。其寧惟永，無疆卜世。

天德二年十月，册立中宮，皇帝將升御座，宮縣奏乾寧之曲：降座，同。

人道大倫，王化所基。明聖稽古，陰教欲施。臨軒發册，備舉彝儀。麟趾、關雎，宜播聲詩。

册寶入門，奏昌寧之曲：出門，同。

羽衞充庭，淑旂徽章。禮儀具舉，涓辰以良。相我内訓，來儀椒房。億萬斯年，邦家之光。

將受册寶、以册寶入門，宮縣奏肅寧之曲：命婦升、降，同。

塗山興夏，關雎美周。坤儀之尊，母臨九州。瑶册褘衣，光配凝旒。地久天長，福禄是遒。

后出閤，奏順寧之曲：升、降座，同。

天立厥配，任、姒比隆。母儀四海，化行六宮。日月並明，乾坤合德。於萬斯年，作儷宸極。

受册，奏坤寧之曲：

風化之始，由于壼闈。禮文斯備，爰正坤儀。維順以慈，儷聖同德。則百斯男，垂統無極。

天德四年二月，册皇太子，皇帝將升御座，宮縣奏乾寧之曲：皆用夾鐘宮〔七〕。

大君有爲，先圖本固。涓辰之吉，禮成儲副。文物備陳，聲樂皆具。人心載寧，克昌福祚。

册使入門，昌寧之曲：

在天成象，焕乎前星。惟聖時憲，典禮以行。一人有慶，萬邦以貞。社稷之福，寖昌寖明。

皇太子入門，奏元寧之曲：出門，同。

皇矣上帝，純佐明聖。篤生元良，日躋德性。册命主器，萬邦以正。龍樓問寢，億年之慶。

大定八年正月，册皇太子，皇帝將升御座，宮縣洪寧之曲：並用太蔟宮。

會朝清明，臨軒備禮。天威皇皇，臣工濟濟。於昭元良，膺兹典册。對揚閎休，卜年萬億。

皇太子入門，奏肅寧之曲：

光昭前星，惟天垂象。稽古而行，主器以長。曲禮告成，邇遐屬望。國本既隆，繁釐永享。

羣臣合班，奏嘉寧之曲：

於皇臨軒，禮崇上嗣。維眷之祺，儀方正位。言觀其儀，翔翔濟濟。美歸吾君，太平萬歲。

皇太子復受册位，奏和寧之曲：

祖功艱難，經營締構。基牢根深，枝繁葉茂。於昭貽謀，駢休集佑。元良斯貞，吾皇萬壽。

大定二十七年三月，册皇太孫，皇帝將升御座，宫縣泰寧之曲：並姑洗宫。

上天叢休，申錫祚胤。孫謀有詒，臨軒體正。煌煌上儀，欣欣衆聽。隆我邦本，無疆惟慶。

皇太孫入門，奏慶寧之曲：出門，同。

寶源流光，流光惟遠。孫謀有貽，慶序昭衍。於樂衆望，於皇備典。動容周旋，承茲嘉羡。

羣臣合班，奏順寧之曲：

冕旒當宁，徽章備舉。綵仗充庭，金石列簴。濟濟多士，翼翼就序。海潤山暉，傾聽樂府。

皇太孫復受册位，奏保寧之曲：

禮之攸聞，丕建世嫡。衆論協從，天心不易。名崇震宮，辭著瑞册。社稷宗廟，無疆夷懌。

鼓吹導引曲。

天眷三年九月，駕幸燕京，導引曲：無射宮。

五年一狩，仙仗到人間，問稼穡艱難。蒼生洗眼秋光裏，今日見天顏。金戈玉斧臨香火，馳道六龍閑。歌謡到處皆相似，天子壽南山。

天德二年三月，祫享迴鑾，導引曲：

禮成廟享，御衛拱飛龍，諸道起祥風。太平天子多受福，孝德與天通。鳳簫龍管韶音奏，聲在五雲中。粲然文物昭治世，萬億禩無窮。

貞元元年三月，駕幸中都，導引曲：並姑洗宮。

鑾輿順動，嘉氣滿神京，輦路宿塵清。鈎陳萬旅隨天仗，縹緲轉霓旌。都人望幸傾堯日，氃抃溢歡聲。臨觀八極辰居正，寰宇慶昇平。

采茨曲：

新都春色滿，華蓋定全燕。時運千齡協，星辰五緯連。六龍承曉日，丹鳳倚中天。王氣盤山海，皇居億萬年。

貞元三年十一月，祫享迴鑾，采茨曲：並用〔八〕。

慶成迴大駕，仙仗紫雲深。龍衮輝千騎，嵩呼間八音。太平興縟禮，萬國得懽心。孝格迎遐福，穰穰永降臨。

正隆六年六月，駕幸南京，導引曲：並林鐘宮。

神宮壯麗，宮殿壓蓬萊，向曉九門開。聖明天子初巡幸，遥駕六龍來。五雲影裏排仙仗，清蹕絶纖埃。都人齊唱昇平曲，更進萬年盃。

采茨曲：

雙闕層雲表，澄景開清曉。六龍天上來，馳道平如掃。虞巡五載合，夏諺一遊同。都人欣豫意，寫入頌聲中。

大定三年十月，祫享迴鑾，采茨、導引曲〔九〕：皆應鐘宮。自後親祀，二曲並用。

太宫崇烈考，大禮慶初成。綵仗迴雲步，天階嚴蹕聲。舜宫合至孝，周頌詠維清。介福應穰簡，歡交萬國情。

導引曲：

禮行清廟，華黍薦年豐，聖孝與天通。六龍迴馭千官衛，玉振珮環風。黄麾金輅嚴天仗，非霧鬱葱葱。工歌疊奏升平曲，福禄自來崇。

大定二十七年三月，皇太孫受册，謝廟，導引曲：

璿源濬發，衍慶自靈長，聖運日隆昌。震闈顯册遵彝典，基緒焕重光。練時廟見嚴昭報，禮樂粲成章。精誠潛格神明助，福禄永無疆。

校勘記

〔一〕禘祫親饗　據本志文例，此句上當有「宗廟樂歌」四字。

〔二〕黄鐘宫三奏　「宫」字原脱。按，本書卷三〇禮志三朝享儀，朝享太廟，「宫縣奏來寧之曲，以黄鍾爲宫」。本卷上文「禘祫親饗」，「迎神，宫縣來寧之曲。黄鐘宫三奏」。今據補。

〔三〕登歌夾鐘宫福寧之曲　「宫」字原脱。按，上文「禘祫親饗」，「皇帝飲福，登歌夾鐘宫福寧之曲」。今據補。

〔四〕宫縣奏太簇宫泰寧之曲降座同　「奏」，原作「樂」。按，集禮卷二帝號下大定七年册禮作「宫縣奏泰寧之曲」。今據改。又，「降座同」三字原作大字正文，今據北監本、殿本、局本改爲小字注文。

〔五〕登歌奏王道昌明之曲　「昌明」，原作「明昌」。按，下文「大定十一年十一月，行册禮」，「進第一爵，登歌王道昌明之曲」。集禮卷二帝號下大定七年册禮亦作「昌明」。今據乙正。

〔六〕文舞入　「舞」，原作「武」，據集禮卷二帝號下大定七年册禮改。

〔七〕皆用夾鐘宫　原作大字正文，今依本志文例改作小字注文。

〔八〕祫享迴鑾采茨曲並用　按，「並用」下當脱宫調名。

〔九〕祫享迴鑾采茨導引曲　按，「導引曲」見下，此「導引」二字疑爲衍文。又，此下注文亦當繫於下文「導引曲」之後。

金史卷四十一

志第二十二

儀衛上

常朝儀衛　內外立仗　常行儀衛　行仗法駕　黃麾仗

金制，天子之儀衛，一曰立仗，二曰行仗。其衛士，曰護衛，曰親軍，曰弩手，曰控鶴，曰傘子，曰長行。立仗則有殿庭內仗、殿庭外仗，凡大禮、大朝會則用之；其朔望常朝，弩手百人分立兩階而已。行仗則有法駕、大駕、黃麾仗，凡行幸及郊廟祀享則用之。其非大禮遠出，則有常行儀衛、宮中導從焉。大抵模倣宋制，錯綜增損而用之。其宿衛則見兵志云。

初，國制，凡朔望常朝日，殿下列衛士，簾下置甲兵。正隆元年，海陵去甲兵，惟存錦衣弩手百人，分立兩階。其儀，都副點檢，公服偏帶。常朝則展紫。左右衛將軍，宿直將軍，展紫，金束帶，各執玉、水晶及金飾骨朵。左右親衛，盤裹紫襖，塗金束帶，骨朵，佩兵械。供御弩手、傘子百人，並金花交脚幞頭，塗金銅鈒襯花束帶，骨朵。左右班執儀物內侍二十人，展紫，塗金束帶。

朝參日，弩手、傘子直於殿門外，分兩面排立。司辰報時畢，皇帝御殿坐，鳴鞭，閤門報班齊。執擎儀物內侍分降殿階，南向立。點檢司起居，弩手、傘子於殿門外北面山呼聲喏，訖，即於殿門外東西相向排立。都點檢以次三員陞殿，都點檢在東近南，左副又少南，右副在西，東向對立。左右衛將軍在殿下東西對立。省臣隨班起居畢，左右司侍郎從宰執奏事。殿中侍御史隨班起居畢，東西對立於左右衛將軍之北，少前。修起居注分殿陛東西對立於殿欄外副階下，以俟。奏事畢，皇帝還閤，侍衛者乃退。

凡遇大禮、大朝會，則有內外立仗。熙宗皇統元年正月，上册寶，立仗一千一百八十人。自是以後，至海陵時，俱用三千人。世宗大定七年，上册寶，頗損其數，且以天德、貞元不設車輅，遂并去之。是後，或減至二千，或一千、或八百、或六百人。

天德二年，海陵立后，發册勤政殿，設黄麾細仗，用前六部，攝官七十一，擎執六百七十八人。受册泰和殿，用後六部，攝官三十六，擎執三百二十二人。

大定八年正月，册皇太子於大安殿，用黄麾半仗二千二百六十五人，奉表于仁政殿用黄麾細仗一千四百二人。二十七年，册皇太孫，亦如之。

大定八年，黄麾半仗，攝官一百七十五人，擎執二千八十一人，編排職掌九人。

殿庭内仗。以中心東西相向一重，并面北旗幟爲中道。左行，自北西向排列。黄麾幡一首，執者三人。碧襴官一，大雉扇二。碧襴官一，中雉扇六。碧襴官一，小雉扇六。碧襴官一，朱團扇六。碧襴官一，睥睨四。碧襴官一，紅大傘一。碧襴官一，紫方傘二。碧襴官一，華蓋一。右行，東向列者，並同。面北，第一行，牙門旗八，共二十四人，分左右，留中道。第二行，監門校尉十二，分左右。第三行，長壽幢一，押旗大將軍一，居中。次東五方龍旗十五，次西五方鳳旗十五。第四行，自内而東，青龍旗五，紅龍旗二十。自内而西，青龍旗五，紅龍旗二十。第五行，同上，又君王萬歲旗一，五人居中。日旗一，五人在左。

月旗一，五人在右。第六行，自内而東，天下太平旗、苣紋旗、日月合璧旗、苣紋旗、青龍旗、赤龍旗、河瀆旗、江瀆旗各一，旗五人，排仗通直官一，排仗大將一。未、午、巳、辰、卯、寅旗各一，青天王旗、白天王旗各一。自内而西，祥雲旗、五星連珠旗、祥雲旗、黄龍旗、白龍旗、黑龍旗、淮瀆旗、濟瀆旗各一，旗五人，通直官一，大將一。申、酉、戌、亥、子、丑旗各一，緋天王旗、皂天王旗各一。第七行，自内而東，孔雀旗一，五人。蒼烏旗、兕旗、犛牛旗、驪騊旗、赤熊旗、白狼旗、金鸚鵡旗、馴犀旗、角端旗、鵔鸃旗、騶牙旗、野馬旗、瑞麥旗、甘露旗各一，旗五人。自内而西者同。

外仗。在門外。左邊，西向，自北排列。第一部，第一行，侍御史、大將軍、折衝都尉各一，主帥三。第二行，絳引幡五首十五人，龍頭竿四、弓矢五、揭鼓二、龍頭竿四、儀鍠斧五、龍頭竿四、朱刀盾五、龍頭竿四、緑刀盾五、龍頭竿四、小戟五。第三行，與第一行同。第四行，與第二行同。第二部、第三部、第四部、第五部以次而南，各爲前後四行，其名數與第一部同，惟無絳引幡。右五部，東向排列，色數皆同。左第五行，從北，每大旗一，均用小紅龍旗二間之。角宿旗一，三人，均用二。亢宿旗一，三人，均用二。氐宿旗一，三人，均用二。房宿旗一，三人，均用二。心宿旗一，三人，均用二。尾宿旗一，三人，均用二。箕宿旗一，三人，均用二。斗宿旗一，三人，均用二。牛宿旗一，三人，均用二。女宿旗一，三人，龍旗并黄排襴旗各一。虚宿旗一，三人，紅、黄排襴旗二。危宿旗一，三人，紅、紫排襴旗二。室宿旗一，三人，黄、紫排襴旗二。壁宿旗一，三人，紅、黄排襴旗二。重輪旗一，三人，紅、紫排襴旗二。左攝提旗一，三人，黄、紫排襴旗二。青龍旗一，三人，紅、黄排襴旗二。木星旗一，三人，紅、紫排襴旗二。火星旗一，三人，黄、紫排襴旗二。土星旗一，三人，紅、黄排襴旗二。金星旗一，三人，紅、紫排襴旗二。水星旗一，三人，吏兵并紫排襴旗各一。北岳旗一，三人，吏兵并龍君旗各一。東岳旗一，三人，龍君并黄熊旗各一。中岳旗一，三人，黄熊并赤豹旗各一。西岳旗一，三人，赤豹并力士旗各一。南岳旗一，三人，力士并虎君旗各一。朱雀旗一，三人，虎君并天馬旗各一。右第五行，從北。奎旗一，三人。婁旗一，三人。胃旗一，三人。昴旗一，三人。畢旗一，三人。觜旗一，三人。參旗一，三人。井旗一，三人。鬼旗一，三人。皆均用二旗如前。柳宿旗一，三人，紅龍并黄排襴旗各一。星宿旗一，三人，紅、黄排襴旗二。張宿旗一，三人，紅、紫排襴旗二。翼宿旗一，三人，紫、黄排襴旗二。軫宿旗一，三人，紅、黄排襴旗二。重輪旗一，三人，紅、紫排襴旗二。右攝提旗一，三人，紫、黄排襴旗二。白虎旗一，三人，紅、黄排襴旗二。東方神旗一，三人，紅、紫排襴旗二。南方神旗一，三人，黄、紫排襴旗二。中央神旗一，三人，紅龍排襴旗二。西方神旗一，三人，紅、紫排襴旗二。北方神旗一，三人，力士并紫排襴旗各一。風伯旗一，三人，力士并虎君旗各一。雨師旗一，三人，虎君并黄熊旗二。雷公旗一，三人，黄熊并赤豹旗二。電母旗一，三人，赤豹并吏兵旗二。北斗旗一，三人，吏兵并龍君旗二。玄武旗一，三人，龍君并天馬旗二。三人執一旗者重立，二人各執小旗者亦重立。

殿門外仗，亦從北，留中道。飛麟旗、駃騠旗、鸞旗、麟旗、馴象旗各二，共十人，從中分列爲第一重。鶡鷄旗、貔旗、玉馬旗、三角獸旗、黄鹿旗各二，共十人，次外分列爲第二重。其次，第一部都尉三員，第二部至第五部俱二員，爲第三重。又其次五部，各刀盾二十，爲第四重。又其次五部，各弓矢二十，爲第五重。左右同。

黄麾細仗，攝官八十八人，擎執一千三百五人，編排職掌九人。

内仗，中道左一行，自北西向排列。黄麾幡一首，執者三人。大雉扇六、中雉扇六、小雉扇六、朱團扇六、睥睨四、紅大傘一、紫方傘二、華蓋一，凡傘扇之上皆有碧襴官一。右行東向，排次同。面北，第一行，長壽幢一，居中。牙門旗八，共二十四人，分左右。第二行，君王萬歲旗五人，居中。日旗五人，監門校尉五人，在左。月旗五人，監門校尉五人，在右。第三行，五方龍旗十五在左，五方鳳旗十五在右。第四行，紅龍旗三十四，第五行，紅龍旗三十四，皆分左右。第六行，自内而東，太平、苣紋、合璧、苣紋、赤龍、青龍旗各一，旗五人，通直一人，大將一人。未、午、巳、辰、卯、寅旗各一，青天王旗、白天王旗各一。自内而西，祥雲、連珠、祥雲、黄龍、白龍、黑龍旗各一，旗五人，通直一人，大將一人。申、酉、戌、亥、子、丑旗各一，緋天王旗、皁天王旗各一。第七行，自内而東，河瀆、江瀆、兕、赤熊、馴犀、角端、鵕鸃、綱子旗各一，旗五人。自内而西，淮瀆、濟瀆、兕、赤熊、馴犀、角端、鵕鸃、綱子旗各一，旗五人。

外仗，左邊西向，自北排列，第一行，五部，侍御史、大將軍、折衝都尉各一，主帥各二。第二行，第一部，絳引幡五首，十五人。龍頭竿四、弓矢五、揭鼓二、儀鍠斧五，龍頭竿四、弓矢五、朱刀盾五、緑刀盾五，龍頭竿四、儀鍠斧五、朱刀盾五、緑刀盾五，龍頭竿四、小戟五，龍頭竿四、小戟五。第二部至五部無絳引幡，餘色並同，以次相接而南。右五部東向，亦如之。左第三行，從北，角、亢、氐、房、心、尾、箕、斗、牛、女、虛、危、室、壁旗各一，旗三人。次重輪、左攝提、青龍旗各一，木、火、土、金、水星旗各一，北、東、中、南、西岳旗各一，旗三人。次紫排欄四、黄排欄四、紅排欄四、吏兵旗二、天馬旗一。右第三行，從北，奎、婁、胃、昴、畢、觜、參、井、鬼、柳、星、張、翼、軫旗各一，旗三人。次重輪、右攝提、白虎旗各一，東、南、中、西、北方神旗各一，風伯、雨師、雷公、電母、北斗旗各一，旗三人。次紫排欄

四、黄排襴四、紅排襴四、吏兵旗二、天馬旗一。

行仗。天子非祀享巡幸遠出，則用常行儀衛。弩手二百人、軍使五人，控鶴二百人、首領四人，俱服紅地藏根牡丹錦襖、金鳳花交脚幞頭、塗金銀束帶，控鶴或皁帽碧襖，各執金鍍銀蒜瓣骨朵。長行四百人，拳脚幞頭、紅錦四褛襖、塗金束帶，二人紫衫前導，無執物〔一〕，餘執列糸骨朵七十八、瓜八十八、鐙三十四，在控鶴前，金吾仗八十、金花大劍六十俱垂紅絨結子、儀鍠斧五十八，在控鶴後。其常朝、御殿、郊廟、臨幸，凡步輦出入則有近侍導從，執金鍍銀骨朵者二人，左右扇十人，拂子四人，香盒二人，香毬二人，節二人，幢二人，盂一人，唾壺一人，淨巾一人，鍁鑼一人，水罐一人，交椅一人，斧一人，皇帝出閤則分立閤門之外，導引至殿，皇帝升座則降階以俟，入閤然後放仗。

天眷三年，熙宗幸燕，始備法駕，凡用士卒萬四千五十六人，攝官在外。海陵遷都于燕，用黄麾仗萬三百四十八人。天德二年祀廟，用黄麾四千人。世宗即位，凡行幸祀享並用三千人，間亦不滿其數。大定十一年前，祀南郊、朝享太廟及至郊壇，用大駕七千人，此其大較也。

天眷法駕人數。攝官六百九十九人：將軍、大將軍四十三人，折衝、果毅一百二十六人，校尉五十六人，郎將三十四人，帥兵官二百四十六人，統軍六人，都頭六人，千牛一人，旅帥二人，部轄指揮使二人，押纛二人，押衙四人，四色官四人，押旗二人，引駕官四人，進馬四人，押仗通直二人，押仗大將二人，碧襴一十六人，長史二人，鼓吹令二人，鼓吹丞二人，典事五人，太史令一人，太史正一人，司丞一人，府牧一人，刻漏生四人，縣令一人，御史大夫一人，僚佐一十人，進輅職掌二人，夾輅將軍二人，陪輅將軍二人，教馬官二人，四省局官八人，導駕官四十八人，抱駕頭官一人，執扇筤一人，尚輦奉御二人，殿中少監二人，供奉職官二人，令史四人，書令史四人，押仗二人，殿中侍御史二十四人。

諸班直隊二千九百四十五人：鈞容直三百六人，人員六，長行三百。執旗一百三十六人，引駕六十二人，人員二，長行六十。駕頭天武官一十二人，執從物茶酒班一十一人，御龍直仗劍六人，天武把行門八人，殿前班擊鞭一十人，御龍直四十人，人員二，長行三十八。骨朵直一百三十四人，部押二人，殿前班行門三十五人，捧日馬隊七百人，奉宸步隊七百人，天武骨朵大劍三百一十人，人員一十，長行三百。東第四班三十一人，人員一，長行三十。扇箟天武二十人，捧日隊從領人員一十七人，簇輦茶酒班三十一人，人員一，長行三十。鈞容直三十一人，人員一，長行三十。招箭班三十三人，人員三，長行三十。天武約欄三百一十人〔三〕。人員一十，長行三百。

車輅下駕士六百三十八人：玉輅下一百四十人，控踏路馬四，駕士一百二十八，挾輅八。金輅下六十四人，控馬踏路四〔三〕，駕士六十。象輅下駕士四十人，革輅、木輅、耕根車駕士同上，革車二，共五十人，指南、記里車各三十人，輅車、鸞旗、皮軒車各十八人〔四〕，黄鉞、豹尾車各十五人，屬車八，共八十人。

輦輿下六百八十五人：小輿一，長行二十四人，逍遥一，共三十五人，什將節級九，長行二十六。平輦下四十二人，什將節級九，人員七，長行二十六。腰輿共一十九人，人員一，什將虞候二，長行一十六。大輦下三百七十一人，掌輦人員四，什將十二，長行三百五十五，分五番。芳亭輦一，長行六十人，御馬三十二，共百三十四人。控馬，天武官六十四。挾馬，騎御馬直長行六十四人。押馬六人：騎御馬直人員三，天武節級三人。

象二十三人。

擎執人、舁士共八千七百七十一人〔五〕。

鼓吹樂工九百九十四人。

馬六千七十八疋。

天德五年，海陵遷都于燕，用黄麾仗一萬八百二十三人，攝官在内。騎三千九百六十九，分八節。

第一節。中道，象二十二人〔六〕。節級二人，銅鑼，七寶、鍮石、銀鈎各一，鐵鈎二，小旗十五，並服花脚幞頭、青錦絡縫緋襖衫、金鍍銀雙鹿束帶。

第一引，七十二人：清道一，武弁、緋雲鶴袍、袴、革帶，執黑漆杖。𢘿弩一，赤平巾幘、緋辟邪衫、革帶、赤袴。誕馬二，控四人，赤平巾幘、緋繡寶相花衫、銀革帶，纓轡涼屜二副。軺車一，赤馬二，駕士十八人，武弁、緋繡雉大袖衫、白袴。馬，纓轡涼屜、銅面、包尾。縣令一員，朝服，坐軺車。僚佐四員，並朝服。控馬八人，錦帽、絡縫紫衫、大珮銀帶。紫方傘一，黄抹額、寶相花衫、銀帶、大口袴。朱團扇一，曲蓋一，緋抹額、寶相花衫、革帶、袴。青衣二，青平巾、青衫、袴、革帶，執青竹杖。車輻棒二，赤平巾、緋白澤衫、革帶、赤袴。告止幡二，執者六人，緋抹額、寶相花衫、革帶、袴。傳教幡一，信幡一，各三人，並黄抹額、寶相花衫、革帶、大口袴。小戟十六。服同上。

第二引，二百六十四人：清道二，幰弩一，誕馬四，控八人，服並如前。掆鼓一，金鉦一，平巾幘、緋鸞衫、抹帶、袴，錦螣蛇〔七〕。大鼓六，黃雷花衫、袴、抹額、抹帶。節一，幢一，麾一，夾矟二，角四，儀刀十，並平巾幘、緋繡寶相花衫，銀革帶、大口袴。革車一，赤馬四，駕士二十五人，武弁、獬豸大袖、勒帛，馬飾如前。府牧一員，朝服坐車。僚佐四員，控馬八人，服並如前。鐃鼓一，簫二，笳二，笛一，篳篥一，並平幘、緋寶相花衫、銀褐抹帶。大横吹一，緋苣紋袍、袴、抹額、抹帶。青衣四，車輻棒四，紫方傘一，朱團扇四，曲蓋一，告止幡二，六人，傳教幡二，六人，信幡二，六人，小戟四十，服並如前。刀盾三十六，銀褐抹額、寶相花衫〔八〕、銀革帶、袴。弓矢三十六，錦帽、青寶相花衫、銀革帶、袴。矟三十六。錦帽、紫寶相花袍、革帶、袴。

朱雀旗隊三十四人：折衝都尉三人〔九〕，平巾幘、紫辟邪衫、革帶、大口袴、錦螣蛇、横刀弓矢。爆矟二，平巾幘、緋繡寶相花衫、革帶、袴。朱雀旗一，五人，緋抹額、寶相花衫、革帶、大口袴、横刀，引夾人加弓矢。弩六，弓矢六，矟十二。並平巾、緋寶相花衫、横刀、革帶、袴。

龍旗隊七十一人：大將軍一人，朝服。引旗四人，黃抹額、寶相花衫、革帶、大口袴。旗十二，風伯旗一、雨師旗一、雷公旗一、電母旗一、北斗旗一、五星旗五、左右攝提旗二，執、夾共六十人，皆五色寶相花衫、抹額、革帶、袴、横刀，引夾人加弓矢，後凡執旗者並同。副竿二，錦帽、黃寶相花衫、革帶、袴。護旗四人。加黃抹額、弓矢。

太僕三車八十一人：指南車，駕士三十人，武弁、緋絁繡孔雀大袖、銀褐帶、袴。記里鼓車，駕士三十人，獬豸大袖。鸞旗車，駕士十八人，瑞鷹大袖。駕車赤馬十二，執黑杖者三人。

外仗。牙門旗隊二十八人〔一〇〕：分左右。白澤旗二，執夾各五人，緑具裝冠〔一一〕、人馬甲、錦臂鞲、横刀，引夾加弓矢。金吾牙門旗第一門，牙門旗四，執夾十二人，青寶相花衫、抹額〔一二〕、革帶、大口袴、横刀，引夾人加弓矢。監門校尉六人。長脚幞頭、緋抹額、獅子裲襠、銀帶、横刀、弓矢、烏皮靴，後隊同。

前部馬隊，第一隊七十人：折衝、果毅都尉二人，錦帽、緋辟邪袍、袴、革帶、横刀、弓矢。角宿、亢宿、斗宿、牛宿旗四，旗各五人，並五色寶相花衫、抹額、革帶、横刀，引夾加弓矢。弩六，弓矢十四，並錦帽〔一三〕、青寶相花衫、革帶、袴。矟二十八。緋色衫，餘同上。

第二隊七十人：折衝、果毅都尉二人，白澤衫。氐宿、女宿、房宿、虚宿旗四，旗五人，弩六，弓矢十四，矟二十八。服、執如前。

第三隊七十人：折衝、果毅都尉二人，心宿、危宿、尾宿、室宿旗四，旗五人，弩六，弓矢十四，矟二十八。服、執如前。

第二節。中道〔一四〕，金吾引駕騎二十人：折衝都尉二人，平巾幘、緋辟邪衫、革帶、袴〔一五〕、横刀、弓矢。弩六，弓矢六，矟六。並平巾幘、緋寶相花裲襠、革帶、袴。

前部鼓吹五百四十七人：鼓吹令二人，長脚幞頭、緑公服、角帶、絲鞭〔一六〕、烏皮靴。府史四人，長脚幞頭、緑寬衫、角帶、黄絹半臂、烏靴。部轄指揮使一人，平巾幘、紫寶相花衫、革帶、錦騰蛇。主帥四十八人，分五項，平巾幘，緋鸞衫〔一七〕、革帶、袴、執儀刀。掆鼓、金鉦各十二，平巾幘、緋鸞衫、銀褐抹帶、錦騰蛇。大鼓、長鳴各百二十，黄雷花衫、抹額、抹帶。鐃鼓十二，緋苣紋衫、抹額、抹帶。歌二十四，拱辰管二十四，簫二十四，笳二十四，服如鉦鼓，無騰蛇。大横吹百二十。服如鐃鼓。

外仗。馬部第四隊六十人〔一八〕：分左右。折衝都尉二人，緋麟衫。箕宿、壁宿旗各一，旗五人，弩六，弓矢十四，矟二十八。服、執並如前隊。

第五隊六十人：折衝都尉二人，奎宿、井宿旗各一，旗五人，弩六，弓矢十四，矟二十八。服、執並如前隊。

第六隊六十人：折衝都尉二人，緋瑞鷹袍。婁宿、鬼宿旗各一，旗五人，弩六，弓矢十四，矟二十八。服、執並如前隊。

第七隊六十人：折衝都尉二人，胃宿、柳宿旗各一，旗五人，弩六，弓矢十四，矟二十八。服、執並如前隊。

第八隊六十人：折衝都尉二人，昴宿、星宿旗各一，旗五人，弩六，弓矢十四，矟二十八。服、執並如前隊。

第九隊六十人：折衝都尉二人，赤豹袍。畢宿、張宿旗各一，旗五人，弩六，弓矢十四，矟二十八。服、執同前。

第十隊七十人：折衝都尉二人，瑞馬袍。觜宿、翼宿、參宿、軫宿旗各一，旗五人，弩六，弓矢十四，矟二十八。服、執如前。

步甲隊，第一、第二兩隊百一十人：領軍衛將軍二人，平巾幘〔一九〕、紫白澤袍、袴、帶、錦螣蛇、横刀、弓矢。㯿矟四，平巾幘、緋寶相花袍、大口袴。折衝都尉四人，服如將軍。鶡鷄旗二，貔旗二，旗各五人，朱牟甲弓矢四十，朱牟甲刀盾四十。兜牟、甲身、披膊、錦臂鞲、行縢、鞋韈、勒甲、革帶。

第三節。中道，前部鼓吹第二，五百二十三人：侍御在外。節鼓二，笛二十四，簫二十四，篳篥二十四，笳二十四，桃皮篳篥二十四，黑平巾幘、緋對鸞衫、銀褐勒帛、大口袴。主帥二十六人，分四項，革帶、執儀刀，服如上，無勒帛。掆鼓、金鉦各十二，黑平巾幘、緋繡對鸞衫、銀褐勒帛、大口袴、錦螣蛇。小鼓百二十，中鳴百二十，黃雷花袍、袴、抹額、抹帶。羽葆鼓十二，青苣紋袍、抹額、抹帶。歌二十四，拱辰管二十四，簫二十四，笳二十四，服如前色。侍御史二員，朝服。黃麾幡一，三人。武弁、緋寶相花衫、銀褐勒帛、大口袴，執者馬、紖者步。

外仗〔三〇〕。步甲，第三隊五十二人：折衝、果毅都尉二人，紫瑞馬袍。玉馬旗二，旗五人，青牟甲弓矢四十。服、執並同前隊。

第四隊五十二人：折衝、果毅都尉二人，瑞鷹袍。三角獸旗二，旗五人，青牟甲刀盾四十。

第五隊五十二人：折衝、果毅都尉二人，白澤袍。黃鹿旗二，旗五人，黑牟甲弓矢四十。

第六隊五十二人：折衝、果毅都尉二人，服同。飛麟旗二，旗五人，黑牟甲刀盾四十。

第七隊五十二人：折衝、果毅都尉二人，赤豹袍。駃騠旗二，旗五人，銀褐牟甲弓矢四十。

第八隊五十二人：折衝、果毅都尉二人〔三一〕，服同。鸞旗二，旗五人，銀褐牟甲刀盾四十。

第九隊五十二人：折衝、果毅都尉二人，瑞鷹袍。麟旗二，旗五人，黃牟甲弓矢四十。

第十隊五十二人：折衝、果毅都尉二人〔三二〕，馴象旗二，旗五人，黃牟甲刀盾四十。服、執如前。

金吾牙門旗第二門，牙門旗四，執夾十二人，監門校尉六人。服、執同第一門。左右屯衞將軍二人〔三三〕，平巾幘、紫飛麟袍、大口袴、錦縢蛇、革帶、橫刀、弓矢。絳引幡二十，執者六十人，武弁、緋繡寶相花衫、銀褐勒帛、大口袴。共八十人。

第四節。中道，六軍儀仗二百五十二人：統軍六人，花脚幞頭、紫繡抹額、孔雀袍、革帶、橫刀、鞠鞨、器仗、珂馬。都頭六人，長脚幞頭、紫寶相花大袖、革帶、橫刀。神武軍旗二、羽林軍旗二、龍武軍旗二，旗各五人，執人錦帽，引夾人貼金帽〔三四〕。排攔旗四十八、吏兵旗四、力士旗四、赤豹旗四、黃熊旗四、龍君旗四、虎君旗四、掩尾天馬旗六，旗一人，錦帽、五色寶相花衫、革帶、錦臂韝。白幹槍九十，交脚幞頭、五色寶相花衫、抹額、革帶、汗袴。柯舒二十四，鐙杖十八。並貼金帽、五色寶相花衫、革帶。

引駕龍墀旗隊六十五人〔三五〕：排仗通直二人，排仗大將二人，並長脚幞頭、紫公服、紅鞓帶、絲鞭、烏皮靴。天王旗四、十二辰旗各一，旗一人，並錦帽、五色寶相花衫、革帶、臂韝。天下太平旗一、五方龍旗五，旗五人，執人錦帽，引夾人貼金帽，服並如上，橫刀、弓矢。君王萬歲旗

一、日月旗各一，旗五人。執人錦帽，引夾人貼金帽，服、執已見前例。

御馬六十六人：馬十六匹，匹四人，控馬三十二人，貼金帽、紫寶相花衫、革帶。夾馬三十二人，皁帽、青錦襖、塗金銅束帶。廣武節級一人，錦帽，執黑杖，服同控馬。管押騎御馬直人員一人。皁帽、紅錦襖、塗金銅束帶。

中道隊三十二人：大將軍一人，朝服、絲鞭。日月合璧旗一、苣紋旗二、五星連珠旗一、祥雲旗二，旗各五人。服、執見前例。長壽幢一。平巾幘、緋寶相花衫、革帶、大口袴。

金吾細仗一百人：青龍旗一、白虎旗一、五嶽神旗五、五方神旗五，旗各四人，並四色寶相花衫、青黃銀褐皁抹額、抹帶、橫刀，引夾如前。押旗二人，長脚幞頭、紫公服、紅鞓角帶、烏皮靴。五方龍旗各三、五方鳳旗各三，旗一人，並五色衫、抹額、革帶、橫刀。四瀆旗四，旗五人。並皁寶相花衫、抹額、革帶、橫刀，引夾如前。

外仗〔二六〕。黃麾前第一部二百七十二人：殿中侍御史二人，朝服。左右屯衛大將軍二人〔二七〕，折衝都尉二人，平巾幘、紫飛麟袍、革帶、大口袴、錦螣蛇、橫刀、弓矢。主帥二十人，平巾幘、緋寶相花衫、革帶、袴、儀刀。龍頭竿一百，揭鼓六，儀鍠斧二十，小戟二十，弓矢四十，朱縢絡刀盾二十，稍二十，緑縢絡刀盾二十。並青寶相花衫、抹額、抹帶、行縢、鞋韈。

第二部二百七十二人：殿中侍御史二人，左右領軍衛大將軍二人，折衝都尉二人，紫繡白澤袍。主帥二十人，龍頭竿一百，揭鼓六，儀鍠斧二十，小戟二十，弓矢四十，朱縢絡刀盾二十，矟二十，緑縢絡刀盾二十。服並緋。

第三部二百七十二人：殿中侍御史二人，左右屯衛大將軍二人，折衝都尉二人，紫瑞鷹袍。主帥二十人，龍頭竿一百，揭鼓六，儀鍠斧二十，小戟二十，弓矢四十，朱縢絡刀盾二十，矟二十，緑縢絡刀盾二十。服並黄，餘同上部。

第五節。中道，八寶香案共三百人〔二八〕：轝士九十六人，平巾幘、緋寶相花衫、大口袴、塗金銀束帶。燭籠三十二，大珮銀腰帶，服同輿士。行馬十六，服同燭籠。碧襴官十六人，弓脚幞頭、碧襴衫、塗金銅束帶〔二九〕、烏皮鞾，後四人執長刀。符寶郎八人，長脚幞頭、緑公服、角帶、槐簡、步導。援寶三十二人，人員二人，武弁、紫寶相花衫、革帶、執黑漆杖。長行三十人，緋寶相花衫、執黑漆杖。香案八，轝士三十二人，服同燭籠、行馬。案後金吾仗六，方傘二，大雉扇四，服並同碧襴官。金吾仗十二人，四色官四人，長脚幞頭、緑公服、大口袴、金銅腰帶，前二人執槐簡，後二人執金銅儀刀。押仗二人，長脚幞頭、紫公服、紅鞓帶、烏皮鞾。金甲二人，披膊、兜牟、鉞斧、錦臂韝、勒甲絛。進馬四人。平巾幘〔三〇〕、紫犀牛裲襠、革帶、袴、刀、弓矢。

金吾引駕四十九人：千牛將軍一人，千牛十人，郎將二人，並緋繡抹額、紫犀牛裲襠、革帶、大口袴、橫刀、弓矢、珂馬，將軍平巾幘、無抹額，千牛郎將花脚幞頭，餘同。長史二人、長脚幞頭、緑公服、金銅腰帶、袴、烏皮鞾。引駕官四人。長脚幞頭、紫公服、紅鞓帶、烏皮鞾。

中雉扇十二，大傘二，小雉扇四，華蓋二，香蹬一座，八人，火燎一，二人。武弁、緋寶相花大袖、革帶、大口袴。

腰輿人員、什將三人，皁帽、紅錦襖、塗金銀束帶。人員執杖。長行十六人，拳脚幞頭、紅錦四褛襖、塗金銀腰帶。排列官二人，長脚幞頭、紫公服、紅鞓帶、烏皮鞾。小輿二十四人，白鞓銀束帶〔三二〕，服同長行人。逍遥輦人員、什將共十六人，皁帽、塗金銀束帶、紅錦方勝練鵲。人員執黑漆杖。長行二十六人，紅地白獅錦襖、塗金銀帶、冠同。平輦人員、什將十六人，皁帽、紅錦團襖、塗金銀帶。輿輦共一百三人。

諸班開道旗隊一百七十七人：開道旗一，鐵甲、兜牟、紅背子、劍、緋馬甲。皁纛旗十二，旗一人，黑漆鐵笠、皁皮人馬甲。引駕六十二人，皁帽、紅錦團襖、紅背子、鐵人馬甲、箭、兵械、骨朵。輔龍直一百二人。皁帽、紅背子、骨朵、鐵人馬甲。

外仗〔三三〕。黄麾前第四部二百七十二人：殿中侍御史二人，左右武衛大將軍二人，折衝都尉二人，主帥二十人，龍頭竿一百，揭鼓六，儀鍠斧二十，小戟二十，弓矢四十，朱縢絡刀盾二十，矟二十，緑縢絡刀盾二十。黄寶相花衫，餘並如前第一部。

第五部二百七十二人。除左右驍衞大將軍與都尉服赤豹袍，龍竿以下服銀褐花衫，餘名色並如前第二部。

第六部二百七十二人。除將軍、都尉服瑞馬袍，龍竿以下服皁花衫，餘名色並如前第三部。

第六節。中道，門旗隊一百二十三人：騎執門旗四十，五方色龍旗十，步執紅龍門旗六十，麾旗一，簇輦紅龍旗八，日月旗二，麟旗一，鳳旗一，旗皆一人。並鐵甲、兜牟、紅錦襖、紅背子，馬執者惟紅背子，步執門旗仍帶劍。

金輅，皇太后乘之，公主侍坐，故在玉輅之前。駕士九十四人，赤平巾幘、緋繡對鳳大袖、緋抹額、赤袴、鞋韈。擊鞭内侍十人，皁帽、紅錦襖、塗金銀束帶。駕頭下，御床也。抱駕頭内侍一人，長脚幞頭、紫羅公服、塗金銀束帶。控馬二人，錦帽、錦絡縫寬衫、銀大珮腰帶。廣武官十二人，錦帽、白鞓銀束帶、襖。茶酒班執從物十一人，水罐二、香毬二、唾盂一、厮羅一、手巾一、御椅三人、踏床一，皁帽、碧錦團襖、紅錦背子、塗金銀束帶。共百三十人。

拱聖直，人員二人，長行三十八人。真珠頭巾、紅錦四䙆襖、塗金銀束帶。

導駕官四十二人，朝服。從人八十四，錦帽、紫絡縫寬衫、大佩銀腰帶。仗劍六人，皁帽、紅錦團襖、紅錦背子、鐵甲、弓矢、器械。廣武把行門八人，殿班把行門三十五人。服並如仗劍。

玉輅，帝后同乘，太子陪坐。駕士百二十八人，服如金輅，惟用青色。千牛將軍一人，具裝，執長刀於輅右。左右點檢二人，披金甲。夾輅大將軍二人，陪輅將軍二人，並朝服。進輅職掌二人，長脚幞頭、紫寬衫、塗金銀腰帶。教馬官二人，長脚幞頭、緋抹額、紫竇相花衫、塗金銀腰帶。部押二人，皁帽〔三三〕、鐵甲、紅錦襖、執骨朵。挾輅八人，控踏路馬四人〔三四〕，馬二匹，銅面、包尾、涼屜，人服如駕士。共一百五十三人。

龍翔馬隊二十隊，六百二十人，分左右，每隊人員三人，皁帽、鐵甲、紅錦襖、紅背子、弓矢、劍、骨朵、甲馬。殿侍二十八人。鐵甲、紅錦背子、弓矢、器械、甲馬。

東第五班，金槍六隊，每隊旗三人、鎗二十五人，內二十人佩弓矢。共一百六十八人，並裹鐵兜牟、金鎗。銀鎗六隊，每隊旗三人、鎗二十五人，內二十人佩弓矢。共一百六十八人。並裹鐵笠，銀鎗。

東第四班，二隊，每隊旗三人，弩二十五人，共五十六人。鐵笠、兜牟。

神勇步隊七百人：分左右作四重，每重人員十，皁帽、紅錦團襖、弓矢、器械、骨朵。長行六百六十人，並鐵兜牟、甲。內拱聖骨朵直一百六十四人，拱聖槍直一百六十四人，內執子旗者二人，餘執槍。拱聖弓箭直一百六十六人，弓矢、器械、執骨朵。拱聖弩直一百六十六人。挾弩、鞨韇。

廣武骨朵大劍三百一十人：指揮使五人，紅錦襖、紅背子。都頭五人，紅襖、紅背子、並皁帽、塗金腰帶、骨朵。長行三百人。内一百人簇四金鵰錦帽、紫孔雀寬襖、白鞓銀束帶、骨朵，二百人金鍍銀花朱紅笠、緋對鳳寬襖、銀帶、執銀花大劍。導駕官四十二員，從者八十四人。服已見前。

外仗〔三五〕。青龍白虎隊五十二人：果毅都尉二人，青龍旗一、白虎旗一，旗五人，弩六人，弓矢十四，矟二十。服已見前。

第七節。中道，駕後輔龍直樂三十一人〔三六〕：拍板一，篳篥十五，笛十四，人員一人。長行三十人，樂器自備，並皁帽、紅錦襖、塗金束帶，並馬。人員執骨朵。

扇筤二十五人：執筤官一人，控馬二人，服並如前例。紅龍扇二，長脚幞頭、紫公服、塗金銀束帶。廣武二十人。錦帽、繡寬襖、白鞓銀束帶、紫對鳳十領、緋對鳳十領。

七寶輦輂士四十二人：什將、人員十六人，皁帽、紅錦團襖。長行二十六人。盤裹幞頭、紅錦四褛襖、塗金束帶。

持鈒隊五十人：旅帥二人，服如都尉。重輪旗二，旗五人，服同前例。紅羅大傘二，大雉扇八，小雉扇八，紅羅繡華蓋一，武弁、緋寶相花衫、革帶、袴、錦螣蛇。朱團扇八，黃寶相花衫。真武幢一，皁寶相花衫。睥睨八，緋寶相花大袖。麾一，幢一。紫寶相花衫、銀褐抹帶。

後部鼓吹三百三十七人：鼓吹丞二人，典士四人，部轄指揮使一人，主帥十八人，金鉦、掆鼓各三，羽葆鼓十二，歌二十四，拱辰管二十四，簫二十四，笳二十四，節鼓二，鐃鼓十二，歌十六，簫二十四，笳二十四，小横吹一百二十。青苣紋袍、抹額、抹帶，餘並與前同。

金吾牙門旗第三門〔三七〕，牙門旗四，旗三人，監門校尉六人。服、執同第一門。

黄麾後第一部二百七十二人，第二部二百七十二人，第三部二百七十二人，殿中侍御、衛大將軍、折衝都尉、龍頭竿以下名色，並如前三部。

第八節。中道，後部鼓吹第二，百二十人：笛二十四，簫二十四，篳篥二十四，笳二十四，桃皮篳篥二十四。服並如前。

屬車八，牛二十四，駕士八十人。武弁、緋繡雲鶴大袖、銀褐抹帶、大口袴。黄鉞車，赤馬二，駕士十五人。武弁、緋對鵝大袖、銀褐抹帶、大口袴。豹尾車，赤馬二，駕士十五人。武弁、緋立豹大袖、銀褐抹帶、大口袴。

玄武隊六十一人：金吾折衝都尉一人，平巾幘、紫辟邪袍、革帶、袴、螣蛇、横刀、弓矢。㦸二，平巾幘、緋寶相花衫、革大帶。仙童旗一、玄武旗一、螣蛇旗一、神龜旗一，旗五人，服、執如前例。矟十九，弓矢十五，弩四。平巾幘、緋寶相花衫、革帶、袴。

黄麾後第四部二百七十二人〔三八〕，第五部二百七十二人，第六部二百七十二人，攝官名數服色並如前第四、第五、第六部。絳引幡二十，執者六十人。並武弁、緋繡寶相花衫、銀褐抹帶、大口袴。諸從駕官並於仗後陪從，朝服不足者公服。凡應乘馬者，並同宋制。

校勘記

〔一〕「長行四百人」至「二人紫衫前導無執物」　按，集禮卷二八儀仗下雜録稱：長行四百人中，二百人在控鶴前，二百人在控鶴後。據此，「二人紫衫前導，無執物」應屬下文「在控鶴後」之列，方符二百人之數。

〔二〕天武約欄三百一十人　「約欄」，原作「約襴」。按，文瀾閣四庫本集禮卷二七儀仗上行仗作「約欄」，意爲「約束、遮攔」。今據改。

〔三〕控馬踏路四　本卷上文有「控踏路馬」，踏路馬爲行在輅前之馬，與駕馬不同。四庫本集禮卷二七作「控踏路馬」。又本卷下文天德五年黄麾仗第六節玉輅下亦作「控踏路馬四人」。金史詳校卷三下，「當作『控踏路馬四』」。此處疑當爲「控踏路馬」。

〔四〕輅車鑾旗皮軒車各十八人　「輅車」，疑當作「軺車」。按，五輅之外不當另有「輅車」。集禮卷二七儀仗上行仗，天眷法駕「馬六千餘匹」，下有「軺車，二匹」。本書卷四三輿服志上天子車輅，大定十一年檢討南郊鹵簿有「軺車」。又本卷下文天德五年黄麾仗中第一節有「軺車一，赤馬二，駕士十八人」。

〔五〕擎執人舁士共八千七百七十一人　「舁」字原脱。按，集禮卷二七作「擎執、舁士共八千七百七十一人，擎執人共八千四百三十三人，舁士三百三十八人」。今據補。

〔六〕象二十二人　諸本同。按，本卷下注文「節級二人」至「小旗十五」共二十三人，與正文不符。其中「鐵鉤二」，集禮卷二七作「鐵鉤一」，注文合計爲二十二人。與此異。

〔七〕錦騰蛇　「騰」，原作「滕」，據南監本、北監本、殿本、局本改。按，荀子卷一勸學篇云：「螣蛇無足而飛」，「螣蛇」即「騰蛇」。下同改。

〔八〕寶相花衫　「相」字原脱。按，上下文數見「寶相花衫」，惟此處及下文「朱雀旗隊朱雀旗」下、「龍旗隊引旗」下與「副竿」下小注，皆脱「相」字，集禮卷二七皆有之。今並據補。

〔九〕折衝都尉三人　「折衝都尉」，原作「折衝都衛」，據局本改。按，集禮卷二七亦作「折衝都尉」。

〔一〇〕外仗牙門旗隊二十八人　「外仗」二字原脱。按，「外仗」與「中道」對言。上文首述「第一節中道」，則此「外仗」二字不可省。今據集禮卷二七補。

〔一一〕緑具裝冠　原作「緑貝冠」。按，本書卷四二儀衛志下大駕鹵簿大定十一年朝享太廟鹵簿第二節：「白澤旗二，旗五人緑具裝冠。」集禮卷二七亦作「緑具裝冠」。今據此改補。

〔一二〕青寶相花衫抹額　原作「青寶相花抹額衫」，今據集禮卷二七乙正。

〔一三〕並錦帽　「並」，原作「正」，據南監本、北監本、殿本、局本改。

〔一四〕第二節中道　「中道」二字原脱。按，前後各節皆有此二字，集禮敍此儀「第二節」原文中亦有之。今據補。

〔一五〕袴　此上疑脱「大口」二字。按，本卷上文「折衝都尉三人」下注文爲「大口袴」，下文折衝都尉服飾中凡有袴者均同。

〔一六〕絲鞭　原作「糸鞭」，據南監本、北監本、殿本、局本改。按，集禮卷二七亦作「絲鞭」。

〔一七〕緋鸞衫　「緋」，原作「排」，據南監本、北監本、殿本、局本改。

〔一八〕外仗馬部第四隊六十人　「外仗」二字原脱，今據集禮卷二七補。

〔一九〕平巾幘　「幘」字原脱，今據集禮卷二七補。

〔二〇〕外仗　此二字原脱，今據集禮卷二七補。

〔二一〕果毅都尉二人　「果毅」二字原脱，今據集禮卷二七補。

〔二二〕折衝果毅都尉二人　此八字原脱，今據集禮卷二七補。

〔二三〕左右屯衞將軍二人　集禮卷二七「將軍」前有「大」字，此處疑脱。

〔二四〕引夾人貼金帽　「貼」字原脱，今據集禮卷二七補。

〔二五〕引駕龍墀旗隊六十五人　「旗」字原脱，今據集禮卷二七補。

〔二六〕外仗　此二字原脱，今據集禮卷二七補。

〔二七〕左右屯衛大將軍二人　「屯衛」，政和五禮新儀卷二一朝會儀衛作「武衛」。

〔二八〕八寶香案共三百人　「香案共」三字原脱，今據集禮卷二七補。

〔二九〕塗金銅束帶　「塗」字原脱，今據集禮卷二七補。

〔三〇〕平巾幘　「幘」字原脱，今據集禮卷二七補。

〔三一〕白鞓銀束帶　「白鞓」，原作「白成」，今據集禮卷二七改。下文同改。

〔三二〕外仗　此二字原脱，今據集禮卷二七補。

〔三三〕皁帽　原作「皁袍」，今據集禮卷二七改。

〔三四〕控踏路馬四人　集禮卷二七作「控籠踏路馬二匹四人」。

〔三五〕外仗　此二字原脱，今據集禮卷二七補。

〔三六〕駕後輔龍直樂三十一人　「樂」，原作「等」，今據集禮卷二七改。

〔三七〕金吾牙門旗第三門　「旗」字原脱，據北監本、局本補。按，上文第一節外仗有「金吾牙門旗第一門」，第三節外仗有「金吾牙門旗第二門」。又此句上當脱「外仗」二字。

〔三八〕黄麾後第四部二百七十二人　按，上文第四節外仗「黄麾前第一部」至「第三部」，第五節外仗「黄麾前第四部」至「第六部」，第七節外仗「黄麾後第一部」至「第三部」，則此處之「黄麾後第四部」至「第六部」，必是第八節之外仗，此句上當脱「外仗」二字。

金史卷四十二

志第二十三

儀衛下

大駕鹵簿　皇太后皇后鹵簿　皇太子鹵簿　親王傔從　諸妃嬪導從　百官儀從　内外官傔從

大駕鹵簿。世宗大定三年，祫享，用黄麾仗三千人，分四節。第一節，無縣令、府牧，即用黄麾前三部，次前部鼓吹，次金吾牙門旗，次駕頭，次引駕龍墀隊，次天王、十二辰等旗。第二節，黄麾第四、第五部，次君王萬歲日月旗，次御馬，内增控馬司圉、挾馬司圉各一十六人〔一〕，次日月合璧、五星連珠等旗，次八寶，内增執黑杖傳喝一十八人在香案前，次七寶輦。第三節，黄麾後第一、第二部，次玉輅，次梼柂隊，次導駕門仗官。第四節，黄麾後第三、第四、第五部，次金輅，次牙門旗，次後部鼓吹。

大定六年九月，西京還都，用黄麾仗二千五百四十二人，攝官在内。騎七百六十二匹，分四節。第一節，攝官五十四人，執擎三百二人，樂工一百七十人。第二節，攝官三十二人，執擎三百七十六人。第三節，仗内攝官四十四人，導駕官四十二人，門仗官一百人，玉輅青馬八、駕士一百四十人，護駕梼梍隊五百人，執擎二百四十二人。第四節，攝官五十人，金輅赤馬八、駕士九十四人，控鶴二十二人，樂工八十四人，執擎二百九十人。

是歲，上還自西京，有司備儀仗，皇太子乘金輅，上疑其非禮，以問禮官，無能知者，上怒，皆責降之。明年，將册皇太子，宰臣奏當備儀仗告廟，上曰：「前朕受尊號謁謝，但令朕用宋真宗故事，朝服乘馬，於禮甚輕，今皇太子乃用備禮何耶？」丞相良弼謝，上徐曰：「此文臣因循，不加意爾。」先是，凡行幸皆役民執仗，是後詔以軍士易之。

大定十一年，將有事於南郊，朝享太廟，右丞石琚奏其禮〔三〕，上曰：「前朝漢人祭天，惟務整肅儀仗，此自奉耳，非敬天也。朕謂祭天在誠，不在儀仗之盛也，其減半用之。」於是，遂增損黄麾仗爲大駕鹵簿，凡用七千人，攝官在内。分八節。

第一節，第一引，七十人，縣令。第二引，二百六十四人，府牧。第三引，二百二十九人，御史大夫，名色與府牧同，頗損其數，而增行止旗一。

第二節，金吾皁纛旗一十二人，朱雀隊三十四人，指南、記里鼓車皆五十二人，鸞旗車一十八人。前部鼓吹一百二十九人。清游隊七十二人：內白澤旗二，旗五人，綠具裝冠、綠皮甲勒皮、錦臂韝、横刀，引夾加弓矢，綠皮馬甲、包尾全。折衝都尉二人，黑平巾幘、紫繡辟邪袍、革帶、銀褐大口袴、錦騰蛇、横刀、弓矢。弩六，弓矢二十四，稍三十。並錦帽、青繡寶相花衫、革帶、銀褐大口袴。佽飛隊四十八人：內果毅都尉二，黑平巾幘、紫繡飛麟袍、革帶、銀褐大口袴〔三〕、錦騰蛇，佩横刀、弓矢。虞候佽飛三十人，鐵甲、兜牟、横刀、弓矢、黑馬甲全。鐵甲佽飛一十六人。服、執如上。前部馬隊，第一隊六十四人，第二、第三隊皆六十人，第四、第五隊皆五十八人。殳叉仗五十四人：內帥兵官二人，黑平巾幘、緋寶相花衫、革帶、銀褐大口袴，執儀刀。殳二十六，叉二十六。五色寶相花衫、抹額、抹帶、行縢〔四〕、鞋韈。行止旗一。緋繡寶相花衫、抹額、銀褐抹帶、大口袴。

第三節〔五〕，前部鼓吹第二，三百六十九人。前步甲隊，第一至第五隊皆四十二人。衙門旗二十人。黃麾前第一部一百五十人，第二部一百二十人。殳叉仗五十八人。行止旗一。

第四節，黃麾幡三人，六軍儀仗二百二十六人，御馬三十三人，黃麾前第三至第五部皆一百二十人，青龍白虎隊五十二人，殳叉仗五十六人，行止旗一。

第五節，八寶二百三十二人，平頭輦三十人，七寶輦四十二人。班劍、儀刀隊二百人：內將軍二人、折衝都尉二人、平巾幘、緋辟邪袍、革帶、銀褐大口袴、錦螣蛇，執儀刀。班劍、儀刀各九十八。並平巾幘、緋繡寶相花衫、革帶、銀褐大口袴、錦螣蛇，執儀刀。驍衛翊衛隊六十人：內供奉郎將二員，黑平巾幘、緋繡瑞馬袍、革帶、銀褐大口袴，執儀刀。鳳旗二，旗五人，服、執如前。弩、弓矢、矟皆一十六。服如班劍，橫刀〔六〕。夾轂隊，第一隊九十二人：內折衝都尉二人，平巾幘、緋繡飛麟袍、革帶、銀褐大口袴，執儀刀。寶符旗二，旗五人，朱鍪甲刀盾八十。朱甲、錦臂韝、行縢、鞋襪。第二隊八十二人：內果毅都尉二人，白澤袍。飛黃旗二，旗五人，銀褐鍪甲刀盾七十。第三隊八十二人：內果毅都尉二人，赤豹袍。吉利旗二，旗五人，皁鍪甲刀盾七十。殳叉仗五十六人。行止旗一。

第六節，馬步門旗隊一百人，駕頭一十五人，廣武官、茶酒班執從物者二十三人。御龍直四十人。紅錦團襖、鍍金束帶，內人員二皁帽，三十八人真珠頭巾〔七〕。玉輅一百五十一人。栲栳隊五百人：內金槍隊一百二十六人，分左右，人員十八、並鐵甲、皁帽、紅錦背子，執小旗，馬甲，紅錦包尾。長行一百八人，鐵甲、兜牟、紅錦背子、錦臂韝，甲馬、紅錦包尾，執金槍。銀槍隊一百二十六人，人員十八、長行一百八人，服並如上，銀槍。弓箭直步隊一百二十四人，人員四、鐵甲、皁帽、紅錦團花戰袍、弓矢，執銀骨朵，馬甲全。長行一百二十人，鐵笠、紅錦團花戰袍、鐵甲、弓矢、骨朵。骨朵直步隊一百二十四人，人員四、長行一百二十人。服甲同上，無弓矢。金吾牙門旗二十人，黄麾後第一部一百五十人，第二部一百二十人，殳叉仗五十二人，行止旗一。

第七節，扇筤二十五人，金輅九十四人。大安輦一百八十一人：內尚輦奉御二人，殿中少監二人，奉職官二人，並公服。令史四人，書令史四人，七人烏介幘、緋四褛素衫、銀褐抹帶、大口袴、皁靴，一人長脚幞頭、紫羅公服、角帶皁靴。掌輦四人，武弁、黄繡寶相花衫、銀褐抹帶、大口袴。人員十二，皁帽、紅錦團襖、銅束帶，內指揮使一人執銀骨朵。舁士一百五十一人。服同掌輦。御馬三十三人。持鈒隊三十九人。後部鼓吹一百六十人。黄麾後第三至第五部皆一百二十人。後步甲隊第一至第二隊皆四十二人。殳叉仗五十六人。行止旗一。

第八節，後部鼓吹第二，一百四十人。象輅、革車、木輅皆五十人，進賢車二十六人，豹尾車一十八人，屬車八十人。玄武隊六十一人。後步甲隊第三至第五隊皆四十二人。金吾牙門旗二十人。後部馬隊第一隊七十六人，第二隊六十四人，第三隊六十人。殳叉仗六十人。行止旗一。後分行旗、止旗爲二。以上名數與黄麾同者不重述。

章宗明昌五年六月，尚書省奏：「大定六年，世宗自西京還都，採宋省方還京之儀，用黄麾仗二千人、及金玉輅、栲栳隊甲騎五百人、導駕官四十二員，自後遂不復用。今車駕幸景明宮，還都之日宜依用之。」制可。

承安元年，省臣奏：「南郊大禮，大駕鹵簿當用人二萬一千二百一十八、馬八千一百九十八。世宗親行郊祀，仗用七千人。今擬大定制外量添甲卒三百，栲栳隊、執檛人二百四十八，通七千五百四十八人，仍分八節。」從之。

泰和六年，上欲親行祫享，命有司計其役費，尚書省奏：「當用仗三千五百人，錢一萬餘貫，馬八百六十五匹。舊例，馬皆借取於民，親軍、班祗皆自備從事。今軍旅方興，官馬以備緩急，不可借用，民亦不可重擾，宜令有司攝事。」上詔再議之。

八年四月，禘于太廟，依元年例，用黃麾仗三千人，屯門仗五百人。

皇太后、皇后鹵簿。用唐、宋制，共二千八百四十人〔八〕。清游隊三十人，清游旗一，執一人，引二人、夾二人。並平巾幘、緋裲襠、大口袴，佩弓矢、橫刀、執矟、弩、騎。次金吾衛折衝都尉一人，平巾幘，紫裲襠、大口袴，錦騰蛇，弓矢、橫刀。犦矟二人，平巾幘、緋衫、大口袴，夾折衝。領四十騎：二十人執矟，四人弩，十六人橫刀〔九〕。並平巾幘、緋裲襠、大口袴、橫刀、弓矢。次虞候佽飛二十八人。並平巾幘、緋裲襠、大口袴、弓矢、橫刀，騎夾道，分左右均布至黃麾仗。次內僕令一人、丞一人，依本品服，分左右。各書令史二人。平巾幘、緋衫、大口袴，騎從。次黃麾一，執一人、夾二人。武弁、朱衣、革帶，正道騎。次左右廂黃麾仗，廂各三行，行百人，從內第一行，短戟、五色氅，執者並黃地白花綦襖、帽、行縢、鞋襪。次外第二行，戈、五色氅，執人並赤地黃花綦襖、帽、行縢、鞋韈。次外第三行，儀鍠、五色幡。並青地赤花綦襖、帽、行縢、鞋襪。次左右領軍衛、左右威衛、左右武衛、左右驍衛、左右衛等，衛各三行，行二十人，分前、後。衛各主帥六人，唯左右領軍衛各三人，並平巾幘、緋裲襠、大口袴，領軍衛前後獅子文袍、帽，餘衛豹文袍、帽，各執鍮石裝長刀，騎領，分前、後。每衛各果毅都尉一人檢校。被繡袍，以上各一名步從。左右領軍衛有絳引幡，引前、掩後各三〔一〇〕。執者六人，並平巾幘、緋衫、大口袴。次內謁者監四人，給事二人，內常侍二人，內侍少監二人。並騎，分左右。以上各有內給使一人，步從。次內給使百二十人。皆宮人，並平巾幘、緋衫、大口袴，分左右，在車後〔一一〕。次偏扇、團扇、方扇各二十四。分左右，以宮人執之，皆服間綵大袖裙襦、綵衣、革帶、履。次香蹬一，執擎內給使四人。平巾幘、緋裲襠、大口袴，在重翟車前。次重翟車，馬四，駕士二十四人。平巾幘、青衫、大口袴、鞋襪。次行障二，坐障二。分左右夾車，宮人執之，服同執扇。次內寺伯二人，領寺人六。分左右，平巾幘、緋裲襠、大口袴、執御刀，並騎，夾重翟車。次腰輿一，輦士八人，團雉扇二。夾輿。次大傘四，次大雉扇八。分左右，橫行爲二重。次錦華蓋二。單行，正道〔一二〕。次小雉扇、朱團扇各十二。並橫行，分左右。次錦曲蓋二十四。橫行，爲二重。次錦六柱八扇。分左右。自腰輿以下並内給使執之，服同前。次宮人車。次絳麾二。分左右，執各一人，武弁、朱衣、革帶、鞋襪。次後黄麾一，執一人、夾二人。並騎，武弁、朱衣、革帶，正道。次供奉宮人。在黄麾後。次厭翟車，馬四，駕士二十四人。次翟車、安車皆四馬，駕士各二十四人。次四望車、金根車，皆駕牛三，駕士各十二人。服同前。次左右廂牙門各二，每門執二人，夾四人。並赤綦襖、黄袍、帽。第一門在前黄麾前，第二門在後黄麾後。次左右領軍衛，每廂各一百五十人，執殳，並赤地黄花綦襖、帽、行縢、鞋襪。前與黄麾仗齊，後盡鹵簿。廂各主帥四人，檢校。平巾幘、緋衫、大口袴、被黄袍帽，執鍮石長刀，騎。其服豹文者二在内，服獅文者二，一引前，一護後。次左右領軍衛、折衝都尉各一人，檢校殳仗。以上各一人騎從。次後殳仗内正道置牙門一，每門監校尉二人，皆平巾幘、緋裲襠、大口袴，執銀裝長刀，騎。每廂各巡檢校尉一人，往來檢校。服仗同前。前後部鼓吹，金鉦、掆鼓、大鼓、長鳴、中鳴、鐃吹、羽葆、鼓吹、横吹、節鼓、御馬並減大駕之半。

是歲〔一三〕，重翟等六車改用圓方輅輦，及行障、坐障、錦六柱、宮人等車，其制度人數並見輿服志。

天德二年，海陵立后，皇后乘龍飾肩輿，有司設二步障於殿之西階，設扇左右各十，繖一，此蓋殿庭導引之儀也。又設皇太后導從六十人，傘子不在數内，並服簇四盤鵰團花紅錦襖、金花幞頭、塗金銀束帶。永壽、永寧宮導駕各三十人，傘子各二人，此亦常行之儀也。

皇太子鹵簿。受册寶謝廟，凡大禮、大朝會則用之。有司奏當用唐、宋儀禮，詔止用千人。

中道，清游隊二十四人：折衝都尉一人，白澤旗一，五人，弩四、弓六、矟八。並騎。清道直盪隊一十八人：折衝都尉二人，犦矟四〔一四〕，弓矢十二。並騎。誕馬四，控攏八人〔一五〕。正直旗隊三十三人〔一六〕：果毅都尉一人，重輪旗一、馴犀旗二、野馬旗一、馴象旗二，旗各五人，副竿二〔一七〕。並騎。細引隊一十四人：果毅都尉二人，弓矢六，矟六。矟與弓矢相間，並騎。前部鼓吹九十八人：並騎。府史二人，金鉦、掆鼓各二，大鼓十二，長鳴八，鐃鼓二，簫六，笳四〔一八〕、帥兵官二、節鼓二、小鼓十二、中鳴八、桃皮篳篥四、歌四、拱辰管六、篳篥六、大橫吹十二、羽葆鼓二、帥兵官二。繖扇八：梅紅傘二，大雉扇四，中雉扇二。小輿一十八人。導引官一十二人：中允二人、諭德二人、庶子二人、詹事二人、太師一人、太傅一人、太保一人，少師一人在金輅後。並騎。親勳翊衛圍子隊七十四人：郎將二人，儀刀七十二。並騎。金輅七十人。三衛隊一十八人。執儀刀。厭角隊六十二人：郎將一人，祥雲旗一，五人，弩三，弓七，矟十五，並騎。又郎將一人，祥雲旗一，五人，弩三，弓七，矟十五。並騎。朱團扇一十六人：司禦率府校尉四人，騎。朱團扇三，紫曲蓋三，朱團扇三，紫曲蓋三。大角一十八。後部鼓吹五十四人：並騎。管轄指揮一人，金鉦、掆鼓各一，鐃鼓二，簫六，歌六，篳篥六，節鼓一，主帥二人，笛六，笳四，拱辰管六，小横吹十，主帥二人。後拒隊四十六人：果毅都尉一人，騎。三角獸旗一，五人，弩四，弓矢十六，矟二十。

外仗。左行二百四人。牙門十六人：並騎。牙門旗一，三人，監門校尉三人，郎將一人，班劍九。前第一隊二十七人：司禦率府一人，果毅都尉一人，折衝都尉一人，主帥一人，並騎。絳引幡三首，九人，麟頭竿二，儀鍠斧二，弓矢二，麟頭竿二，儀鍠斧二，朱刀盾二，小戟二。第二、第三、第四、第五隊各一十四人。與第一部麟頭竿已下同。後第一隊四十七人：牙門旗一，三人，監門校尉三人，果毅都尉一人，主帥一人，絳引幡三，九人，鶡鷄旗一，五人，矟四，弩三，矟四，弓矢三，矟四，弓矢三，朱刀盾二，小戟二。並騎。後第二隊二十九人：果毅都尉一人，綱子旗一，五人，矟五，弩三，矟五，弓矢三，矟三，弓矢四。並騎。後第三隊二十九人：果毅都尉一人，黄鹿旗一，五人，矟五，弩三，矟五，弓矢三，矟三，弓矢四。並騎。右行二百四人，排列同。

太子常行儀衛，導從六十二人，傘子二人，並服梅紅繡羅雙盤鳳襖、金花幞頭、塗金銀束帶。凡從物𮞹鑼、唾盂、水罐等事並用銀金飾。傘用梅紅羅、坐麒麟金浮圖。椅用金鍍銀圈、雙戲麒麟椅背，紅絨絛結。殿庭與宴，褥用綉羅間金盤鳳，卓衣則用綉羅獨角間金盤獸。東宮視事，朱髹飾椅，塗金銀獸銜、紅絨絛結、明金團花椅背，案衣則用素羅，色皆梅紅，蒙帕踏脚同。

親王傔從。引接十人，皁衫、盤裹、束帶、乘馬。擎攏官五十人，首領紫羅襖、素幞頭，執銀裹牙杖，傘子紫羅團荅綉芙蓉襖〔一九〕、間金花交脚幞頭，餘人紫羅四䙆綉芙蓉襖、兩邊黄絹義襴，並用金鍍銀束帶，幞頭同。邀喝四人。傘用青表紫裹，金鍍銀浮圖。椅用銀裹圈背。水罐、𮞹鑼、唾盂並用銀。郡王擎攏官三十人，未出宫者二十人。國公擎攏官二十人，未出宫者十四人。郡王引接六人，國公四人，未出宫者各減半。人從儀物並依一品職事官制。

諸妃嬪導從四十人，幞頭、綉盤蕉紫衫、塗金束帶。妃用偏扇、方扇、團扇各十六，諸嬪各十四，皆宫人執，服雲脚紗帽、紫四䙆衫、束帶、緑鞾。大傘各一，傘子二人，就用本服錦襖幞帶。大長公主導從一十二人，皇妹皇女一十人，並服紫羅綉胸背葵花夾襖、盤裹、幞頭、大佩銀腰帶，牙杖各二。其諸宗室女，各以親疎差降之。傘制，皇太子三位妃皆青羅表紫裏、金浮圖，親王公主王妃金鍍銀浮圖，郡主縣主夫人銀浮圖，皆青表紫裏，諸臣下母妻各從其夫子勳封品級用傘。

百官儀從。正一品：三師、三公、尚書令，朱衣直省各十人，三公稱直府。掺攏官各六十人，並服紫衫帽、銀偏帶，內執藤棒二對〔二〇〕、骨朵三對，牙杖三對，簇馬六人，傘子二人。交椅、水罐、鋤鑼、盂子、唾盂等事以次執之，服皁衫帽、塗金銅束帶。後凡執色人並同。遨喝四人。傘用青羅紫裏、銀浮圖。從一品：尚書左右丞相、平章政事、都元帥、樞密使，直省同，樞密稱直院，以班祗人充。掺攏官五十人，遨喝四人。判大宗正，引接十人、掺攏官四十人。大興尹，面前兩對，餘並同。以上交椅並用銀裹圈背、紫絲絛結。

正二品：東宮三師、左右副元帥、尚書左右丞，直省八人，掺攏官四十人，遨喝三人，傘用朱浮圖。從二品：參知政事、樞密副使、御史大夫，直省同，御史臺稱通引，以傔使班祗人充。掺攏官三十六人，遨喝數同。

正三品：東宮三少、元帥左右監軍、殿前都點檢、六部尚書、諸京留守、宣徽、勸農使、翰林學士承旨等官，凡同品者，各引接六人，掺攏官二十人。以上交椅並用直背銀間粧、青絲條結。諸京都轉運使、招討使、諸路提刑使、諸府尹兼本路兵馬都總管及留守，捧攏官五十人。外任，統軍使、都運、招討使、副使〔二二〕、諸府尹兼總管，捧攏官四十五人，公使七十人。從三品：元帥左右都監、勸農副使、殿前副都點檢及御史中丞等官，凡同品者，各引接六人，捧攏官一十八人，内中丞引從則給緋衫。外任，運使、節度使，捧攏官四十人，諸節鎮、諸部族節度同，公使上鎮七十人、中鎮六十五人、下鎮六十人。以上外任官人從服色，除諸招討、總管、部族節度、羣牧使自來無射糧軍人力者並仍舊外，留守、統軍、總管、都運、招討、府尹、轉運、節度使人力亦仍舊，其數雖多，俱不得過四十人，並服紫衫、銀帶，銀裹圈背交椅、銀水罐、鍋鑼、盂、盤、牙杖，内銀裹骨朵、大劍各兩對，及遨喝，唯運使無骨朵、大劍。

正四品：左右諫議大夫、國子祭酒、六部侍郎等官，凡同品者，各引接八人，本破十二人。外任，留守同統軍都監、提刑副使〔二三〕，各捧攏官三十人。從四品：殿前左右衞將軍、諸猛安千户、親王府尉、諸京同知轉運等官，凡同品者，各引接四人，本破十二人。外任，捧攏官三十五人，公使上防禦六十人、中防禦五十五人、下防禦五十人。

正五品：尚書左右司郎中、翰林待制、太常少卿等官，凡同品者，各本破八人。外任，捧攏官三十人，公使上州五十人、中州四十五人、下州四十人。凡防禦、刺史、知軍，并京府統軍司、節鎮佐貳官人從，並服紫衫、角束帶，直背銀交椅、鐁鑼、盂子、唾盂、牙杖，傘用青表碧裏青浮圖。防禦、刺史、知軍仍用銀裹骨朵、大劍一對，邀喝，唯隨路副統軍則不邀喝。從五品：六部郎中、侍御史、大理少卿等官〔三〕，凡同品者，本破七人，侍御引從則給緋衫。外任，本破十人。以上職事官並許張蓋。

正六品：尚書左右司員外等官，凡同品者，本破六人。外任，本破九人。從六品：尚書六部員外等官，凡同品者，本破五人。外任，本破九人。

正七品：殿中侍御史等官，凡同品者，本破四人。外任，本破七人。縣令，公使十人。都軍，公使六人。從七品：應奉翰林文字等官，凡同品者，本破四人。外任，本破六人。縣令，公使十人。

正八品：大理評事等官，凡同品者，本破二人。外任，本破六人。從八品：太常太祝等官，凡同品者，本破二人。外任，本破五人。

正九品：御藥都監等官，凡同品者，本破一人。外任，本破三人。從九品：隨殿位承應、同監等官，凡同品者，本破一人。外任，本破一人。

尚書省、樞密院令、譯史、通事，六部、御史臺及統軍司通事、誥院令史、國史院書寫等職，各設本破一人。

以上職官，人力從物不得僭越。其外任官，人從服執，以本處公用或贓罰錢置。

凡內外官自親王以下，傔從各有名數差等，而朱衣直省不與。其賤者，一曰引接，亦曰引從。內官從四品以上設之。二曰捧擁官，內外正五品以上設之。三曰本破，內外正四品以下設之。四曰公使，外官正三品以下設之。五曰從己人力，外官正三品京都留守、大興府尹以下等官設之。本破如捧擁之職，公使從公家之事，從己執私家之役者也。五等皆以射糧軍充，其軍非驗物力以事攻討，特招募民年十七以上、三十以下魁偉壯健者收刺，以資糧給之，故曰射糧。其首領則有將節、承局、什將等名，而皆統於隨路都兵馬總管府焉。金之所以禮臣下、足任使者，其亦先代之遺法歟。

外任官從己人力，諸京留守、大興府尹，五十人。統軍、都轉運、招討、按察使，諸路兵馬都總管，四十五人。轉運、節度使，四十人。提控、諸羣牧、防禦使，三十五人。外任親王傅、同知留守、副統軍、按察副使、諸州刺史知軍事，三十人。同知都轉運使事、副招討、副留守、同知府尹兼總管、提舉漕運司、諸五品鹽使，二十五人。都轉運副使、按察司簽事、少尹、副總管、同知轉運節度使事，二十人。京都兵馬都指揮使，一十八人。轉運節度副使，十七人。兵馬都鈐轄，十五人。親王府尉、諸京留守總判官、同知防禦使事，十三人。警巡使、兵馬副都指揮、同提舉漕運司，正六品，鹽副使，從六品，酒麴鹽稅使、同知州軍事，一十人。統軍、都轉運司、京府、總管、散府等判官、京推官，九人。親王府司馬、招討判官，赤劇縣令、提舉上京皇城兵馬鈐轄，正七品，酒麴鹽稅副使、都轉運判官〔二四〕、府推官、節度觀察判官，八人。京縣次劇縣令、都巡檢使、正將、府軍都指揮使，七人。司屬令、親王府文學〔二五〕、招討司勘事官、諸縣令、警巡副使、知城堡寨鎮，從七品，鹽判、同提舉上京皇城、節鎮軍都指揮使、都巡河，同七品酒使、防禦判官，六人。市令、録事、赤劇縣丞、副都巡檢使、副將、都巡檢、州軍判官，五人。統軍司知事、親王府記室參軍、司屬丞，正八品，酒使副、京縣次劇縣丞、諸司使，四人。大興府招討、按察司知事、京府運司節鎮司獄、管勾河橋關度譏察官，從八品，鹽判官、漕運司勾當官、警巡判官、諸縣丞、市丞、司候、主簿、録事司判官、縣尉、副都巡檢、諸巡檢、巡河官，正九品，酒使、諸司副使，三人。鹽場管勾、防刺以下司獄、部隊將、同管勾河橋、副譏察、司候判官、教授、統軍按察司知法、軍轄、諸司都監、節鎮以上知法，二人。鹽場同管勾、防刺以下知法、諸司同監、統軍按察司書史、統軍司譯書通事，一人。

婆速公使、從己人力，於附近東京澄州招募漢人百姓投充。謂非猛安謀克所管者。合懶、恤品、胡里改、蒲與路並於各管猛安謀克所管上中户內輪差驅丁，依射糧軍例支給錢糧，周年一易。部羅火、土魯渾扎石合亦同。其諸乣及羣牧官員，若猛安謀克應差本管户民充人力者，並上中户輪當。

諸内外官有兼職各應得人從者，從多給，餘各驗品類差。

諸親王引接、引從，在都兵馬司差，公主隨朝者從守部本破内差，外路者并所在州府就差。

諸王府引從、相府捧攏官、引接，周年替代，自餘十月滿代，並以射糧軍充。

諸隨朝六品以下職官、并諸局承應者，願令從己輸庸者聽，仍具姓名申部，本處官司周年内不得占使。

諸職官之任、以理去官者，接送人力於從己人内給半，取接者皆於所在官司出給印券差取，送還者須到本所給券發還，如無驗者權閣支請，候會問別無逃亡將帶，然後放支。

諸致仕官職俱至三品者，從己人力於願往處給半，不得輸庸。身故應送還者又減半給之，若年未六十而致仕及罷去者，則不給。

校勘記

〔一〕内增控馬司圉挾馬司圉　二「圉」，原作「圍」，據局本改。按，道光四年殿本考證云，「考百官、輿服志俱無『司圉』之名，但周禮圉師、圉人皆掌養馬者，則『圉』字自係『圍』字之誤，謹改」。

〔二〕右丞石琚奏其禮　「右丞」，疑當作「左丞」。按，本書卷六世宗紀上，大定九年十一月己未，「右丞石琚爲左丞」。卷七世宗紀中，大定十二年十一月仍作「左丞石琚」。

〔三〕銀褐大口袴　「銀褐」，原作「銀合」，據南監本、北監本、殿本、局本改。

〔四〕行縢　原作「行滕」，據南監本、北監本、殿本改。下同改。

〔五〕第三節　原作「第二節」，據南監本、北監本、殿本、局本改。按，前文已有第一節、第二節。

〔六〕横刀　南監本、北監本、殿本、局本並作「儀刀」。

〔七〕内人員二皁帽三十八人真珠頭巾　「内人員二」四字原作大字正文，文義不貫。按，集禮卷二七行仗，天德五年黄麾仗第六節，「拱聖直四十人，紅錦四衩襖，塗金銀束帶，人員二皁帽子，長行三十八人真珠頭巾」。今據以改爲注文。

〔八〕用唐宋制共二千八百四十人　按，集禮卷二八儀仗下皇后鹵簿爲本志皇太后皇后鹵簿之所本，首云「大定十九年，昭德皇后吉儀」，又云「共二千八百四十四人」，較此多一「四」字。

〔九〕領四十騎二十人執稍四人弩十六人横刀　「横刀」二字原在「騎」字下。按，集禮卷二八作「領四十人，並騎，平巾幘，緋裲襠，大口袴，帶横刀，二十人執稍，四人帶弩，十六人帶弓箭横刀」，作史者誤讀破句。今據此乙正。政和五禮新儀卷一八皇后鹵簿作「領四十騎：執稍二十人，弩四人，服佩同執旗人，帶弓矢横刀一十六人」，可供參考。

〔一〇〕左右領軍衛有絳引幡引前掩後各三　集禮卷二八作「左、右領軍衛各絳引幡六口三口引前，三口引後」。政和五禮新儀卷一八皇后鹵簿作「左、右領軍衛各絳引旗六引前旗六，掩後旗六」。

〔一一〕次内給使百二十人皆宫人並平巾幘緋衫大口袴分左右在車後　按，集禮卷二八作「次内給使一百二十人，並平巾幘、緋衫、大口袴，分左右單，後行盡宫人車」，政和五禮新儀卷一八皇后鹵簿同，意謂内給使一百二十人左右夾車，單行極長，直至最後之宫人車。作史者不察，以爲「皆宫人」、「在車後」，遂致文不可解。

〔一二〕單行正道　「行」下原衍「一」字，今據集禮卷二八删。

〔一三〕是歲　集禮卷二八作「是時」，指大定十九年。參見本卷校勘記〔八〕。

〔一四〕折衝都尉二人㩧矟四　「矟」字上原空闕一字。按，本志所據集禮卷二八儀仗下皇太子鹵簿作「㩧」字。今據補。

〔一五〕誕馬四控攏八人　「控攏」二字原脱，今據集禮卷二八補。

〔一六〕正直旗隊三十三人　「正直」，按，本卷上文「次黄麾一，執一人、夾二人」下注文曰：「武弁、朱衣、革帶，正道騎。」「次後黄麾一，執一人、夾二人」下注文曰：「並騎，武弁、朱衣、革帶，正道。」均作「正道」。又通典卷一〇七大駕鹵簿：「次引駕十二重」有注曰：「重二人，並行正道，騎，帶横刀。」是騎隊乃「行正道」。政和五禮新儀卷一九皇太子鹵簿亦作「正道」。故「正直」當作「正道」。

〔一七〕旗各五人副竿二　「副竿二」三字原脱，則「三十三人」之數不足，今據集禮卷二八補。

〔一八〕笳四　原作「笳六」。按，集禮卷二八作「笳四」。以前部鼓吹之總數九十八人核之，集禮是。今據改。

〔一九〕傘子紫羅團荅繡芙蓉襖　「荅」，疑是「花」字之誤。

〔二〇〕内執藤棒二對　「二對」，南監本、北監本、殿本、局本並作「三對」。按，本卷下文有「骨朵」、「牙杖」，皆三對。此處疑誤。

〔二一〕統軍使都運招討使副使　按，本書卷五七百官志三，「招討司：使一員，正三品。副招討使二員，從四品」，其儀從必不相同，此「副使」二字當有誤。本卷下文「外任官從己人力」條，「統軍、都轉運、招討、按察使，諸路兵馬都總管，四十五人」，其敍次與此相合，則「副使」或是「按察使」之誤。

〔二二〕外任留守同統軍都監提刑副使　按，此處文有脱誤。下文「外任官從己人力」條，「同知留守、副統軍、按察副使、諸州刺史知軍事，三十人」，敍次與此相合（按察副使即提刑副使），知「留守同」下脱「知」字，「統軍」上脱「副」字，惟此處多「都監」二字。考本書卷五七百官志三「諸京留守司：同知留守事一員，正四品」，「統軍司：副統軍一員，正四品」，而「都監」品秩皆卑無正四品者，卷五六百官志二載「都水監：監，正四品」，然非外任官，疑「都監」二字或是衍文。

〔三〕大理少卿　原作「大理少府」。殿本考證：「按『少卿』原本作『少府』。考百官志大理寺官無少府，有少卿，秩從五品，且卷内前有太常少卿，後有大理評事，尤足爲『少卿』之據。若作『少府』，則少府監自監正、少監以下名目既多，品級不一，豈得盡以從五品概之？『少府』自係『少卿』之訛，謹改。」今據改。

〔四〕都轉運判官　按，本書卷五七百官志三，都轉運司下「都句判官」、「户籍判官」、「支度判官」、「鹽鐵判官」皆爲「從六品」。卷五八百官志四則繫於正七品之下。今疑或有誤，或卷五七百官志三有闕文。

〔五〕親王府文學　「文學」，原作「文字」。按，本書卷五七百官志三，親王府屬官有「文學二人，從七品」。今據改。

金史卷四十三

志第二十四

輿服上

天子車輅　皇后妃嬪車輦　皇太子車制

王公以下車制及鞍勒飾

古者車輿之制，各有名物表識，以祀以封，以田以戎，所以別上下、明等威也。歷代相承，互有損益，或因時創始，或襲舊致文，奇巧日滋，浮靡益蕩。加以後世便習騎乘，車用蓋寡，惟於郊廟祀享法駕導引，爲一代令儀而不敢廢也。其於先王經世立法之意，寥乎闊哉。

金初得遼之儀物，既而克宋，於是乎有車輅之制。熙宗幸燕，始用法駕。迨至世宗，制作乃定，班班乎古矣。考禮文，證國史，以見一代之制度云。

大定十一年，將有事於南郊，命太常寺檢宋南郊禮，鹵簿當用玉輅、金輅、象輅、革輅、木輅、耕根車、明遠車、指南車、記里鼓車、崇德車、皮軒車、進賢車、黄鉞車、白鷺車、鸞旗車、豹尾車、軺車、羊車各一，革車五，屬車十二。除見有車輅外，闕象、木、革輅，耕根，明遠、皮軒、進賢、白鷺、羊車，大輦各一，革車三，屬車四。

按五禮新儀，玉輅以青，金輅以緋，象輅以銀褐，革輅以黄，木輅以皁，蓋其物有合隨輅之色者，有當用别色者，如玉輅用青絲繡雲龍絡帶，青羅繡寶相花帶，青畫輪轅，青氂牛尾，此隨輅之色者也。若象、木、革輅則當用緋、用銀褐、用黄及皂。若至尊乘御步武所及，非若餘物但爲美觀，其踏床、倚背、踏道之褥皆用紅錦，座褥及行馬褥、透壁輭簾三，用銀褐、黄、青羅錦三色。又大輦，宋陶穀創意爲之，至祥符中以其太重，減七百餘斤，可見當時亦無定制，各以意從長斟酌造之。其制，金玉輅闕，可見者象輅、革輅、木輅，耕根、皮軒、進賢、明遠、白鷺、羊車，革車，大輦，凡十有一。

象輅，黄質，金塗銅裝，以象飾諸末。輪衣以銀褐。建大赤。餘同玉輅。

革輅，黄質，輓之以革，金塗銅裝，輪衣以黄，建大白。餘同玉輅。

木輅，黑質，漆之，輪衣以皂，建大麾。餘同玉輅。

耕根車，青質，蓋三重，制如玉輅而無玉飾。

皮軒車，赤質，上有漆柱，貫五輪相重，畫虎紋。一轅。

進賢車，赤質，如革車，緋輪衣、絡帶、門簾並繡鳳〔一〕。上設朱漆床、香案，紫綾衣。一轅。

明遠車，制如屋，鋭頂，重簷，勾欄。頂上有金龍〔二〕，四角垂鐸。上層四面垂簾，下層周以花板。三轅。

白鷺車，赤質，周施花板，上有漆柱，柱杪刻爲鷺鷥，銜鵝毛筩，紅綬帶〔三〕。柱貫五輪相重。輪衣、皂頂、緋裙、緋絡帶，並繡飛鷺。一轅。

羊車，赤質，兩壁油畫龜紋，金鳳翅。幰衣、結帶並繡瑞羊。二轅。

大輦，赤質，正方，油畫，金塗銀葉龍鳳裝。其上四面施行龍、雲朵、火珠，方鑑、銀絲囊綱，珠翠結雲龍，鈿窠霞子。四角龍頭銜香囊。頂輪施耀葉，中有銀蓮花、坐龍。紅綾裏，碧牙壓帖。内設圓鑑、香囊，銀飾勾欄臺坐〔四〕，紫絲條綱帉錔。中施黄褥，上置御座、曲几，香鑪、錦結綬。几衣、輪衣、絡帶並緋繡雲龍寶相花，金綫壓。長竿四，飾以金塗銀龍頭。畫梯、托叉、行馬。

七寶輦，制如大輦，飾以玉裙網，七寶，滴子用真珠。宋欽宗爲上皇製，海陵自汴取而用之。

皇后之車六。一曰重翟車，青質，金飾金塗銅鈒花葉段裝釘，耀葉二十四，明金立鳳一，紫羅銷金生色寶相帷一，青羅、青油幰衣各一，朱絲絡網、紫羅明金生色雲龍絡帶各二，兩廂明金五彩間裝翟羽二，金塗鍮石長轅鳳頭三，橫轅立鸞八，香鑪香寶子一副，宜男錦帶結，朱紅漆杌子、踏床各一，扶板扶魚一副，紅羅明金衣褥，紅羅襯褥一，青羅行道褥四，青羅明金生色雲鳳夾幔一，紅羅明金緣紅竹簾二，金塗銅葉段行馬二〔五〕，朱紅漆金塗銀葉裝釘胡梯一，青羅胡梯尋儀褥二，踏道褥十，青絹裹大麻索二，油蒙帕一。

二曰厭翟車，赤質，倒仙錦帷一，紫羅、紫油幰衣各一，朱絲絡網、宜男錦絡帶各二，餘同重翟，惟行道褥〔六〕、夾幔、尋儀褥羅及裹索等用紅。

三曰翟車，黃質，金飾鍮石葉段裝釘，宜男錦帷，黃羅油幰衣，鍮石長轅鳳頭三，而無橫轅立鸞，餘同厭翟，而羅色用黃。

四曰安車，赤質，倒仙錦帷，紫、油幰衣，朱絲絡網，天下樂錦絡帶，鍮石長轅鳳頭三，無橫轅立鸞及香鑪香寶子，餘同翟車，而色皆用紅。

五曰四望車，朱質，宜男錦帷，青、油幰衣，轅端螭頭二，餘並同安車。六曰金根車，朱質，紫羅、紫油幰衣，朱絲絡網〔七〕、倒仙錦絡帶各二，踏床衣褥用紅綾〔八〕，尋儀褥、踏道褥並用綾〔九〕，餘並同安車。

造六車成後，復改造圓輅、重簷、方輅、五華、亭頭、平頭六等之制，又增製九龍車一，高二丈、廣一丈一尺、長二丈六尺。五鳳車四，各高一丈八尺，長廣如之。圓輅車一、方輅車一、重簷車一，各高一丈七尺，長一丈八尺，廣八尺。皆駕馬四，駕士各五十人，並平巾幘、生色青緋黄三色寶相花衫、銀褐抹帶、大口袴。平頭輦一、五華輦一、亭頭輦一，各高一丈九尺，廣丈五寸，長三丈。舁士各九十六人作兩番代，並生色緋寶相花衫，餘如前製。管押人員三十五人，長脚幞頭、紫羅窄衫、金銅帶束。駕馬緐纓、涼屜、鈴拂、包尾皆從車色，金銅面，插翟尾，朱轡，朱總。龍車合用紅羅傘一，傘子二人用本服錦帽幞帶。

又檢定扇、障等制。偏扇如仙人羽扇。行障六扇，各長八尺、高六尺，用紅羅表、朱裏，畫雲鳳，龍首竿銜鞶結，每障用宫人四。坐障三扇，各長七尺、高五尺，畫雲鳳，紅羅表、朱裏，餘同行障。錦六柱八扇，各闊二尺、高三尺，冒以錦，内給使八人執。

宫人車制如屬車，駕士八人，平巾幘、緋衫、大口袴、鞋韈，供奉宫人三十人，雲脚紗帽、紫衫束帶、緑靴。

明昌元年三月，定妃嬪車輦同鍍金鳳頭、黄結，御妻、世婦用間金鳳頭、梅紅結子。

皇太子車制。大定六年十二月，奏皇太子金輅典故制度，及上用金輅儀式，奉勑詳定。軥、旗、旒首及應用龍者更以麟爲飾，省去障塵等物。上用金輅名件色數，依上公以九爲節，減四分之一。上用輅，軾前有金龍改爲伏鹿，軾上坐龍改爲鳳，旒十二旒減爲九，駕赤騮六減爲四，及簾褥用黄羅處改用梅紅，餘並具體成造。其制，赤質，金飾諸末，重較。箱畫虞文鳥獸，黄屋。軾作赤伏鹿，龍軥。金鳳一，在軾前〔一〇〕。設障塵。朱蓋黄裏。輪畫朱牙。左建九旒，右載闟戟。旒首銜金龍頭，結綬及鈴緌。八鸞在衡，二鈴在軾。駕赤騮四，金鍐方釳，插翟尾，鏤錫鞶，纓九就。皇帝輅自頂至地高一丈七尺〔一一〕，今綢四分之一爲一丈三尺二寸，脩廣之綢亦如之。

王公以下車制。一品，幰用銀螭頭，涼棚杆子、月板並許以銀裝飾。三品以上，螭頭不得施銀，涼棚杆子、月板亦聽用銀爲飾。五品以上，幰獅頭。六品以下，幰雲頭〔一二〕。庶人坐車平頭，止用一色黑油。

親王鞍，塗金銀裹，仍鈒以開花。障泥用紫羅，飾以錦。轡以塗金銀裝，束用絲結。

皇家小功以上、太皇太后皇太后大功以上、皇后期親以上，并一品官及官職俱至三品以上者，障泥許用金花。若經賜或御毬場內，不在禁限。

舊制，親王、宰執任外者，與大興尹，皆服小帽、束帶、銀鞍、絲鞭。大定中，世宗以京尹亦外官三品，而與親王無別，遂命不得御銀鞍、絲鞭，惟同外三品例，幞頭、帶、展皂視事。承安二年，制護衞銅裝鞍轡不得借人。庶人馬鞍許用黑漆，以骨、角、鐵爲飾，不得用玉較具及金、銀、犀、象飾鞍轡。

輿服中

天子衮冕　視朝之服　皇后冠服　皇太子冠服

宗室及外戚一品命婦服用　臣下朝服　祭服　公服

昔者聖人制爲玄黃黼黻之服，以象天地之德，以章貴賤之儀，夏、商損益，至周大備，不可以有加矣。自秦滅棄禮法，先王之制靡敝不存，漢初猶服袀玄以從大祀，歷代雖漸復古，終亦不純而已。金制皇帝服通天、絳紗、衮冕、偪舄，即前代之遺制也。其臣有貂蟬法服，即所謂朝服者。章宗時，禮官請參酌漢、唐，更製祭服，青衣朱裳，去貂蟬竪筆，以別於朝服。惟公朝則又有紫、緋、緑三等之服，與夫窄紫、展皂等事，悉著于篇云。

天眷三年，有司以車駕將幸燕京，合用通天冠、絳紗袍，據見闕名件，依式成造。禮服，袍、裳、方心曲領、中單、蔽膝、革帶、大帶、玉具劍、綬、佩、舄、韈。乘輿服，大綬六采，黑、黄、赤、白、縹、緑，小綬三色，同大綬，間施三玉環，大綬五百首，小綬半之。白玉雙佩、革帶、玉鉤鰈。

冕制。天板長一尺六寸，廣八寸，前高八寸五分，後高九寸五分，身圍一尺八寸三分，并納言，並用青羅爲表，紅羅爲裏，週迴用金稜。天板下有四柱，四面珍珠網結子，花素墜子，前後珠旒共二十四，旒各長一尺二寸。青碧線織造天河帶一，長一丈二尺，闊二寸，兩頭各有真珠金碧旒三節，玉滴子節花。紅線組帶二，上有真珠金翠旒，玉滴子節花，下有金鐸子二。梅紅線款幔帶一。黈纊二，真珠垂繫，上用金萼子二。簪窠，款幔、組帶鈿窠，各二，内組帶鈿窠四並玉鏤塵碾造。玉簪一，頂方二寸，導長一尺二寸，簪頂刻鏤塵雲龍。

衮，用青羅夾製，五綵間金繪畫，正面日一、月一、昇龍四、山十二，上下襟華蟲、火各六對，虎、蜼各六對；背面星一、昇龍四、山十二，華蟲、火各十二對，虎、蜼各六對。中單一，白羅單製，羅領、褾、襈。裳一，帶、褾、襈〔一三〕，紅羅八幅夾製，繡藻三十二、粉十六、米

十六、黼三十二、黻三十二。蔽膝一，帶、褾、襈，並紅羅夾製，繡昇龍二。綬一副〔一四〕：大綬以赤黃黑白緑縹六綵織，紅羅托裏，小綬三色，同大綬，銷金黃羅綬頭，上間施三玉環，皆刻雲龍，大綬五百首，小綬半之。緋白大帶一，銷金黃羅帶頭，鈿窠二十四。紅羅勒帛一，青羅抹帶一。玉佩二，白玉上中下璜各一，半月各二，皆刻雲龍，玉滴子各二，皆以真珠穿製。金篦鈎、獸面、水葉、環、釘。涼帶一，紅羅裏，縷金，上有玉鵝七，鉈尾束各一，金攀龍口，以玳瑁板襯釘脚。舄，重底，紅羅面，白綾托裏，如意頭，銷金黃羅緣口，玉鼻仁飾以珠。韈用緋羅加綿。

凡大祭祀、加尊號、受册寶，則服衮冕。行幸、齋戒出宮或御正殿，則通天冠、絳紗袍。

鎮圭，大圭。皇統九年十月二十四日，禮部下太常，畫鎮圭式樣，大禮使據三禮圖以進，用之。大定十一年，太常寺按禮「大圭長三尺，杼上終葵首，天子服之」。自西魏、隋、唐以來，大圭長尺二寸，與鎮圭同。蓋鎮圭以鎮天下，以四鎮山爲飾，今其圭已依古制，惟無大圭。今御府有故宋白玉圭，圓，無上刓及終葵首。自西魏以來，所制玉笏皆長尺有二寸，方而不折，雖非先王之法，蓋後世玉難得，隨宜故也。擬合以御府所藏，行禮就用。

視朝之服。初，太宗即位，始服赭黃，自後視百官朝御袍帶。章宗即位，以世宗之喪，有司請御純吉，不從，乃服淡黄袍、烏犀帶。常朝則服小帽、紅襴、偏帶或束帶。

皇后冠服。花株冠〔一五〕，用盛子一，青羅表、青絹襯金紅羅托裏，用九龍、四鳳，前面大龍銜穗毬一朵，前後有花株各十有二〔一六〕，及瀼鵣、孔雀、雲鶴、王母仙人隊〔一七〕、浮動插瓣等，後有納言，上有金蟬鑻金兩博鬢，以上並用鋪翠滴粉縷金裝珍珠結製，下有金圈口，上用七寶鈿窠，後有金鈿窠二，穿紅羅鋪金款幔帶一。

禕衣，深青羅織成翬翟之形，素質，十二等，領、褾、襈並紅羅織成雲龍。中單以素青紗製，領織成黼形十二，褾、袖、襈織成雲龍，並織紅縠造。裳，八副，深青羅織成翟文六等，褾、襈織成紅羅雲龍，明金帶腰。蔽膝，深青羅織成翟文三等，領緣，緅色羅織成雲龍。明金帶大綬一，長五尺，闊一尺〔一八〕，黄赤白黑縹緑六彩織成，小綬三色同大綬，間七寶鈿窠，施三玉環，上碾雲龍，撚金線織成大小綬頭，紅羅花襯。大帶，青羅朱裏，紕其外，上以朱錦，下以緑錦，紐約用青組，撚金線織成帶頭。玉佩二朵，每朵上中下璜各一，半月墜子各二，並玉碾。縷金打鈒獸面、篦鈎佩子各一，水葉子真珠穿綴。青衣革帶，用縷金青羅裹造，上用金打鈒水地龍，鵝眼鉈尾，龍口攀束子共八事，以玳瑁襯金釘脚。抹帶二，紅羅、青羅各一，並明金造，各長一丈五寸〔一九〕。舄，以青羅製，白綾裏，如意頭，明金、黄羅準上用，玉鼻仁真珠裝，綴繫帶。韈，青羅表裏，綴繫帶。

犀冠，減撥花樣，縷金裝造，上有玉簪一，下有玳瑁盤一。

皇太子冠服。冕用白珠九旒，紅絲組爲纓，青纊充耳，犀簪導。衮，青衣朱裳，五章在衣，山、龍、華蟲、火、宗彝，四章在裳，藻、粉米、黼、黻。白紗中單，青褾襈裾。革帶，塗金銀鈎鰈。蔽膝，隨裳色，爲火、山二章。瑜玉雙佩，四采織成大綬，間施玉環三。白襪，朱舄，舄加金塗銀釦。謁廟則服之。

遠遊冠，十八梁，金塗銀花，飾博山附蟬，紅絲組爲纓，犀簪導。朱明服，紅裳，白紗中單，方心曲領，絳紗蔽膝，白襪黑舄。餘同衮冕。册寶則服之。

桓圭，長九寸、廣三寸、厚半寸，用白玉，若屋之桓楹，爲二稜。

太子入朝起居及與宴，則朝服，紫袍、玉帶、雙魚袋。其視事及見師少賓客，則服小帽、皂衫、玉束帶。

宗室及外戚并一品命婦，衣服聽用明金，期親雖別籍、女子出嫁並同。又五品以上官母、妻，許披霞帔。唯首飾、霞帔、領袖、腰帶，許用明金、籠金、間金之類。其衣服止用明銀、象金及金條壓繡。正班局分承應帶官人，雖未出職係班，其祖母及母、妻、子孫之婦、同籍兄弟之妻及在室女、孫、姊妹並同。又禁私家用純黃帳幕陳設，若曾經宣賜鑾輿服御，日月雲肩、龍文黃服、五箇鞘眼之鞍皆須更改。

臣下朝服。凡導駕及行大禮，文武百官皆服之。正一品：貂蟬籠巾，七梁額花冠，貂鼠立筆，銀立筆，犀簪導，佩劍，緋羅大袖、緋羅裙、緋羅蔽膝各一，緋白羅大帶，天下樂暈錦玉環綬一，白羅方心曲領、白紗中單、銀褐勒帛各一，玉珠佩二，金塗銀革帶，烏皮履，白綾韈。正二品：七梁冠，銀立筆，犀簪導，不佩劍，緋羅大袖，雜花暈錦玉環綬，餘並同。正四品〔二〇〕：五梁冠，銀立筆，犀簪，白獅錦銀環綬，珠佩，銀革帶，御史中丞則獬豸冠、青荷蓮綬，餘並同。正五品：四梁冠，簇四金鵰錦銅環綬，銀珠佩，餘並同。正六品至七品：三梁冠，黃獅錦銅環綬，銅珠佩〔二一〕，銅束帶，餘並同。

大定二十二年祫享，攝官、導駕二品冠七梁，三品四品冠六梁，服有金花，五品冠五梁，六品冠四梁，七品冠三梁，監察御史獬豸冠、青綬〔二二〕，八品九品冠二梁，餘製並同。

祭服。皇統七年，太常寺言：「太廟成後，奉安神主，祫享行禮，凡行事、執事、助祭、陪位官，准古典當服衮冕、九章畫降龍，隨品各有等差。通典云虞、夏、殷並十二章，日、月、星辰、山、龍、華蟲作繪於衣，宗彝、藻、火、粉米、黼、黻絺繡於裳。周升三辰於旂，登龍於山，登火於宗彝，作九章之服，龍、山、華蟲、火、宗彝繪於衣〔三〕，藻、粉米、黼、黻繡於裳。『公之服自衮冕而下如王之服，侯伯之服自鷩冕而下如公之服』。又後魏帝服衮冕，與祭者皆朝服。又開元禮一品服九章。又五禮新儀正一品服九旒冕、犀簪、青衣畫降龍。今汴京舊禮直官言，自宣和二年已後，一品祭服七旒冕、大袖無龍。唐雖服九章服，當時司禮少常伯孫茂道言，『諸臣之章雖殊，然飾龍名衮，尊卑相亂，請三公服鷩冕八章爲宜』。臣等竊謂歷代衣服之制不同，若從後魏則止服朝服，或用宋服則爲七章，若遵唐九章，則有飾龍名衮尊卑相亂之議。」尚書省乃奏用後魏故事，止用燕京大册禮時所服朝服以祭。

大定三年八月，詔遵皇統制，攝官則朝服，散官則公服，以皇太子爲亞獻，服衮冕。十四年，用唐制，若祭遇雨雪則服常服，謂今之公服也。

泰和元年八月，禮官言：「祭服所以接神，朝服所以事君，雖歷代損益不同，然未嘗不有分別。是以衮冕十二旒，玄衣纁裳備十二章，天子之祭服也。通天冠、絳紗袍、紅羅裳，天子之視朝服也。臣下之服則用青衣朱裳以祭，朱衣朱裳以朝。國朝惟天子備衮冕、通天冠二等之服，今羣臣但有朝服，而祭服尚闕，每有祀事但以朝服從事，實於典禮未當。

請依漢、唐故事，祭服冕旒畫章，然君臣冕服雖章數各殊而俱飾龍名衮〔三四〕，而唐孫茂道已有尊卑相亂之論。然三公法服有龍，恐涉於僭，國初禮官亦嘗駁議。乞參酌古今，改置祭服，其冠則如朝冠，而但去其貂蟬、豎筆，其服用青衣、朱裳、白襪、朱履，非攝事者則用朝服，庶幾少有差別。」上曰：「朝、祭之服，固宜分也。」

公服。大定官制，文資五品以上官服紫。三師、三公、親王、宰相一品官服大獨科花羅，徑不過五寸，執政官服小獨科花羅，徑不過三寸。二品、三品服散搭花羅〔三五〕，謂無枝葉者，徑不過寸半。四品、五品服小雜花羅，謂花頭碎小者，徑不過一寸。六品、七品服緋芝蔴羅。八品、九品服綠無紋羅。應武官皆服紫。凡散官、職事皆從一高，上得兼下，下不得僭上，窄紫亦同服色，各依官制品格。其諸局分承應人並服無紋素羅。十五年制曰：「袍不加襴，非古也。」遂命文資官公服皆加襴。

帶制，皇太子玉帶，佩玉雙魚袋。親王玉帶，佩玉魚。一品玉帶，佩金魚。二品笏頭毬文金帶，佩金魚。三品、四品荔枝或御仙花金帶，並佩金魚。五品，服紫者紅鞓烏犀帶，佩金魚，服緋者紅鞓烏犀帶，佩銀魚，服綠者並皂鞓烏犀帶。武官，一品、二品佩帶同，三品、四品金帶，五品、六品、七品紅鞓烏犀帶，皆不佩魚，八品以下並皂鞓烏犀帶。司天、太醫、內侍、教坊，服皆同文武官，惟不佩魚。應殿庭承應五品以下官，非入內不許金帶，又展紫入殿庭者，並許服紅鞓，不佩魚。又二品以上官，許兼服通犀帶，三品官若治事及見賓客，許兼服花犀帶。

大定二年制，百官趨朝、赴省，並須裹帶。五品以上官，趨朝則朝服，赴省則展皂，雨雪沾衣則從便。凡朝參，主寶、主符展紫，御仙花或太平花金束帶。近侍給使、供御筆硯、直長、符寶吏紫襖子，塗金束帶。輪直，則近侍給使並常服，常服則展紫〔二六〕。閤門六尚，遇朝參侍立則服本品服，若宮中當直則服窄紫、金帶。學士院官、修起居注、補闕、拾遺、祕書丞、祕書郎，朝參侍立則服本品服、色帶，當直則窄紫、金帶。東宮左右衛率、僕正、副僕正、典儀、贊儀、內直郎丞，當直亦許服之。太子太師出入宮中則展紫，至東宮則展皂，三少則展紫。

輿服下

衣服通制

君子之服，以稱德也，故德之備者其文備。古者王公及士庶人莫不各有一定之制，而不敢相踰者，蓋風俗之奢儉，法令之齊一，必於是而觀焉。詩曰：「彼都人士，狐裘黄黄。其容不改，出言有章。」其三章曰：「彼都人士，充耳琇實。彼君子女，謂之尹吉。」此言都邑之盛，人物之懿也。明昌間，章宗謂宰臣曰：「今風俗侈靡，莫若律以制度，使貴賤有等。其令禮部具典故以聞。」他日又謂參知政事張萬公曰：「山東風俗如何？」萬公對以奢，左丞守貞因言衣服之制，上曰：「如卿所言，正恐失人心耳。」守貞曰：「止是商賈有不悦者。」萬公曰：「乞寬與之期，三年之内當如制矣。」於是，上以禮部所擬太繁，以尚書省所擬而行之。嗟乎，人君以風俗爲言，其亦知所務矣。

金人之常服四：帶，巾，盤領衣，烏皮鞾。其束帶曰吐鶻。

巾之制，以皂羅若紗爲之，上結方頂，折垂于後。頂之下際兩角各綴方羅徑二寸許，方羅之下各附帶長六七寸。當横額之上，或爲一縮襞積。貴顯者於方頂，循十字縫飾以珠，其中必貫以大者，謂之頂珠。帶旁各絡珠結綏，長半帶，垂之，海陵賜大興國者是也。

其衣色多白，三品以皁，窄袖，盤領，縫腋，下爲襞積，而不缺袴。其胸臆肩袖，或飾以金繡，其從春水之服則多鶻捕鵝，雜花卉之飾，其從秋山之服則以熊鹿山林爲文，其長中骭，取便於騎也。

吐鶻，玉爲上，金次之，犀象骨角又次之。銙周鞓，小者間置於前，大者施於後，左右有雙鉈尾，納方束中，其刻琢多如春水秋山之飾。左佩牌，右佩刀。刀貴鑌，柄尚鷄舌木，黄黑相半，有黑雙距者爲上，或三事五事。室飾以醬瓣樺，鐶口飾以鮫，或屑金鍮和漆，塗鮫隙而礲平之。醬瓣樺者，謂樺皮班文色殷紫如醬中豆瓣也，産其國，故尚之。

初，女直人不得改爲漢姓及學南人裝束，違者杖八十，編爲永制。

婦人服襜裙，多以黑紫，上編繡全枝花，周身六襞積。上衣謂之團衫，用黑紫或皂及紺，直領，左衽，掖縫，兩傍復爲雙襞積，前拂地，後曳地尺餘。帶色用紅黄，前雙垂至下齊。年老者以皂紗籠髻如巾狀，散綴玉鈿於上，謂之玉逍遥。此皆遼服也，金亦襲之。許嫁之女則服綽子，製如婦人服，以紅或銀褐明金爲之，對襟彩領，前齊拂地，後曳五寸餘。

明昌六年制，文武官六貫石以上承應人并及廕者，許用牙領，紫圓板皁條羅帶，皂靴，上得兼下。係籍儒生止服白衫領，繫背帶並以紫圓條羅帶，乾皂靴。餘人用純紫領，不得用緣，雜色圓板條羅帶不得用紫，靴用黄及黑油皂蠟等，婦人各從便。

泰和四年，以親王品官既分領緣，而復有皂靴之禁，似涉太煩，遂聽親王用銀褐領紫緣，品官皆紫領白緣，餘從明昌制。

書袋之制。大定十六年，世宗以吏員與士民之服無別，潛入民間受賕鬻獄，有司不能檢察，遂定懸書袋之制。省、樞密院令、譯史用紫紵絲爲之，臺、六部、宗正、統軍司、檢察司以黑斜皮爲之，寺、監、隨朝諸局并州縣，並黄皮爲之，各長七寸、闊二寸、厚半寸，並於束帶上懸帶，公退則懸於便服，違者所司糾之。

大定十三年，太常寺擬士人及僧尼道女冠有師號并良閒官八品以上，許服花紗綾羅絲紬。在官承應有出身人、帶八品以下官，未帶官亦同，許服花紗綾羅紵絲絲紬，家屬同，婦人許用珠爲首飾。其都孔目與八品良閒官同〔二七〕，京府州縣司吏皆與庶人同。

庶人止許服絁紬、絹布、毛褐、花紗、無紋素羅、絲綿，其頭巾、繫腰、領帕許用芝蔴羅、縧用絨織成者，不得以金玉犀象諸寶瑪瑙玻璃之類爲器皿及裝飾刀把鞘，并銀裝釘床榻之類。

婦人首飾，不許用珠翠鈿子等物，翠毛除許裝飾花環冠子，餘外並禁。

兵卒許服無紋壓羅、絁紬、絹布、毛褐。

奴婢止許服絁紬、絹布、毛褐。

倡優遇迎接、公筵承應，許暫服繪畫之服，其私服與庶人同。

校勘記

〔一〕門簾並繡鳳　「繡」字原脱。按，集禮卷二九輿服上輅輦爲本志天子車輅之所本，其文作「並繡鳳」。今據補。

〔二〕頂上有金龍　「龍」字原脱。按，宋史卷一四九輿服志一明遠車作「上有金龍」。今據補。

〔三〕紅綬帶　原作「紅綾帶」，今據集禮卷二九、宋史卷一四九輿服志一改。

〔四〕銀飾勾欄臺坐　「銀飾」，原作「銀輪」，今據集禮卷二九、宋史卷一四九輿服志一改。

〔五〕金塗銅葉段行馬二　「段」，原作「斷」。按，集禮卷二九輿服上皇后車服爲本志皇后妃嬪車輦之所本，其文作「段」。今據改。

〔六〕惟行道褥　「褥」字原脱，今據集禮卷二九補。

〔七〕朱絲絡網　「絡網」二字原脱，今據集禮卷二九補。

〔八〕踏床衣褥用紅綾　「衣」字原在「綾」字下，今據集禮卷二九文義乙正。

〔九〕尋儀褥踏道褥並用綾　按，集禮卷二九作「紅綾胡梯尋儀褥二，踏道褥八」，是此「綾」上當有「紅」字。

〔一〇〕在軾前　「在」字原脱。按，集禮卷二九輿服上皇太子車服爲本志皇太子車制之所本，其文作

「金鳳一，在軾前」。今據補。

〔一二〕皇帝輅自頂至地高一丈七尺　按，集禮卷二九作「自頂至地高一丈七尺三寸，今擬減四分之一，該一丈三尺二寸」，減四分之一爲一丈三尺二寸，則原高當爲一丈七尺六寸。此當脱「六寸」二字。

〔一三〕六品以下幰雲頭　「下」，原作「上」。按，集禮卷三〇輿服下臣庶車服，「大定制文，諸車，一品用銀螭頭，（中略）五品以上獅頭，六品以下雲頭」。今據改。

〔一三〕帶褾襈　「褾」，原作「縹」，今據集禮卷二九輿服上冠服改。下同改，不另出校。

〔一四〕綬一副　「一副」，原作「一幅」。按，此指下文之「六綵大綬」及「小綬」言，非止一幅。集禮卷二九輿服上皇后車服「褘衣」條，「綬一副，大綬一」，亦有「小綬」。今據改。

〔一五〕花株冠　「花株」，原作「花珠」。按，大唐開元禮卷三衣服「皇后服首飾花十二樹」，太常因革禮卷二五輿服五后妃之制「首飾花十二株」，政和五禮新儀卷一二皇后冠服同。今據改。

〔一六〕前後有花株各十有二　「花株」，原作「花珠」，今據前條改。

〔一七〕王母仙人隊　「隊」字原在「仙人」二字之上，今據集禮卷二九輿服上皇后車服乙正。

〔一八〕明金帶大綬一長五尺闊一尺　按，宋史卷一五一輿服志三天子之服，衮冕之制，「大綬六采，玄、黄、赤、白、縹、緑，純玄質，長二丈四尺五寸，首廣一尺。小雙綬長二尺六寸，色同大綬，而首半之，間施三玉環」。此皇后之綬闊既相同，長亦當同或略短。推測此處「長」字下脱「二丈」或「一丈」二字。

〔一九〕各長一丈五寸　「丈」，疑是「尺」字之誤。按，集禮卷二九輿服上皇后車服「丈」作「尺」。

〔二〇〕正四品　按，上敍「正二品」，下當敍「正三品」。集禮卷三〇輿服下臣庶車服亦無，殿本於本章末加注云，「『三品舊無』」。

〔二一〕銅珠佩　「銅」字原脱。按，集禮卷三〇輿服下臣庶車服作「銅珠珮二朵」。今據補。

〔二二〕監察御史獬豸冠青綬　集禮卷三〇輿服下臣庶車服作「監祭獬豸青綬」。此處「監察御史」，當作「監祭御史」。參見本書卷二八校勘記〔五〕。

〔二三〕作九章之服龍山華蟲火宗彝繪於衣　「龍山」，原作「山龍」，今據通典卷六一乙正。

〔二四〕然君臣冕服雖章數各殊而俱飾龍名衮　「臣」字原脱。按，舊唐書卷四五輿服志孫茂道奏語有「臣」字。今據補。

〔二五〕三品服散搭花羅　「服」字原脱。按，集禮卷三〇輿服下臣庶車服，大定官制，「二品、三品服散搭花頭羅」。今據補。

〔二六〕常服則展紫　永樂大典卷一九七九二引文無「常服」二字。

〔二七〕其都孔目與八品良閒官同　「良」字原脱。按，上文有「良閒官八品以上」。集禮卷三〇輿服下臣庶車服作「良閑」，凡四見。今據補。

金史卷四十四

志第二十五

兵

兵制　禁軍　養兵之法

金興，用兵如神，戰勝攻取，無敵當世，曾未十年遂定大業。原其成功之速，俗本鷙勁，人多沉雄，兄弟子姓才皆良將，部落保伍技皆鋭兵。加之地狹產薄，無事苦耕可給衣食，有事苦戰可致俘獲，勞其筋骨以能寒暑，徵發調遣事同一家。是故將勇而志一，兵精而力齊，一旦奮起，變弱爲彊，以寡制衆，用是道也。

及其得志中國，自顧其宗族國人尚少，乃割土地、崇位號以假漢人，使爲之効力而守之。猛安謀克雜厠漢地，聽與契丹、漢人昏因以相固結。迨夫國勢寖盛，則歸土地、削位號，罷遼東渤海、漢人之襲猛安謀克者，漸以兵柄歸其內族。然樞府簽軍、募軍兼采漢制，伐宋之役參用漢軍及諸部族而統以國人，非不知制勝長策在於以志一之將、用力齊之兵也，第以土宇既廣，豈得盡任其所親哉。馴致極盛，乃自患其宗族國人之多，積其猜疑，卒自戕賊，遂致强本刊落，醇風鍥薄，將帥携離，兵士驕惰。迄其亡也，「忠孝」等軍構難于內，糺軍雜人召禍于外，向之所謂志一而力齊者，不見可恃之勢焉。豈非自壞其家法而致是歟，抑是道也可用於新造之邦，不可以保長久之天下歟。

金以兵得國，奉詔作金史，故於金之兵志考其興亡得失之跡，特著於斯。兵制、馬政、養兵等法載諸舊史者，旴列于篇。

金之初年，諸部之民無它徭役，壯者皆兵，平居則聽以佃漁射獵習爲勞事，有警則下令部內，及遣使詣諸孛堇徵兵，凡步騎之仗糗皆取備焉。其部長曰孛堇，行兵則稱曰猛安、謀克，從其多寡以爲號，猛安者千夫長也，謀克者百夫長也。謀克之副曰蒲里衍，士卒之副從曰阿里喜。

部卒之數，初無定制，至太祖即位之二年，既以二千五百破耶律謝十，始命以三百户爲謀克，謀克十爲猛安。繼而諸部來降，率用猛安、謀克之名以授其首領而部伍其人。出河之戰兵始滿萬，而遼莫敵矣。及來流、鴨水、鐵驪、鱉古之民皆附，東京既平，山西繼定，內收遼、漢之降卒，外籍部族之健士。嘗用遼人訛里野以北部百三十户爲一謀克，漢人王六兒以諸州漢人六十五户爲一謀克，王伯龍及高從祐等並領所部爲一猛安。

至天會二年，平州既平，宗望恐風俗揉雜民情弗便，乃罷是制，諸部降人但置長吏，以下從漢官之號。五年，伐宋之役，調燕山、雲中、中京、上京、東京、遼東、平州、遼西、長春八路民兵〔一〕，隸諸萬户，其間萬户亦有專統漢軍者。熙宗皇統五年，又罷遼東漢人、渤海猛安謀克承襲之制〔二〕，浸移兵柄於其國人，乃分猛安謀克爲上中下三等，宗室爲上，餘次之。

至海陵庶人天德二年，省併中京、東京、臨潢、咸平、泰州等路節鎮及猛安謀克，削上中下之名，但稱爲「諸猛安謀克」，循舊制間年一徵發，以補老疾死亡之數。貞元遷都，遂徙上京路太祖、遼王宗幹、秦王宗翰之猛安，併爲合扎猛安，及右諫議烏里補猛安，太師勗、宗正宗敏之族〔三〕，處之中都。斡論、和尚、胡剌三國公，太保昂〔四〕，詹事烏里野，輔國勃魯骨，定遠許烈，故杲國公勃迭八猛安處之山東。阿魯之族處之北京。按達族屬處之河間。正隆二年，命兵部尚書蕭恭等〔五〕，與舊軍皆分隸諸總管府、節度使，授田牛使之耕食，以蕃衞京國。

六年，南伐，立三道都統制府及左右領軍大都督，將三十二軍，以神策、神威、神捷、神鋭、神毅、神翼、神勇、神果、神略、神鋒、武勝、武定、武威、武安、武捷、武平、武成、武毅、武鋭、武揚、武翼、武震、威定、威信、威勝、威捷、威烈、威毅、威震、威略、威果、威勇爲名，軍置都總管、副總管及巡察使、副各一員。而沿邊契丹恐妻孥被鄰寇鈔掠，不可盡行，遂皆背叛。而大名續授甲之士還迎立世宗于東京。

及大定之初，窩斡既平，乃散契丹隸諸猛安謀克。

至三年，詔河北、山東等路所簽軍，有父兄俱已充甲軍〔六〕，子弟又爲阿里喜，恐其家更無丁男，有誤農種，與免一丁，以驅丁充阿里喜，無驅丁者於本猛安謀克内驗富强有驅丁者簽充。

十三年，徙東北等戍邊漢軍於内地。

十五年十月，遣吏部郎中蒲察兀虎等十人分行天下，再定猛安謀克户，每謀克户不過三百，七謀克至十謀克置一猛安。

十七年，又以西南、西北招討司契丹餘黨心素狠戾，復恐生事，它時或有邊隙，不爲我用，令遷之於烏古里石壘部及上京之地。上謂宰臣曰：「北邊番戍之人，歲冒寒暑往來千里，甚爲勞苦。縱有一二馬牛，一往則無還理，且奪其農時不得耕種。故嘗命卿等議，以何術得罷其役，使安于田里，不知卿議何如也？」左丞相良弼對曰：「北邊之地，不堪耕種，不能長戍，故須番戍耳。」上曰：「朕一日萬幾，安能徧及，卿等既爲宰相，以此急務反以爲末事，竟無一言，甚勞朕慮。往者參政宗敍屢爲朕言，若以貧户永屯邊境，使之耕種，官給糧廩，則貧者得濟，富户免於更代之勞，使之得勤農務。若宗敍者可謂盡心爲國矣。朕嘗思之，宜以兩路招討司及烏古里石壘部族、臨潢府、泰州等路分定保戍，具數以聞，朕親覽焉。」

十八年，命部族、乣分番守邊。

二十年，以祖宗平定天下以來，所建立猛安謀克，因循既久，其間有户口繁簡、地里遠近不同，又自正隆之後所授無度，及大定間亦有功多未酬者，遂更定以詔天下。復命新授者並令就封，其謀克人內有六品以下職及諸局承應人，皆爲遷之。三從以上族人願從行者，猛安不得過十户，謀克不得過六户。詔戍邊軍士年五十五以上，許以其子及同居弟姪承替，以奴代者罪之。

二十一年三月〔七〕，詔遣大興尹完顏迪古速遷河北東路兩猛安，上曰：「朕始令移此，欲令與女直户相錯，安置久則自相姻親，不生異意，此長久之利也。今者移馬河猛安相錯以居，甚符朕意，而遥落河猛安不如此，可再遣兵部尚書張那也按視其地以雜居之。」

二十二年，以山東屯田户鄰之於邊鄙，命聚之一處，俾協力蠶種。右丞相烏古論元忠曰：「彼方之人以所得之地爲家，雖兄弟不同處，故貧者衆。」參政粘割斡特剌曰：「舊時兄弟雖析猶相聚種，今則不然，宜令約束之。」又以猛安謀克舊籍不明，遇簽軍與諸差役及賑濟，增減不以實，命括其口，以實籍之。

二十三年，遣刑部尚書移剌慥遷山東東路八謀克處之河間〔八〕，其棄地以山東東路忒黑河猛安下蘸荅謀克，移里閔斡魯渾猛安下翕浦謀克、什母温山謀克九村人户徙於劉僧、安和二謀克之舊地。其未徙者之地皆薄惡且鄰寇，遣使詢願徙者，相可居之地，圖以進。

上嘗以速頻、胡里改人驍勇可用，海陵嘗欲徙之而未能，二十四年，以上京率、胡剌温之地廣而腴，遂遣刑部尚書烏里也出府庫錢以濟行資牛畜，遷速頻一猛安、胡里改二猛安二十四謀克以實之〔九〕。蓋欲上京兵多，它日可爲緩急之備也。

當是時，多易置河北、山東所屯之舊，括民地而爲之業，户頒牛而使之耕，畜甲兵而爲之備。乃大重其權，授諸王以猛安之號，或新置者特賜之名。制其奢靡，禁其飲酒，習其騎射，儲其糧糒，其備至嚴也。

是時宗室户百七十，猛安二百二，謀克千八百七十八，户六十一萬五千六百二十四。東北路部族乣軍曰迭剌部，承安三年改爲土魯渾扎石合節度使〔一〇〕。曰唐古部，承安三年改爲部魯火扎石合節度使。二部五乣，户五千五百八十五。其它若助魯部族、烏魯古部族、石壘部族、萌骨部族、計魯部族、孛特本部族數皆稱是。西北、西南二路之乣軍十〔二〕，曰蘇謨典乣、曰耶剌都乣、曰骨典乣、唐古乣、霞馬乣、木典乣、萌骨乣、咩乣、胡都乣凡九，其諸路曰曷懶、曰蒲與、曰婆速、曰恤頻、曰胡里改、曰移懶，移懶後廢，皆在上京之鄙，或置總管府，或置節度使。

至章宗明昌間，欲國人兼知文武，令猛安謀克舉進士，試以策論及射，以定其科甲高下。

承安四年，上謂宰臣曰：「人有以八陣圖來上者，其圖果何如？朕嘗觀宋白所集武經，具載攻守之法，亦多難行。」右丞相清臣曰〔三〕：「兵書一定之法，難以應變。本朝行兵惟用正奇二軍，臨敵制變，以正爲奇，以奇爲正，故無往不克。」上曰：「自古用兵亦不出奇正二法耳。且學古兵法如學弈棋，未能自得於心，欲用舊陣勢以接敵，疎矣。敵所應與舊勢異，則必不可支。然武經所述雖難遵行，然知之猶愈不知。」

泰和間，又制武舉，其制具在選舉志。

所謂渤海軍，則渤海八猛安之兵也。所謂奚軍者，奚人遥輦昭古牙九猛安之兵也。奚軍初徙于山西，後分遷河東。其漢軍中都永固軍，大定所置者也。所謂鎮防軍，則諸軍中取以更代戍邊者也。在西北邊則有分番屯戍軍及永屯軍、駈軍之別。駈軍則國初所免遼人之奴婢，使屯守于泰州者也。邊鋪軍則河南、陝西居守邊界者。河東三虞候順德軍及章宗所置諸路効節軍，京府節鎮設三十人，防刺設二十人。掌同弓手者也。諸路所募射糧軍，五年一籍三十以下、十七以上强壯者，皆刺其□〔一三〕，所以兼充雜役者也。京師防城軍，世宗大定十七年三月改爲武衛軍，則掌京師巡捕者也。其曰牢城軍，則嘗爲盜竊者，以充防築之役。曰土兵，則以司警捕之事。

凡漢軍，有事則簽取於民，事已則或亦放免。

初，天會間，郭藥師降，有曰長勝軍者，皆遼水側人也，以鄉土歸金，皆愁怨思歸，宗望及令罷還〔一四〕。正隆間，又嘗罷諸路漢軍，而所存者猶有威勇、威烈、威捷、順德及「韓常之軍」之號。

凡邊境置兵之州三十八，鳳翔、延安、鄧、鞏、熙、泗、潁、蔡、隴、秦、河、海、壽、唐、商、洮、蘭、會、積石、鎮戎、保安、綏德、保德、環、葭、隩〔一五〕、寧邊、東勝、淨、慶、來遠、桓、昌、曷懶、婆速、蒲與、恤品、胡里改，置於要州者十一，南京、東京、益都、京兆、太原、臨洮、臨潢、豐、泰、撫、蓋。

及宣宗南遷，糺軍潰去，兵勢益弱，遂盡擁猛安户之老稚渡河，僑置諸總管府以統之，器械既缺，糧糒不給，朘民膏血而不足，乃行括糧之法，一人從征，舉家待哺。又謂無以堅戰士之心，乃令其家盡入京師，不數年至無以爲食，乃聽其出，而國亦屈矣。

然初南渡時，盡以河朔戰兵三十萬分隸河南行樞密及帥府，往往蔽匿强壯，驅羸弱使戰，不能取勝。後乃至以二十五人爲謀克，四謀克爲猛安。每謀克除旗鼓司火頭五人，任戰者止十八人，不足成隊伍，但務存其名而已。

故渾源劉祁謂金之兵制最弊〔一六〕，每有征伐及邊釁，輒下令簽軍，使遠近騷動。民家丁男若皆强壯，或盡取無遺，號泣動乎鄰里，嗟怨盈於道路，驅此使戰，欲其勝敵，難矣。初，貞祐時，下令簽軍，會一時任子爲監當者春赴吏部選，宰執命取爲監官軍〔一七〕，皆憤悒哀號交愬臺省，至衝宰相鹵簿以告，丞相僕散七斤大怒，趣左右取弓矢射去。已而，上知其不可用，命免之。元光末，備潼關黄河，又簽軍，諸使者歷縣邑，自見居官外，無文武小大職事官皆充軍。至許州，前侍御史劉元規年幾六十，亦選爲千户。至陳州，以祁父從益以前監察御史亦爲千户，餘不可悉紀。既立部伍，必以軍律相臨，物議紛然，後亦罷之。

哀宗正大二年，議選諸路精兵，直隸密院。先設總領六員，分路揀閲，因相合併。每總領司率數萬人，軍勢既張，乃易總領之名爲都尉，班在隨朝四品之列，曰建威、曰虎威、曰破虜、振威、鷹揚、虎賁、振武、折衝、盪寇、殄寇〔一八〕，必以先嘗秉帥權者居是職，雖帥府行院亦不敢以貴重臨之。天興初元，有十五都尉〔一九〕。先六人陞授，在京建威奧屯斡里卜，許州折衝夾谷澤，本姓樊。陳州振武温撒辛，本姓李。蔡州盪寇蒲察打吉卜，申裕安平完顏斜列，嵩汝振武唐括韓僧。續封金昌府虎威紇石烈乞兒，宣權歸德果毅完顏豬兒，南京殄寇完顏阿拍。宣權潼關都尉三：虎賁完顏陳兒、鷹揚内族大婁室、全節。

復取河朔諸路歸正人，不問鞍馬有無、譯語能否，悉送密院，增月給三倍它軍，授以官馬，得千餘人，歲時犒燕，名曰忠孝軍。以石抹燕山奴、蒲察定住統之。加以正大已後諸路所虜、臨陣所獲，皆放歸鄉土，同忠孝軍給其犒賞，使河朔俘係知之。故此軍迄于天興至七千，千户以上將帥尚不預焉。

又以歸正人過多，乃係於忠孝籍中别爲一軍，減忠孝所給之半，不能射者令閲習一再月，然後試補忠孝軍，是所謂合里合軍也。

又以親衞馬軍，舊時所選未精，必加閲試，直取武藝如忠孝軍者得五千人，餘罷歸爲步軍。

凡進征，忠孝居前，馬軍次之。自正大改立馬軍，隊伍、鞍勒、兵甲一切更新，將相舊人自謂，國家全盛之際，馬數則有之，至於軍士精鋭、器仗堅整，較之今日有不侔者，中興之期爲有望矣。一日布列曹門内教場，忠孝軍七千，馬軍五千，京師所屯建威都尉軍萬人，内族九住所統親衛軍三千，及阿排所統四千，皆哀宗控制樞密院時所選，教場地約三十頃尚不能容。餘都尉十三四軍猶不在是數。

此外，招集義軍名曰忠義，要皆燕、趙亡命，雖獲近用，終不可制，異時擅殺北使唐慶以速金亡者即此曹也。

禁軍之制，本於合扎謀克。合扎者，言親軍也，以近親所領，故以名焉。貞元遷都，更以太祖、遼王宗幹、秦王宗翰之軍爲合扎猛安〔二〇〕，謂之侍衛親軍，故立侍衛親軍司以統之〔二一〕。舊常選諸軍之材武者爲護駕軍，海陵又名上京龍翔軍爲神勇軍，正隆二年將南伐，乃罷歸，使就僉調，復於侍衛親軍四猛安舊止曰太祖、遼王、秦王猛安凡三，今曰四猛安，未詳，豈太祖兩猛安耶？內，選三十以下千六百人，騎兵曰龍翔，步兵曰虎步，以備宿衛。五年，罷親軍司，以所掌付大興府，置左右驍騎，所謂從駕軍也，置都副指揮使隸點檢司，步軍都副指揮使隸宣徽院。

大定初，親軍置四千人。二十二年，省爲三千五百。上京亦設守衛軍。是年，尚書省奏上京既設皇城提舉官，亦當設軍守衛。上曰：「可設四百五十，馬一百二十，分三番更代。異時朕至上京，即作兩番巡警，限以半年交替。人日給錢五十、米一升半，馬給芻粟，猛安謀克官可差年四十上下者、軍士並取三十以上者充。」章宗承安四年，增爲五千，又增至六千。又有威捷軍。承安增簽弩手千人。

凡選弩手之制，先以營造尺度杖，其長六尺，立之謂之等杖。取身與杖等，能踏弩至三石，鋪弦解索登踏閑習，射六箭皆上垛，內二箭中貼者。又選親軍，取身長五尺五寸善騎射者，猛安謀克以名上兵部，移點檢司、宣徽院試補之。又設護衛二百人，近侍之執兵仗者也，取五品至七品官子孫及宗室并親軍、諸局分承應人，身長五尺六寸者，選試補之。又設控鶴二百人，皆以備出入者也。

大將府治之稱號。收國元年十二月，始置咸州軍帥司，以經略遼地，討高永昌，置南路都統司，且以討張覺。天輔五年襲遼主，始有內外諸軍都統之名。時以奚未平，又置奚路都統司，後改爲六部路都統司，以遥輦九營爲九猛安隸焉，與上京及泰州凡六處置，每司統五六萬人。又以渤海軍爲八猛安。凡猛安之上置軍帥，軍帥之上置萬户，萬户之上置都統。然時亦稱軍帥爲猛安，而猛安則稱親管猛安者。

燕山既下，循遼制立樞密院于廣寧府，以總漢軍。太宗天會元年，以襲遼主所立西南都統府爲西南、西北兩路都統府。三年，以伐宋更爲元帥府，置元帥及左、右副，及左、右監軍，左、右都監。

金制，都元帥必以諳版孛極烈爲之，恒居守而不出。六年，詔還二帥以鎮方面。諸路各設兵馬都總管府，州鎮置節度使，沿邊州則置防禦使。凡州府所募射糧軍、牢城軍，每五百人爲一指揮使司，設使，分爲四都，都設左右什將及承局、押官。其軍數若有餘或不足，則與近者合置，不可合者以三百人或二百人亦設指揮使，若百人則止設軍使，百人以上立爲都，不及百人止設什將及承局，管押官各一員〔二二〕。

十年，改南京路都統司爲東南路都統司，治東京以鎮高麗。後又置統軍司于大名府。及海陵天德二年八月，改諸京兵馬都部署司爲本路都總管府。九月，罷大名統軍司，而置統軍司于山西、河南、陝西三路〔二三〕，以元帥府都監、監軍爲使，分統天下之兵。又改烏古迪烈路統軍司爲招討司，以婆速路統軍司爲總管府。

三年，以元帥府爲樞密院，罷萬户之官，詔曰：「太祖開剏，因時制宜，材堪統衆授之萬户，其次千户及謀克。當時官賞未定，城郭未下，設此職許以世襲，乃權宜之制，非經久之利。今子孫相繼〔二四〕，專攬威權，其户不下數萬，與留守總管無異，而世權過之。可罷是官。若舊無千户之職者，續思增置。國初時賜以國姓，若爲子孫者皆令復舊。」正隆末，復陞陝西統軍司爲都統府。大定五年，復罷府，降爲統軍司。尋又設兩招討司，與前凡三，以鎮邊陲。東北路者，初置烏古迪烈部，後置于泰州。泰和間，以去邊尚三百里，宗浩乃命分司于金山。西北路者置於應州，西南路者置於桓州〔三五〕，以重臣知兵者爲使，列城堡濠牆，戍守爲永制。樞密院每行兵則更爲元帥府，罷則復爲院。

宣宗貞祐三年，徵代州戍兵五千，從胥鼎言，留代以屏平陽。興定二年，選募河南、陜西弩手軍二千人爲一軍，賜號威勇。及南遷，河北封九公，因其兵假以便宜從事，沿河諸城置行樞密院、元帥府，大者有「便宜」之號，小者有「從宜」之名。元光間，時招義軍以三十人爲謀克，五謀克爲一千户，四千户爲一萬户，四萬户爲一副統，兩副統爲一都統，此復國初之名也。然又外設一總領提控，故時皆稱元帥爲總領云。

金初，因遼諸抹而置羣牧，抹之爲言無蚊蚋、美水草之地也。天德間，置迪河斡朵、斡里保、保亦作本。蒲速斡、燕恩、兀者五羣牧所，皆仍遼舊名，各設官以治之。又於諸色人内，選家富丁多、及品官家子、猛安謀克蒲輦軍與司吏家餘丁及奴，使之司牧，謂之羣子，分牧馬駞牛羊，爲之立蕃息衰耗之刑賞。後稍增其數爲九。契丹之亂遂亡其五，四所之所存者，馬千餘、牛二百八十餘、羊八百六十、駞九十而已。

世宗置所七，曰特滿、忒滿、在撫州。斡覩只、蒲速椀、蒲速椀本斡覩只之地，大定七年分其地置之。承安三年改爲板底因烏魯古。甌里本、承安三年改爲烏鮮烏魯古。烏魯古者言滋息也。合魯椀、耶盧椀。在武平縣、臨潢、泰州之境。

大定二十年三月，更定羣牧官、詳穩脱朵〔二六〕、知把、羣牧人滋息損耗賞罰格。二十一年，勑諸所，馬三歲者付女直人牧之，牛或以借民耕，或又令民畜羊，或以賑貧户。時遣使閲實其數，缺則杖其官，而令牧人償之，匿其實者監察舉覺之。二十八年，蕃息之久，馬至四十七萬，牛十三萬，羊八十七萬，駞四千。

明昌五年，散騋馬，令中都、西京、河北東西路驗民物力分畜之。又令它路民養馬者，死則於前四路所養者給換，若欲用則悉以送官。此金之馬政也。然每有大役，必括於民，及取羣官之餘騎，以供戰士焉。

宣宗興定元年，定民間收潰軍亡馬之法，及以馬送官酬直之格，「上等馬一疋銀五十兩，中下遞減十兩。不願酬直者，上等二疋補一官，雜班任使，中等三疋，下等四疋，如之。令下十日陳首，限外匿及殺，並絞」。又遣官括市民馬，立賞格以示勸，五百匹以上鈔千貫，千匹以上一官，二千匹以上兩官。

養兵之法。熙宗天眷三年正月，詔歲給遼東戍卒紬絹有差。正隆四年，命河南、陝西統軍司并虞候司、順德軍，官兵並增廩給。六年，將南征，以絹萬疋于京城易衣襖穿膝一萬，以給軍。世宗大定三年，南征，軍士每歲可支一千萬貫，官府止有二百萬貫，外可取於官民户，此軍須錢之所由起也。

時言事者，以山東、河南、陝西等路循宋、齊舊例，州縣司吏、弓手於民間驗物力均敷顧錢，名曰「免役」，請以是錢贍軍。至是，省具數以聞，詔罷弓手錢，其司吏錢仍舊。四年六月，奏，元帥府乞降軍須錢，上曰：「帥府支費無度，例皆科取於民，甚非朕意。仰會計軍須支用不盡之數，及諸路轉運司見在，如實缺用，則別具以聞。」十年四月，命德順州建營屋以處屯軍。十七年七月，歲以羊皮三萬賜西北路戍兵〔二七〕。承安三年，以軍須所費甚大，乞驗天下物力均徵。擬依黄河夫錢例，徵軍須錢，驗各路新籍物力，每貫徵錢四貫，西京、北京、遼東路每貫徵錢二貫，臨潢、全州則免徵，周年三限送納。恐期遠，遂定制作半年三限輸納。

凡河南、陝西、山東放老千户、謀克、蒲輦、正軍、阿里喜等給賞之例，舊軍千户十年以上賞銀五十兩、絹三十疋，不及十年，比附十年以上謀克支。謀克十年以上銀四十兩、絹二十五疋，不及十年銀三十兩、絹二十疋。蒲輦十年以上銀三十兩、絹二十疋，不及十年銀二十兩、絹一十五疋。馬步正軍、阿里喜等勾當不拘年分，放老正軍銀一十五兩、絹一十疋，阿里喜、旗鼓、吹笛、本司火頭人等同銀八兩、絹五疋。三虞候千户，十年以上銀四十兩、絹二十五疋，不及十年銀三十兩、絹二十疋。謀克二十年以上銀五十兩、絹三十疋，十年以上銀三十兩、絹二十疋，不及十年銀一十兩、絹一十五疋。蒲輦十年以上銀二十兩、絹一十五疋，不及十年銀一十五兩、絹一十疋。正軍、阿里喜勾當不拘年分，放老正軍銀一十兩、絹七疋，阿里喜、旗鼓、吹笛、本司火頭人等同銀五兩，絹四疋。北邊萬户、千户、謀克等，歷過軍功及年老放罷給賞之例，遷官同從吏部格。正千户管押萬户，勾當過一十五年，遷兩官與從五品。不及一十五年年老放罷，遷一官與正六品。若十年以下，遷一官賞銀絹六十兩疋。正謀克管押萬户，勾當一十五年遷兩官與正六品，不及一十五年年老放罷，遷一官與正七品，若十年以下遷一官賞銀絹五十兩疋。正千户管押千户，勾當過二十年，遷一官與正六品，不及二十年年老放罷，遷一官與正七品，若十年以下遷一官賞銀絹四十兩疋。正謀克管押千户以下，依河南、陝西體例。

凡鎮防軍，每年試射，射若有出衆，上等賞銀四兩，特異衆者賞十兩銀馬盂。簽充武衛軍，挈家赴京者，人日給六口糧，馬四疋芻藁。

諸招軍月給例物。邊鋪軍錢五十貫、絹十疋。軍匠上中等錢五十貫、絹五疋，下等錢四十貫、絹四疋。黄河埽兵錢三十貫、絹五疋，射糧軍及溝渠等處埽兵水手，錢二十貫、絹二疋，士兵錢十貫、絹一疋。凡射糧軍指揮使及黄沁埽兵指揮使，錢粟七貫石、絹六疋，軍使錢粟六貫石、絹同上，什將錢二貫、粟三石，春衣錢五貫、秋衣錢十貫。承局押官錢一貫五百文、粟二石，春衣錢五貫、秋衣錢七貫。牢城并士兵錢八百文、粟二石，春衣錢四貫、秋衣錢六貫。邊鋪軍請給與射糧軍同。

河南、陝西、山東路統軍司鎮防甲軍、馬軍，猛安錢八貫、米五石二斗、絹八疋、六馬芻粟，謀克錢六貫、米二石八斗、絹六疋、五馬芻粟，蒲輦錢四貫、米石七斗、絹五疋、四馬芻粟，正軍錢二貫、米石五斗、絹四疋、綿十五兩、兩馬芻粟，阿里喜錢一貫五百文、米七斗、絹三疋、綿十兩。步軍，猛安馬二疋、謀克馬一疋芻粟。每馬給芻一束、粟五升，歲仲春野有青草馬可牧養則止，惟每猛安當差馬七十二疋，四時皆給。又定制河南、山東、河東歲給五月，陝西六月。鎮防軍補買馬錢，河南路正軍五百文〔三八〕，阿里喜隨色人三百文，陝西、山東路正軍三百文，阿里喜隨色人二百文。

諸屯田被差及緣邊駐扎捉殺軍，猛安月給錢六貫、米一石八斗、五馬芻粟，謀克錢四貫、米一石二斗、三馬芻粟，蒲輦錢二貫、米六斗、二馬芻粟，正軍錢一貫五百文、米四斗、一馬芻粟，阿里喜隨色人錢一貫、米四斗、一馬芻粟。德順軍指揮使錢六貫、米二石八斗、絹六疋、三馬芻粟，軍使什將錢四貫、米一石七斗、絹五疋，給兩馬料，長行錢二貫、米一石五斗、絹四疋、綿十五兩，給一馬料，奚軍謀克錢一貫五百文、米一石五斗、紬絹春秋各一疋，給三馬料，蒲輦錢一貫、米二石七斗、紬絹同上，給二馬料，長行錢一貫、米一石八斗、紬絹同上，飼一馬。

北邊臨潢等處永屯駐軍，千户錢八貫、米五石二斗、絹八疋、飼馬六疋，步軍飼兩馬、地五頃，謀克錢六貫、米二石八斗、絹六疋、飼五馬、地四頃，蒲輦錢四貫、米一石七斗、絹五疋、飼四馬、地三頃，正軍錢二貫、米一石四斗五升、絹四疋、綿十五兩、飼兩馬、地二頃〔二九〕，阿里喜錢一貫五百文〔三〇〕、米七斗、絹三疋、綿十兩、地一頃，旗鼓司人與阿里喜同，交替軍錢二貫、米四斗，阿里喜錢一貫五百文、米四斗。上番漢軍，千户月給錢三貫、糧四石、絹八疋、飼四馬，謀克錢二貫五百文、糧一石、絹六疋、飼二馬，正軍錢二貫、米九斗五升、絹四疋。

上京路永屯駐軍所除授，千户月給錢粟十五貫石、絹十疋、綿二十兩、飼三馬，謀克錢六貫、米二石八斗、絹六疋、飼二馬，正軍月支錢二貫五百文、米一石二斗、絹四疋、綿十五兩、飼一馬，阿里喜隨色人錢二貫、米一石二斗、絹四疋、綿十五兩。

諸北邊永駐軍，月給補買馬錢四百文，隨色人三百文。

貞祐三年，軍前委差及掌軍官，規圖糧料，冒占職役，皆無實員，又見職及遥授者，已有俸給，又與無職事者同支券糧，故時議欲省員減所給之數，俟征行則全給之。及興定二年，彰化軍節度使張行信言：「一軍充役，舉家廩給，蓋欲感悅士心，使爲國盡力耳。至於無軍之家，復無丁男，而其妻女猶受給何謂耶。」五年，京南行三司官石抹斡魯言：「京南、東、西三路見屯軍户，老幼四十萬口，歲費糧百四十餘萬石，皆坐食民租，甚非善計。」語在田制。

諸屯田軍人，如差防送，日給錢一百五十文。看管孝寧宫人，月各給米五斗、柴一車、春秋衣麄布一段、秋絹二疋、綿一十五兩。諸黄院子年滿者，以元請錢糧三分内，給一貫石養老。

校勘記

〔一〕調燕山雲中中京上京東京遼東平州遼西長春八路民兵　行文稱「八路」，所列路名實爲九路。會編卷一一一建炎元年七月十六日條，「金人起燕山、雲中、中京、上京、東京、平州、遼西、長春八路民兵入寇兩河」，無「遼東」。李心傳要録卷九亦無。按，金初八路實即遼末財賦路，有東京，無「遼東」，遼東爲東京别稱，此處當删「遼東」。

〔二〕熙宗皇統五年又罷遼東漢人渤海猛安謀克承襲之制　本書卷八〇大臭傳，「天眷三年，罷漢、渤海千户謀克，以㚖舊臣，獨命依舊世襲千户」，所記與此是一事而早五年。

〔三〕宗正宗敏之族　「宗敏」，原作「宗敬」，據局本改。按，本書卷六九太祖諸子宗敏傳，宗敏於皇統三年「兼判大宗正事」。局本考證：「『宗敏』，原文訛『宗敬』。按宗室表，太祖子宗敏曾爲大宗正，據改。」

〔四〕太保昂　此處繫年疑誤。按，本書卷五海陵紀，正隆元年正月乙丑，「太尉、樞密使昂爲太保」。

〔五〕正隆二年命兵部尚書蕭恭等　「正隆」二字原脱；「蕭恭」，原作「蕭仲恭」。按，本書卷八二蕭仲恭傳，仲恭未曾任兵部尚書，且已於天德二年去世，知此處必有訛誤。卷五海陵紀，正隆三年三月「辛巳，以兵部尚書蕭恭等爲賀宋生日使」，卷八二蕭恭傳亦云「貞元二年，爲同知大興尹。歲餘，遷兵部尚書，爲宋國生日使」。證「蕭仲恭」爲「蕭恭」之誤，今據删「仲」字。又本卷下文載「六年，南伐」，即海陵正隆伐宋，則此「二年」必爲「正隆二年」。今據補。

〔六〕有父兄俱已充甲軍　「已」，原作「亡」，金史詳校卷三下：「『亡』當作『已』。」今據改。

〔七〕二十一年三月　本書卷七世宗紀中繫此事於大定二十年十月，與此異。

〔八〕二十三年遣刑部尚書移剌慥遷山東東路八謀克處之河間　按，本書卷四七食貨志二田制，大定二十二年「九月，遣刑部尚書移剌慥于山東路猛安内摘八謀克民，徙于河北東路酬斡、青狗兒兩猛安舊居之地」，與此所載爲一事，疑此處「二十三」爲「二十二」之誤。

〔九〕「二十四年」至「遷速頻一猛安胡里改二猛安二十四謀克以實之」　按，本書卷八世宗紀下，大定二十四年十一月，「尚書省奏徙速頻、胡里改三猛安二十四謀克以實上京」。大定二十五年四月，「詔於速頻、胡里改兩路猛安下選三十謀克爲三猛安，移置于率督畔窟之地，以實上京」。尚書省有此動議是在大定二十四年，實行是在二十五年；議遷二十四謀克，最終實遷三十謀克。

〔一〇〕土魯渾扎石合節度使　「扎」，原作「凡」。按，下文有唐古部「改爲部魯火扎石合節度使」。本書卷二四地理志上，「迪烈又作迭剌。女古部族，承安三年改爲土魯渾扎石合節度使」。卷四二儀衛志下内外官傔從，亦見「部羅火、土魯渾扎石合」。今據改。

〔一一〕西北西南二路之乣軍十　局本無「軍十」二字。此處云乣軍十，所列名稱凡九。按，本書卷二四地理志上、卷四四兵志、卷五七百官志三及百官志所引士民須知，共涉及乣軍名稱十一個。據本書卷四六食貨志一户口，大定十七年五月，「咸平府路一千六百餘户，自陳皆長白山星顯、禪春河女直人，遼時簽爲獵户，移居於此，號移典部，遂附契丹籍」。移典屬東北路招討司，不應列入此處。上文提到東北路招討司下有迭剌、唐古二部五乣，唐古乣也不應列入。則此下所記乣軍名應删唐古乣，補失魯乣，共爲九個。下文稱「凡九」是，此處作「十」誤。

〔一二〕右丞相清臣曰　「右丞相」，疑當作「左丞相」。按，本書卷一〇章宗紀二，明昌六年四月「庚辰，以尚書右丞相夾谷清臣爲左丞相」。

〔一三〕皆刺其□　「其」下原缺一字，疑是「面」或「頰」字。

〔一四〕宗望及令罷還　金史詳校卷三下：「『及』當作『乃』。」

〔一五〕葭隩　「隩」，原作「澳」。按，本書卷二六地理志下，河東北路有隩州，在葭州之後。今據改。

〔一六〕故渾源劉祁謂金之兵制最弊　「渾源」，原作「混源」。按，歸潛志序作「渾源劉祁」。本書卷二四地理志上西京路應州有渾源縣。今據改。

〔一七〕宰執命取爲監官軍　「監官軍」，原作「監軍官」。按，本書卷一四宣宗紀上，貞祐三年夏四月「癸卯，籍赴選監當官爲軍」。歸潛志卷七，「貞祐初，下令簽軍，會一時任子爲監當者以春赴吏部調數，宰執使盡揀取，號『監官軍』」。本志此段全本劉文，今據乙正。

〔一八〕「曰建威」至「殄寇」　按，本書卷五五百官志一所列都尉名較此多一「果毅」，而少「虎威」、「振威」。

〔一九〕十五都尉　按，本書卷一一三赤盞合喜傳作「十三都尉」。

〔二〇〕秦王宗翰之軍爲合扎猛安　「宗翰之軍」下原衍一「軍」字，四字作小字注文。南監本、北監本、殿本、局本並作「宗翰軍」，爲大字正文。今據删衍字「軍」並改爲大字正文。

〔二一〕「貞元遷都」至「謂之侍衛親軍故立侍衛親軍司以統之」　按，本書卷四熙宗紀，皇統八年七月乙亥，「以侍衛親軍都指揮使阿魯帶爲御史大夫」。今疑此處繫年有誤。

〔二二〕不及百人止設什將及承局管押官各一員　按，本書卷五七百官志三作「不及百人設什將、承局、押官各一」，此處「管」字疑衍。

〔三〕而置統軍司于山西河南陝西三路　按，本書卷六世宗紀上，大定三年五月「罷河南、山東、陝西統軍司」。大金國志卷三八統軍司三處載，「統軍司三處，南京路南京置司，陝西路京兆置司，山東路益都置司」。與此異。

〔亖〕今子孫相繼　「今」，原作「令」，據南監本、北監本、殿本、局本改。

〔亖〕西北路者置於應州西南路者置於桓州　按，西北路者當置於桓州，西南路者當置於豐州。參見本書卷二四校勘記〔五四〕。

〔亖〕詳穩脱朶　「詳穩」，本書卷五七百官志三，「設掃穩脱朶，分掌諸畜，所謂牛馬羣子也」，作「掃穩」。與此異。

〔亖〕歲以羊皮三萬賜西北路戍兵　本書卷七世宗紀中，大定十七年七月，「歲以羊三萬賜西北路戍兵」，與此異。

〔亖〕河南路正軍五百文　「百」，原作「伯」，據北監本、殿本、局本改。下同改。

〔亖〕綿十五兩飼兩馬地二頃　「綿十五兩」，原在「飼兩馬」之下，今據上下文例乙正。

〔亖〕阿里喜錢一貫五百文　「文」字原脱，據殿本補。

金史卷四十五

志第二十六

刑

昔者先王因人之知畏而作刑，因人之知恥而作法。畏也、恥也，五性之良知，七情之大閑也。是故，刑以治已然，法以禁未然，畏以處小人，恥以遇君子。君子知恥，小人知畏，天下平矣。是故先王養其威而用之，畏可以教愛。慎其法而行之，恥可以立廉。愛以興仁，廉以興義，仁義興，刑法不幾於措乎。

金初，法制簡易，無輕重貴賤之別，刑、贖並行，此可施諸新國，非經世久遠之規也。天會以來，漸從吏議，皇統頒制，兼用古律。厥後，正隆又有續降制書。大定有權宜條理，有重修制條。明昌之世，律義、勑條並修，品式寖備。既而泰和律義成書，宜無遺憾。然國脉紓蹙，風俗醇醨，世道升降，君子觀一代之刑法，每有以先知焉。

金法以杖折徒，累及二百，州縣立威，甚者置刃於杖，虐於肉刑。季年，君臣好用筐篋故習，由是以深文傅致爲能吏，以慘酷辦事爲長才。百司姦贓真犯，此可決也，而微過亦然。風紀之臣，失糾皆決。考滿，校其受決多寡以爲殿最。

原其立法初意，欲以同疏戚、壹小大，使之咸就繩約於律令之中，莫不齊手並足以聽公上之所爲，蓋秦人强主威之意也。是以待宗室少恩，待大夫士少禮。

終金之代，忍恥以就功名，雖一時名士有所不免。至於避辱遠引，罕聞其人。殊不知君子無恥而犯義，則小人無畏而犯刑矣。是故論者於教愛立廉之道，往往致太息之意焉。雖然，世宗臨御，法司奏讞，或去律援經，或揆義制法。近古人君聽斷，言幾於道，鮮有及之者。章宗、宣宗嘗親民事，當宁裁決，寬猛出入雖時或過中，迹其矜恕之多，猶有祖風焉。簡牘所存，可爲龜鑑者，本紀、刑志詳略互見云。

金國舊俗，輕罪笞以柳葼，殺人及盜刦者，擊其腦殺之，没其家貲，以十之四入官，其六償主，并以家人爲奴婢，其親屬欲以馬牛雜物贖者從之。或重罪亦聽自贖，然恐無辨於齊民，則劓、刵以爲別。其獄則掘地深廣數丈爲之。

太宗雖承太祖無變舊風之訓，亦稍用遼、宋法。天會七年，詔凡竊盜，但得物徒三年，十貫以上徒五年，刺字充下軍，三十貫以上徒終身，仍以贓滿盡命刺字於面，五十貫以上死，徵償如舊制。

熙宗天眷元年十月，禁親王以下佩刀入宮，衞禁之法，實自此始。三年，復取河南地，乃詔其民，約所用刑法皆從律文，罷獄卒酷毒刑具，以從寬恕。至皇統間，詔諸臣，以本朝舊制，兼採隋、唐之制，參遼、宋之法，類以成書，名曰皇統制，頒行中外。時制，杖罪至百，則臀、背分決。及海陵庶人以脅近心腹，遂禁之，雖主決奴婢，亦論以違制。又多變易舊制，至正隆間，著爲續降制書，與皇統制並行焉。然二君任情用法，自有異於是者矣。及世宗即位，以正隆之亂，盜賊公行，兵甲未息，一時制旨多從時宜，遂集爲軍前權宜條理。

大定四年，尚書省奏，大興民男子李十、婦人楊仙哥並以亂言當斬。上曰：「愚民不識典法，有司亦未嘗丁寧誥戒，豈可遽加極刑。」以減死論。

五年，命有司復加删定條理，與前制書兼用。

七年，左藏庫夜有盜殺都監郭良臣，盜金珠，求盜不得。命點檢司治之，執其可疑者八人鞫之，掠三人死，五人誣伏。上疑之，命同知大興府事移剌道雜治〔一〕。既而親軍百夫長阿思鉢鬻金於市，事覺，伏誅。上聞之曰：「輦轂之下，何求不得，奈何鞫獄者不以情求之乎。」賜死者錢人二百貫，不死者五十貫。於是禁護衛百夫長、五十夫長非直日不得帶刀入宮〔二〕。是歲，斷死囚二十人。

八年，制品官犯賭博法。贓不滿五十貫者，其法杖，聽贖，再犯者杖之。且曰「杖者所以罰小人也。既爲職官，當先廉恥，既無廉恥，故以小人之罰罰之」。

九年，因御史臺奏獄事，上曰：「近聞法官或各執所見，或觀望宰執之意，自今制無正條者皆以律文爲準。」復命杖至百者臀、背分受，如舊法。已而，上謂宰臣曰：「朕念罪人杖不分受，恐至深重，乃令復舊。今聞民間有不欲者，其令罷之。」

十年，尚書省奏，河中府張錦自言復父讎，法當死。上曰：「彼復父讎，又自言之，烈士也。以減死論。」

十一年，詔諭有司曰：「應司獄廨舍須近獄安置，囚禁之事常親提控，其獄卒必選年深而信實者輪直。」

十二年，尚書省言：「內丘令蒲察臺補自科部內錢立德政碑，復有其餘錢二百餘貫，罪當除名。今遇赦當敍，仍免徵贓。」上以貪偽，勿敍，且曰：「乞取之贓，若以赦原，予者何辜。自今可並追還其主，惟應入官者免徵。」

尚書省奏，盜有發塚者，上曰：「功臣墳墓亦有被發者，蓋無告捕之賞，故人無所畏。自今告得實者量與給賞。」

故咸平尹石抹阿没刺以贓死於獄，上謂其「不尸諸市已爲厚幸。貧窮而爲盜賊，蓋不得已。三品職官以贓至死，愚亦甚矣，其諸子可皆除名」。先是，詔自今除名人子孫有在仕者並取奏裁。

十三年，詔立春後、立秋前，及大祭祀，月朔、望，上、下弦，二十四氣，雨未晴，夜未明，休暇并禁屠宰日，皆不聽決死刑，惟强盜則不待秋後。

十五年，詔有司曰：「朕惟人命至重，而在制竊盜贓至五十貫者處死，自今可令至八十貫者處死。」

十七年，陳言者乞設提刑司，以糾諸路刑獄之失。尚書省議，以謂久恐滋弊。上乃命距京師數千里外懷冤上訴者，集其事以待選官就問。

時濟南尹梁肅言，犯徒者當免杖。朝廷以爲今法已輕於古，恐滋姦惡，不從。

嘗詔宰臣，朝廷每歲再遣審録官，本以爲民伸冤滯也，而所遣多不盡心，但文具而已。審録之官，非止理問重刑，凡訴訟案牘，皆當閲實是非，囚徒不應囚繫則當釋放，官吏之罪即以狀聞，失糾察者嚴加懲斷，不以贖論。

又以監察御史體察東北路官吏，輒受訟牒，爲不稱職，笞之五十。

又謂宰臣曰：「比聞大理寺斷獄，雖無疑者亦經旬月，何耶？」參知政事移剌道對曰：「在法，決死囚不過七日，徒刑五日，杖罪三日。」上曰：「法有程限，而輒違之，弛慢也。」罷朝，御批送尚書省曰：「凡法寺斷重輕罪各有期限，法官但犯皆的決，豈敢有違。但以卿等所見不一，至於再三批送，其議定奏者書奏牘亦不下旬日，以致事多滯留，自今當勿復爾。」又曰：「故廣寧尹高禎爲政尚猛，雖小過，有杖而殺之者。即罪至於死而情或可恕，猶當念之，況其小過者乎。人之性命安可輕哉。」

上以正隆續降制書多任己意，傷於苛察。而與皇統之制並用，是非淆亂，莫知適從，姦吏因得上下其手。遂置局，命大理卿移剌慥總中外明法者共校正。乃以皇統、正隆之制及大定軍前權宜條理、後續行條理，倫其輕重，删繁正失。制有闕者以律文足之。制、律俱闕及疑而不能決者，則取旨畫定。軍前權宜條理内有可以常行者亦爲定法〔三〕，餘未應者亦別爲一部存之。參以近所定徒杖減半之法，凡校定千一百九十條，分爲十二卷，以大定重修制條爲名，詔頒行焉〔四〕。

二十年，上見有蹂踐禾稼者，謂宰相曰：「今後有踐民田者杖六十，盜人穀者杖八十，並償其直。」

二十一年，尚書省奏：犖州民馬俊妻安姐與管卓姦，俊以斧擊殺之，罪當死。上曰：「可減死一等，以戒敗風俗者。」

二十二年，上謂宰臣曰：「凡尚書省送大理寺文字，一斷便可聞奏。如烏古論公說事，近取觀之，初送法寺如法裁斷，再送司直披詳，又送闔寺參詳，反覆三次，妄生情見，不得結絶。朕以國政不宜滯留，昨雖灸艾六百炷，未嘗一日不坐朝，欲使卿等知勤政也。自今可止一次送寺，闔寺披詳，苟有情見即具以聞，毋使滯留也。」

二十三年，尚書省奏，益都民范德年七十六，爲劉祐毆殺。祐法當死，以祐父母年俱七十餘，家無侍丁，上請。上曰：「范德與祐父母年相若，自當如父母相待，至毆殺之，難議末減，其論如法。」

尚書省奏招討司官及禿里乞取本部財物制，上曰：「遠人止可矜恤，若進貢不闕，更以兵邀之，强取財物，與盜何異。且或因而生事，何可不懲。」又曰：「朕所行制條，皆臣下所奏行者，天下事多，人力有限，豈能一一盡之。必因一事奏聞，方知有所窒礙，隨即更定。今有聖旨、條理，復有制條，是使姦吏得以輕重也。」

大興府民趙無事帶酒亂言，父千捕告，法當死。上曰：「爲父不恤其子而告捕之，其正如此，人所甚難。可特減死一等。」

武器署丞奕、直長骨赧坐受草畔子財〔五〕，奕杖八十，骨赧笞二十，監察御史梁襄等坐失糾察罰俸一月。上曰：「監察，人君之耳目。事由朕發，何以監察爲。」

上以法寺斷獄，以漢字譯女直字，會法又復各出情見，妄生穿鑿，徒致稽緩，遂詔罷情見。

二十五年二月，上以婦人在囚，輸作不便，而杖不分決，與殺無異，遂命免死輸作者，決杖二百而免輸作，以臀、背分決。

時后族有犯罪者，尚書省引「八議」奏，上曰：「法者，公天下持平之器，若親者犯而從減，是使之恃此而横恣也。昔漢文誅薄昭，有足取者。前二十年時，后族濟州節度使烏林達鈔兀嘗犯大辟〔六〕，朕未嘗宥。今乃宥之，是開後世輕重出入之門也。」宰臣曰：「古所以議親，尊天子，别庶人也。」上曰：「外家自異於宗室，漢外戚權太重，至移國祚，朕所以不令諸王、公主有權也。夫有功於國，議勳可也。至若議賢，既曰賢矣，肯犯法乎。脱或緣坐，則固當減請也。」

二十六年，遂奏定太子妃大功以上親，及與皇家無服者，及賢而犯私罪者，皆不入議。上謂宰臣曰：「法有倫而不倫者，其改定之。」

監察御史陶鈞以携妓遊北苑，歌飲池島間，迫近殿廷，提控官石玠聞而發之。鈞令其友閻恕屬玠得緩。既而事覺，法司奏，當徒二年半。詔以鈞耳目之官，携妓入禁苑，無上下之分，杖六十，玠、恕皆坐之。

二十八年，上以制條拘於舊律，間有難解之詞，命删修明白，使人皆曉之。舊禁民不得收制書，恐滋告訐之弊，章宗大定二十九年，言事者乞許民藏之。平章張汝霖曰：「昔子産鑄刑書叔向譏之者，蓋不欲預使民測其輕重也。今著不刊之典，使民曉然知之，猶江、河之易避而難犯，足以輔治，不禁爲便。」以衆議多不欲，詔姑令仍舊禁之〔七〕。

明昌元年，上問宰臣曰：「今何不專用律文？」平章政事張汝霖曰：「前代律與令各有分，其有犯令，以律決之。今國家制、律混淆，固當分也。」遂置詳定所，命審定律、令。

承安二年，制軍前受財法，一貫以下，徒二年，以上徒三年，十貫處死。

符寶典書北京奴盜符寶局金牌，伏誅，仍除屬籍。按虎、阿虎帶失覺察，各杖七十。

泰和二年，御史臺奏：「監察御史史肅言，大定條理：自二十年十一月四日以前，奴娶良人女爲妻者，並準已娶爲定，若夫亡，拘放從其主。離夫摘賣者令本主收贖，依舊與夫同聚。放良從良者即聽贖換，如未贖換間與夫所生男女並聽爲良。而泰和新格復以夫亡服除準良人例，離夫摘賣及放夫爲良者，並聽爲良。若未出離再配與奴，或雜姦所生男女並許爲良。如此不同，皆編格官妄爲增減，以致隨處訴訟紛擾，是涉違枉。」勅付所司正之。

初，詔凡條格入制文内者，分爲別卷。復詔制與律文輕重不同，及律所無者，各校定以聞。如禁屠宰之類，當著于令也，慎之勿忽，律令一定，不可更矣。

明昌三年七月〔八〕，右司郎中孫鐸先以詳定所校名例篇進，既而諸篇皆成，復命中都路轉運使王寂、大理卿董師中等重校之。

四年七月，上以諸路枷杖多不如法，平章政事守貞曰：「枷杖尺寸有制，提刑兩月一巡察，必不敢違法也。」

五年正月，復令鈎校制、律，即付詳定所。時詳定官言：「若依重修制文爲式，則條目增減，罪名輕重，當異於律。既定復與舊同頒，則使人惑而易爲姦矣。臣等謂，用今制條，參酌時宜，準律文修定，歷採前代刑書宜於今者，以補遺闕，取刑統疏文以釋之，著爲常法，名曰明昌律義。別編榷貨、邊部、權宜等事，集爲勅條。」宰臣謂：「先所定令文尚有未完，俟皆通定，然後頒行。若律科舉人，則止習舊律。」遂以知大興府事尼厖古鑑、御史中丞董師中、翰林待制奥屯忠孝、小字牙哥。提點司天臺張嗣、翰林修撰完顔撒剌、刑部員外郎李庭義、大理丞麻安上爲校定官〔九〕，大理卿閻公貞、户部侍郎李敬義〔一〇〕、工部郎中賈鉉爲覆定官〔一一〕，重修新律焉。

時奏獄而法官有獨出情見者，上曰：「或言法官不當出情見，故論者紛紛不已。朕謂情見非出於法外，但折衷以從法爾。」平章守貞曰：「是制自大定二十三年罷之。然律有起請諸條，是古亦許情見矣。」上曰：「科條有限，而人情無窮，情見亦豈可無也。」

明昌五年，尚書省奏：「在制，名例內徒年之律，無決杖之文便不用杖。緣先謂流刑非今所宜，且代流役四年以上俱決杖，而徒三年以下難復不用。婦人比之男子雖差輕，亦當例減。」遂以徒二年以下者杖六十，二年以上杖七十，婦人犯者並決五十，著于勑條。

承安三年，勑尚書省，自今特旨事，如律令程式者，始可送部。自餘剏行之事，但召部官赴省議之。

四年四月，尚書省請再覆定令文，上因勑宰臣曰：「凡事理明白者轉奏可也。文牘多者恐難偏覽，其三推情疑以聞。」五月，上以法不適平，常行杖樣，多不能用。遂定分寸，鑄銅爲杖式，頒之天下。且曰：「若以笞杖太輕，恐情理有難恕者，訊杖可再議之。」

五年五月，刑部員外郎馬復言：「外官尚苛刻者不遵銅杖式，輒用大杖，多致人死。」詔令按察司糾劾黜之。

先嘗令諸死囚及除名罪，所委官相去二百里外，并犯徒以下逮及二十人以上者，並令其官就讞之。刑部員外郎完顔綱言：「自是制行，如上京最近之地往還不下三、二千里，如北京留守司亦動經數月，愈致稽留，未便。」詔復從舊，令委官追取鞫之。

十二月，翰林修撰楊庭秀言：「州縣官往往以權勢自居，喜怒自任，聽訟之際，鮮克加審。但使譯人往來傳詞，罪之輕重，成於其口，貨賂公行，冤者至有三、二十年不能正者。」上遂命定立條約，違者按察司糾之。且謂宰臣曰：「長貳官委幕職及司吏推問獄囚，命申御史臺聞奏之制，當復舉行也。」又命編前後條制，書之于册，以備將來考驗。

泰和元年正月，尚書省奏，以見行銅杖式輕細，姦宄不畏，遂命有司量所犯用大杖，且禁不得過五分。

十二月，所修律成，凡十有二篇：一曰名例，二曰衞禁，三曰職制，四曰户婚，五曰廄庫，六曰擅興，七曰賊盜，八曰鬭訟，九曰詐僞，十曰雜律，十一曰捕亡，十二曰斷獄。實唐律也，但加贖銅皆倍之，增徒至四年、五年爲七，削不宜於時者四十七條，增時用之制百四十九條，因而略有所損益者二百八十有二條，餘百二十六條皆從其舊；又加以分其一爲二、分其一爲四者六條，凡五百六十三條，爲三十卷，附注以明其事，疏義以釋其疑，名曰泰和律義。自官品令、職員令之下，曰祠令四十八條，户令六十六條，學令十一條，選舉令八十三條，封爵令九條，封贈令十條，宫衞令十條，軍防令二十五條，儀制令二十三條，衣服令十條，公式令五十八條，禄令十七條，倉庫令七條，廄牧令十二條，田令十七條，賦役令二十三條，關市令十三條，捕亡令二十條，賞令二十五條，醫疾令五條，假寧令十四條，獄官令百有六條，雜令四十九條，釋道令十條，營繕令十三條，河防令十一條，服制令十一條，附以年月之制，曰律令二十卷。又定制勑九十五條，榷貨八十五條，蕃部三十九條，曰新定勑條三卷，六部格式三十卷。司空襄以進，詔以明年五月頒行之。

貞祐三年，上謂宰臣，自今監察官犯罪，其事關軍國利害者，並笞決之。

貞祐四年，詔「凡監察失糾劾者，從本法論。外使入國私通本國事情，宿衛、近侍官、承應人出入親王、公主、宰執家，災傷乏食有司檢覈不實致傷人命，轉運軍儲而有私載，考試舉人而防閑不嚴，其罰並決。在京犯至兩次者，臺官減監察一等治罪，論贖，餘止坐，專差任滿日議定。若任內曾以漏察被決，依格雖爲稱職，止從平常，平常者從降罰」。

興定元年八月，上謂宰臣曰：「律有八議，今言者或謂應議之人即當減等，何如？」宰臣對曰：「凡議者先條所坐及應議之狀以請，必議定然後奏裁也。」上然之，曰：「若不論輕重而輒減之，則貴戚皆將恃此以虐民，民何以堪。」

校勘記

〔一〕上疑之命同知大興府事移剌道雜治　按，本書卷六世宗紀上，大定九年三月丁卯，「詔御史中丞移剌道廉問山東、河南」。卷九〇移剌道傳，廉問職官殿最，還，「道改同知大興尹事」。此處紀年疑誤。

〔二〕於是禁護衛百夫長五十夫長非直日不得帶刀入宮　按，本書卷六世宗紀上，大定八年三月「丁丑，命護衛親軍百户、五十户，非直日不得帶刀入宮」。繫年與此異。

〔三〕軍前權宜條理内有可以常行者亦爲定法　「權宜」，原作「權行」，據上文改。

〔四〕以大定重修制條爲名詔頒行焉　按，本書卷八世宗紀下，大定二十二年三月「癸巳，詔頒重修制條」。此列在大定二十年之前，未知孰是。

〔五〕直長骨赧坐受草畔子財　「草畔子財」，南監本、北監本、殿本、局本並作「草畔卒財」。續文獻通考卷一六七刑考刑制上作「草畂卒財」。

〔六〕后族濟州節度使烏林達鈔兀嘗犯大辟　按，本書卷二四地理志上，上京路隆州，「天眷三年，改爲濟州」，（中略）置利涉軍」。知「濟州節度使」即「利涉軍節度使」。又本書卷六四后妃傳下世宗昭德皇后傳、卷八四耨盌温敦思忠傳附子乙迭傳，烏林達鈔兀皆作利涉軍節度副使。未知孰是。

〔七〕詔姑令仍舊禁之　本書卷八三張浩傳附子張汝霖傳謂「詔從之」，與此異。

〔八〕明昌三年七月　「明昌」二字原脱。按，此下所敍孫鐸進名例篇，中都路轉運使王寂、大理卿董師中等重校事，據本書卷九九孫鐸傳，章宗初即位，「詔刊定舊律，鐸先奏名例一篇」。卷一〇章宗紀二，明昌五年正月，記有「前中都路都轉運使王寂」。卷九五董師中傳，「明昌元年，初置九路提刑司，師中選爲陝西路副使，（中略）召爲大理卿」。皆可證在明昌初年。又本卷下文「四年七月」、「五年正月」兩條，由各人名官職考之，亦皆在明昌而非泰和間事，文繁不録。今據補「明昌」二字。

〔九〕大理丞麻安上爲校定官　「麻安上」，南監本、北監本、殿本、局本並作「麻安止」。

〔一〇〕户部侍郎李敬義　本書卷一〇章宗紀二，明昌五年十二月辛酉，「以户部郎中李敬義爲賜高麗生日使」。與此異。

〔一一〕工部郎中賈鉉爲覆定官　「工部郎中」，本書卷九九賈鉉傳作「工部侍郎」。與此異。